广西审判实务与探索

2019年　第4辑　总第14辑

戴红兵／主编

GUANGXI SHENPAN
SHIWU YU TANSUO

《广西审判实务与探索》编辑委员会

卷首语

调查研究是人类认识事物、探究事物发展规律的科学方法。党的十八大以来，以习近平同志为核心的党中央，高度重视调查研究工作。中央政治局出台的八项规定，把“改进调查研究”摆在第一位。习近平总书记在一系列讲话和文章中，深入阐释了调查研究的意义、内涵、要求、方法等，形成了系统的调查研究思想，并且身体力行、亲力亲为，为全党做出了表率。

调查研究是科学决策的基础和前提。习近平总书记深刻指出：“调查研究是谋事之基、成事之道。没有调查，就没有发言权，更没有决策权。”开展调查研究的目的，在于了解情况、发现问题，通过分析问题进而找到符合客观规律的解决问题的科学方法和途径。通过开展调查研究，能够提高人们观察问题、分析问题和解决问题的能力，因而它是决策者必须掌握的一种工作方法和必须具备的基本能力。没有调查研究就没有发言权，也就失去了工作的主动权。从这个意义上讲，调查研究是一切工作的谋事之道、成事之基。

人民法院司法审判工作，是将抽象的法律适用于具体的社会生活，从而解决各种社会纠纷的一项社会实践。面对复杂多变的社会现象，面对变动不居的利益纠葛，没有对社会客观而深刻的认识，缺乏对形势发展全面而准确的把握，就难以正确适用法律，就无法实现解决纠纷的司法使命。近年来，调查研究工作在我区各级法院得到高度重视，各级法院紧紧围绕“让人民群众在每一个司法案件中感受到公平正义”的目标，坚持调研工作为党和国家工作大局服务、为审判工作服务、为领导决策服务的指导思想，把调查研究作为事关法院人才培养、事关法院发展后劲、事关法院全局的基础性工作下大力气常抓不懈，在全区法院形成了一把手负总责、分管领导具体抓、其他领导协助抓、专职与兼职调研队伍相结合，各级法院上下联动、法院各部门积极参与的大调研工作格局，调查研究成为各级法院提高领导决策能力、提高法官整体素质、促进司法水平不断提高的基本途径和有效手段，调查研究工作取得突破性进展。

本书是获得 2016～2017 年度全区法院优秀调研成果奖的部分一等奖成果和其他优秀调研成果汇编，限于篇幅，二等奖和三等奖成果将在以后择优收录。这些调研成果立足我区审判工作、法院改革和队伍建设实际，以习近平新时代中国特色社会主义思想为指导，从多个角度、多个层面进行了卓有成效的调查和研究，是一批质量较高、有较强实践应用价值的调研成果。这些成果部分展示了我区法院 2016～2017 年调研工作所取得的成绩，充分体现了全区法院干警扎实的法学理论功底和较高的司法实践水平，凝聚了法院广大专兼职调研人员的智慧和心血。编辑出版本书，不仅是对我区法院 2016～2017 年调研工作的回顾和检视，更重要的目的在于推动这些优秀调研成果的交流与应用，同时为各级法院今后开展调研工作提供学习的参考。希望全区各级法院充分利用好这些调研成果，结合自身实际应用到工作实践当中，指导工作实践，解决实际问题，促进司法能力和司法水平的不断提高。同时也希望法院广大法官及其他工作人员，通过对这些优秀调研成果的研究和学习，进一步掌握科学的调研方法，提高观察问题、分析问题、解决问题的能力以及调研报告的撰写能力，使自身综合素质和能力得到新的提高。

目　录

Contents

关于有限责任公司股东优先购买权纠纷裁判规则的研究报告

——以116份裁判文书为样本的实证分析

广西壮族自治区高级人民法院课题组*

一、股东优先购买权基础问题的认定

(一)股东优先购买权性质的认定

优先购买权为权利人争取到购买的机会,至于如何落实该机会,即优先购买权的行使能否以及如何产生买卖合同,涉及先买权的定性,不同的界定会有不同的路径和后果。以权利的作用为标准来对民事权利进行分类的话,民事权利可以分为期待权、请求权、形成权等。学界对于股东优先购买权的性质也主要是围绕以下几种权利展开:(1)期待权说。该说认为,在出卖人未出卖其财产时,优先购买权人的权利尚未现实化,只处于期待权状态。只有在股权转让条件成就时,优先权股东才能实际行使这一权利。[1] (2)请求权说。该说认为,优先购买权是一种请求权,当转让股东拟将股权对外转让给第三人时,其他股东在"同等条

---

* 课题组负责人:戴红兵副院长;课题组成员:陈影、黄朵成、赵元松;执笔人:赵元松;联系人:赵元松。

〔1〕 潘福仁主编:《股权转让纠纷》(第2版),法律出版社2010年版,第98页;谢哲胜:《期待权》,载《辅仁法学》1995年第14期。

件”下有请求转让股东优先与其订立股权转让协议的权利。[1] (3)形成权说。该说认为,优先购买权在法理上应当属于民法上的“形成权”。[2] 其他股东一旦作出以同等条件优先购买拟转让股权的意思表示,无须义务人(出卖人)的承诺,就在出让股东与权利股东间按照该条件形成股权转让或者买卖合同关系,其他第三人即丧失受让股权的权利。[3] (4)附条件的形成权说。该说认为,优先购买权是形成权,但该项形成权附有停止条件,即只有在义务人将其财产出卖给第三人时,优先权人才得行使其优先购买权。[4] “优先购买权得依一方之意思,形成以义务人出卖与第三人同样条件为内容之契约,无须义务人之承诺。唯此项形成权附有停止条件,须伺义务人出卖标的物于第三人,始得行使。”[5](5)双重买卖说。在德国,部分学者主张将依优先购买权形成的合同解释为附双重条件的买卖合同,一个条件是出卖人与第三人缔结买卖合同,另一个条件是优先购买权人表示行使权利。优先购买权的行使,是对起初内容并不确定、长期并且附条件的买卖要约的承诺。[6] (6)物权或准物权说。持物权说的学者认为,优先购买权是法定的权利,具有优先效力和对抗效力,符合物权的特性;另外,将优先购买权定性为物权也有利于对权利人的保护。[7] 亦有学者主张,优先购买权是一种准物权,应准用物权法上财产权的规定。[8]

司法实践中,法院判决时一般只强调股东优先购买权是一项法定权利,而未具体言明其性质,仅有的几个判决书中所认定的股东优先购买权性质如下:

---

〔1〕 贾安录:《论我国股东优先购买权的适用与保护》,载《商业文化》2009 年第 10 期;王利明:《共有人优先购买权研究》,载《民商法研究》(修订本第 2 辑),法律出版社 2001 年版,第 389 页。

〔2〕 周友苏:《新公司法论》,法律出版社 2006 年版,第 289 页。

〔3〕 [德]迪特尔·梅迪库斯:《德国民法总论》,邵建东译,法律出版社 2001 年版,第 59 ~ 60 页;崔建远等:《民法总论》,清华大学出版社 2010 年版,第 242 页。

〔4〕 王泽鉴:《优先承买权之法律性质》,载王泽鉴:《民法学说与判例研究》(第 1 册),北京大学出版社 2009 年版,第 315 页。

〔5〕 刘俊海:《公司法学》,北京大学出版社 2008 年版,第 122 页。

〔6〕 [德]卡尔·拉伦茨:《法学方法论》,陈爱娥译,商务印书馆 2003 年版,第 321 页。

〔7〕 王利明:《中国物权法草案建议稿及说明》,中国法制出版社 2001 年版;蔡福华:《民事优先权新论》,人民法院出版社 2000 年版,转引自于午丁、王宏:《有限责任公司股东优先购买权法律性质刍议》,载《吉林省经济管理干部学院学报》2010 年第 1 期。

〔8〕 刘心稳:《中国民法学研究述评》,中国政法大学出版社 1996 年版,转引自于午丁、王宏:《有限责任公司股东优先购买权法律性质刍议》,载《吉林省经济管理干部学院学报》2010 年第 1 期。

表一　股东优先购买权性质认定典型案例

案　　件	裁判要旨
贾涛与赵丽虹等股权转让纠纷案,(2014)济商初字第63号	贾涛主张股东优先购买权系形成权。
宋某某诉郎某某等股权转让纠纷案,(2013)徐民二(商)初字第1581号	从原告提供《股权转让协议》来看,系七名被告共同作为转让方与案外人签署的转让协议,现原告诉请要求以该转让协议中约定的条件受让80%的股权,亦应当在平等协商的前提下与七名被告重新达成签署股权转让协议的合意。
宋某某诉宋某某1等股权转让纠纷案,(2012)辰民二初字第42号	股东优先购买权是一种附条件的形成权,还是一种期待权。
南京黎明生物制品有限公司与江苏天士力贝特医药科技有限公司等合同纠纷上诉案,(2012)宁商终字第278号	股东优先购买权是一项请求权。
Pioneer Iron & Steel Group Company Limited 等诉 Halswell Eterprise Limited 股权转让纠纷案,(2012)珠中法民四终字第12号	法院认为:股东的优先购买权属形成权,权利人只需依单方意思表示即可导致法律关系发生变动。
金某某诉上海哲野印刷有限公司等股东资格确认纠纷案,(2012)沪二中民四(商)终字第585号	股东优先购买权是一项法定的形成权。
香港金时企业有限公司、湛江市海湾房地产开发有限公司、湛江海湖房地产有限公司股东资格确认纠纷案,(2011)民提字第303号	即便按该仲裁裁决确认海湾公司优先购买金域公司在海湖公司的50%股权,但这仅是一种期待的权益,并非海湾公司已当然地取得了金域公司在海湖公司50%的股权。

本文认为,要认清股权转让中的股东优先购买权的性质,自然还是要从相关理论和概念入手来进行剖析甄别。所谓形成权,是指权利人仅凭自己的单方行为(如追认行为、授权行为、撤销行为、弃权行为)就能引起某种民事权利产生、变更、消灭的权利。所谓请求权,是指权利人得请求他人为特定行为(包括作为、不作为)的权利。请求权中相对人是负有给付义务,但在形成权中仅须权利人将变动民事权利或民事法律关系的意思表示到达于相对人或为相对人所了解即可发生效力。期待权是已经具备取得权利的部分要件,但同时剩余要件是否发生仍具有一定不确定性的权利。[1]

---

〔1〕 申卫星:《期待权基本理论研究》,中国人民大学出版社2006年版,第58页。

该权利构成要件介于“已经实现”和“犹未实现”之间。

根据以上定义，本文认为，股东优先购买权的性质为形成权比较合适。首先，从立法目的来看，股东优先购买权的目的在于维护公司人合性及稳定，保护其他股东的利益，因此赋予原有股东在同等条件下优先于第三人受让股权的权利，该权利无须原有股东向转让股东提示主张，当满足行使条件时，其他股东行使优先购买权，即在转让股东与其他股东间建立股权转让的协议，不以转让股东的意志为权利实现的基础。请求权与形成权的区别在于权利的实现是否依赖于义务人的作为，[1]请求权须借助相对人的意思表示才能实现权利目的，形成权则凭当事人一方的意思表示就能产生法律关系变动的法律效果。若依请求权说，其他股东仅当在股东对外转让股权时有向出让股东请求在同等条件下受让该股权的权利，该请求为向出让股东发出的要约，但是否同意仍取决于出让股东的意志，如果出让股东不同意与其他股东签订股权转让协议，原股东的优先购买权就无法实现，显然依请求权说根本无法体现优先购买权的特殊性，且完全不能实现该制度的设立目的。从我国公司法设立股东优先购买权的立法目的、该权利的行使要求及其特征来看，其都与形成权一致，符合形成权的法律特征。其次，将股东优先购买权定性为“附停止（生效）条件的形成权”，混淆权利行使的前提与“附停止条件的法律行为”。“附停止条件的法律行为”中的“停止条件”为法律行为的生效要件；而股东优先购买权基于股东身份而取得，一旦成为有限责任公司的股东，那么在股权对外转让时即享有优先购买权，股权对外转让不是权利享有的前提，而是触发权利行使的法律事实基础。最后，股东优先购买权不是期待权。“期待权是已经具备取得权利的部分要件，但同时剩余要件是否发生仍具有一定不确定性的权利。”[2]而股东优先购买权是基于股东身份而取得，不能成为交易的客体，进行转让、继承、或设定负担更无可能，显然股东优先购买权并不符合期待权的概念及特征。基于优先购买权，其他股东可在股东对外转让股权时以单方意思表示受让拟转让股份，这一权能也非期待权所有。任何权利在其行使前都有“期待状态”，但不能因此说该权利在性质上就是“期待权”。期待权是以期待权人享有期待利益为内容的权利，属于实质性权利，而股东优先购买权以单方意思表示引起法律关系的形成和变动，从其设立来看，具有技术手段的性质。

此外，还有法定权说和专属权说。根据产生的原因不同，民事权利可以分为约定

〔1〕 宋修卫：《有限责任公司股东优先购买权研究》，西南政法大学 2011 年硕士学位论文。

〔2〕 申卫星：《期待权基本理论研究》，中国人民大学出版社 2006 年版，第 58 页。

权利和法定权利。法定权说认为,股东优先购买权由《公司法》明确予以规定的,为股东的法定权利。[1] 未经公司其他股东同意,其他任何民事主体都不得限制或剥夺其权利,也不能在公司设立后,通过多数决——不管是资本多数决,还是人数多数决——限制或排除相关股东的优先购买权。

专属权说认为,股东优先购买权基于股东身份而取得,在股东依法对公司出资并取得股东资格后,才依法享有优先购买权。[2] 股东优先购买权是基于股东身份和资格才依法享有的一项权利,故不得脱离股东身份和资格而单独转承。这两种观点争议不大,本文也赞成。

(二)股东优先购买权前提条件的认定

《公司法》第 71 条第 2 款规定:“股东向股东以外的人转让股权,应当经其他股东过半数同意。股东应就其股权转让事项书面通知其他股东征求同意,其他股东自接到书面通知之日起满三十日未答复的,视为同意转让。”对于该款规定,有两种理解:主流观点认为是经过其他股东“人数过半数同意”,但也有人认为应当是经过其他股东“所持股权或者表决权过半数同意”。如在“雷蕴奇诉厦门产权交易中心等拍卖股权行为无效上诉案”中[3],恒深公司的股东是由 14 位自然人和法人组成,软投公司与雷蕴奇均系恒深公司的股东。其中,软投公司持有恒深公司 59.26% 的股份。恒深公司召开股东会,讨论软投公司股权转让事项,股东会到会股东有 5 人。参加该次股东会的股东通过并形成股东会决议,确认代表股权 95.948% 的股东同意软投公司按国家相关法律法规及《公司法》有关规定转让其拥有的恒深公司全部出资和股权。雷蕴奇主张参加股东会股东人数未过半,表决人数未超过其他股东人半数,股东会决议无效。二审法院以“2005 年 6 月 26 日恒深公司股东会决议确认代表股权95.948% 的股东同意软投公司按国家相关法律法规及《公司法》有关规定转让其拥有的在恒深公司的全部出资及股权,并且这些股东及其代理人均签字确认,雷蕴奇也在该决议上签字确认”为由认定“上述事实足以证明软投公司及交易中心均已依法履行了‘征得多数股东同意’及对股东的告知义务”,未支持雷蕴奇的主张。

《公司法》第 71 条第 2 款规定,“股东向股东以外的人转让股权,应当经其他股东

---

[1] 叶林:《公司法研究》,中国人民大学出版社 2008 年版,第 225 页;潘福仁主编:《股权转让纠纷》(第 2 版),法律出版社 2010 年版,第 97 页。

[2] 潘福仁主编:《股权转让纠纷》(第 2 版),法律出版社 2010 年版,第 98 页。

[3] 厦门市中级人民法院(2006)厦民终字第 2151 号民事判决书。

过半数同意”。应该怎样理解“其他股东过半数同意”？是按股东人数表决还是按股权表决？也就是表决权采用什么模式的问题。

根据有限公司“资合”与“人合”的双重性质,《公司法》在对股东会、董事会等议事规则及表决程序的设计中,股东行使表决权也表现出“二元”特点:一种是以按照人数进行表决,即一人一票制;另一种是按照表决权进行表决,每个投票人可能代表不同数量的表决权,按照表决权的数量进行决策。股东会表决一般有两种模式:第一种是人数决,即股东一人一票;第二种是股份决,即一股一票。本文认为,解决这一分歧,可以运用法律解释原理进行分析:

首先,从文义解释来看。解释法律必须进行文义解释,文义解释是法律解释的最基本的方法,也是适用其他解释方法的前提和基础。按照民法解释学,进行文义解释时,一般应按照法律条文所使用词句的通常意义解释,但如果该词句在法律上具有特殊意义,与通常意义不同,则应按照该词句在法律上的特殊意义解释。《公司法》的表述为“其他股东过半数”,文字描述的很清楚是“股东”而非“股权”表决。

其次,从目的解释来看。如前所述,有限责任公司兼具“资合性”与“人合性”的特点。法律从人合性出发,赋予其他股东优先购买权,目的在于维持重视股东之间的信任与合作关系,尽量维护公司股东的稳定,保证公司经营的延续性。公司的资合性决定了公司的股权不可能平均分散到各个股东,肯定有大股东和小股东,大股东占股比例超过 51% 时,就对公司具有绝对的控股权。如果按照股权比例投票,其他小股东的股权转让异议权无从行使,建立在股权转让异议权基础上的优先购买权也成了空中楼阁,《公司法》设立优先购买权的制度价值也无从说起。因此,从有限责任公司的人合性质来看,赋予公司股东优先受让权并要求其余股东人数过半数通过,均是有限责任公司人合性的体现。股东会议在对“人合”性质的事项进行决议时,应当实行“一人一票”制。

最后,从体系解释来看。体系解释是根据法律条文在法律体系中的位置进行解释,综合考量法律条文所在编、章、节、条、款、项以及该法律条文前后的关联,甚至将法条置于国家整个法律体系中加以考察,以确定它的意义、内容、适用范围、构成要件和法律效果的解释方法。体系解释的根据在于,法律是由许多概念、原则、制度构成的,但这些概念、原则、制度不是任意的、杂乱无章的堆砌,而是依一定的逻辑关系构成的完整体系,各个法系条文所在位置及与前后相关法律条文之间,均有某种逻辑关系。《公司法》对于按照股权或股东数量进行表决的事项,均予以明确规定。本处行文是“股东”,但在需要体现公司资合性的地方,如 2018 年修正的《公司法》第 43 条第

2款、第103条第2款规定，有限责任公司、股份有限公司股东会、股东大会作出相关的决议时“必须经代表三分之二表决权的股东通过”，这两条明确表述的是“代表三分之二以上表决权”指的是资本决（股份决）。法律的制定是严谨的，用词是准确的，绝对不会在应该使用“股权”之处错误使用“股东”。因此，从条文的逻辑性上来看，对于股权转让应当经过其他股东人数过半数通过。

综上，本文认为，按照《公司法》第71条第2款的规定，有限公司的股东向股东之外的人转让股权应当获得其他股东人数的过半数同意。

（三）股东优先购买权的主体资格认定

《公司法》第71条对于股东优先购买权的规定过于笼统，以至于实践当中关于权利行使的主体资格有较多争议。较为突出的问题有关于瑕疵出资股东、隐名股东能否行使股东优先购买权，以及同意股权转让股东是否也可以行使股东优先购买权。

1. 主体要件——享有股东资格。对行使股东优先购买权必须具备股东资格，这在理论界和实务界均无争议。在表二统计的四个案例中，前三个案例中主张优先购买权的人没有取得股东身份，法院对其理由不予采纳。而最后一个案例中，法院认为：虽然股权转让时权利人具有股东身份，但当纠纷发生诉至法院表示行使优先购买权时，权利人已经丧失了股东身份，法院认定其不具备行权的身份条件。

表二　股东资格认定典型案例

案　　件	裁判要旨
鄂托克旗乌仁都西煤焦有限责任公司等诉杨阳等股权转让合同纠纷案，（2013）内商终字第74号	享有股东优先购买权，首先要具有股东身份。正丰公司无权对先于自己取得的股权转让提出优先购买权。
南京黎明生物制品有限公司与江苏天士力贝特医药科技有限公司等合同纠纷上诉案，（2012）宁商终字第278号	黎明公司并非医药公司股东，依法并无主张股东优先购买权之资格，故其关于医药公司擅自转让股权侵犯其股东优先购买权的上诉理由，缺乏事实与法律依据，本院不予支持。
袁国良与广州卓硕光电科技有限公司股权转让纠纷案，（2014）穗中法民二终字第665号	袁国良与张少辉有无侵犯优先购买权，是指其转让时其他股东的优先购买权而非现任股东。
王素岩与王树成股权转让纠纷案，（2014）三中民终字第07976号	虽王素岩与王树成签订《股权转让协议书》时，陈鑫亭亦为万苑兴公司股东，但直至2014年1月底陈鑫亭将其在万苑兴公司的股权全部转让给了王树成，现陈鑫亭已经不具备万苑兴公司的股东身份，不具有行使股东权利的基础。

据此,欲行使股东优先购买权,则需当股权对外转让时享有股东身份,同时,在主张行权时也要具有股东身份。正如表二中第一个案例中的部分裁判观点所示:“具有公司股东身份是享有股东优先购买权的前提,法律也只保护公司股东这一特定利益,故仅能由股东享有。”〔1〕这样一方面维护了原有股东的利益,照顾了老股东的意愿;另一方面也体现了法律对于人合性的保护,当其不具备股东身份时,将其纳入对于维护人合性特征无益,自然不可行使权利。但是,司法实践中却出现不少主张权利的主体是转让股东、非股东受让人或公司。如表三所示:

表三　主体要件典型案例

案　　件	裁判要旨
孙伯荣与江苏省纺织集团有限公司、江苏省复合肥有限责任公司股权转让合同纠纷案,(2012)苏商外终字第 0004 号	优先购买权是法律规定的股权对外转让时其他股东享有的权利,转让方孙伯荣以股权转让合同侵害了其他股东的优先购买权为由主张合同无效,缺乏法律依据,法院不予支持。
先锋钢铁公司(Pioneer Iron & Steel Group Company Limited)等诉霍斯维尔公司(Halswell Eterprise Limited)股权转让纠纷案,(2012)珠中法民四终字第 12 号	转让方以未经其他股东同意主张合同无效显然不能成立,有权提出主张的只能是其他股东。
王海青等与黄奉慈等股权转让合同纠纷上诉案,(2013)穗中法民二终字第 1359 号	转让股东王海青以侵犯了广百集团的优先购买权为由,请求法院判决《股权转让协议》及《补充协议》是无效合同。
COBRA EUROPE SA 申请监督案,最高人民法院(2013)执监字第 202 号	Cobra Europe 所持有的上海高罗的股权在强制执行程序中被法院拍卖,上海高罗的其他股东是否得到通知以及是否行使优先购买权与其没有直接利害关系,Cobra Europe(转让方)无权就此提出异议。
翁志英诉舒驰股权转让纠纷案,(2014)杭淳商初字第 457 号	(受让方)被告主张建德市宏信担保有限公司的股东为原告与吴小佩。本案股权对外转让未征求吴小佩的同意,故本案的股权转让协议应属无效。
谢平生与雷佩英、马丽萍股权转让纠纷再审案,(2014)粤高法民二提字第 19 号	如汤益波认为《股权转让合同》侵犯其合法权益,应由汤益波(其他股东)主张权利,(受让方)谢平生主体不适格,故该院对于谢平生关于《股权转让合同》侵犯汤益波的利益而无效的主张不予采纳。

〔1〕 参见“鄂托克旗乌仁都西煤焦有限责任公司等诉杨阳等股权转让合同纠纷案”,(2013)内商终字第 74 号。

续表

案　　件	裁判要旨
陈仲青与台州市产权交易所有限公司、浙江城乡拍卖有限公司拍卖合同纠纷二审案,(2014)浙台商终字第465号	原告陈仲青(受让方)认为被告侵犯了城市园林公司的其他股东也即园林绿化管理处的优先购买权,主张股权转让行为无效。
吴在英与黄素珍股权转让纠纷二审案,(2015)一中民(商)终字第4686号	股东优先购买权应当由股东自己行使。就本案而言,对于吴在英向黄素珍转让其持有的中科佳智公司的股权,叶享有优先购买权,黄素珍(受让方)关于涉案股权转让损害了叶的利益而应为无效的主张没有事实及法律依据。
上诉人季婷婷与被上诉人韩品煜股权转让纠纷案,(2015)宁商终字第750号	即使以公司其他股东未同意转让为由主张权利,也应由公司其他股东向股权转让方主张优先购买权,季婷婷作为股东外受让人,无权据此提出抗辩。
上海加成信息咨询服务有限公司与王勇等请求变更公司登记纠纷上诉案,(2014)沪二中民四(商)终字第1146号	加成公司(所在公司)以其他股东未表示是否行使优先购买权为由拒绝履行股权变更登记义务,缺乏依据,应不予采信。

2. 同意股东是否有权行使优先权?

国内学者观点一般可分为两种:一种观点认为,股东优先购买权的主体包括所有股东,即同意或不同意的股东均可行使该权利;[1]另一种观点则认为,只包括在过半数同意情形下的少数异议股东,理由是经转让股东通知,其他股东半数以上表示同意即是对购买权的放弃,若其后又主张优先购买,不仅违反了诚实信用原则,对第三人也有失公平。

司法实践中观点也存在分歧。许多法院认为,完全没有必要将所有股东纳入权利人范围,主张权利的应是过半数同意情形下不同意的其他股东,如"张某与狮龙公司等股东优先购买权纠纷上诉案"中,其余股东19人均同意对外转让股权,唯有张某不同意对外转让且主张优先购买权;"李某成与贺某平等股权转让纠纷申请案"中,经过半数股东同意对外转让,但李某成明确表示不同意且要求行使优先购买权;没有发现过半数同意情形下已同意的其他股东主张行使权利。

各国的法律中,大多数规定了有限责任公司中可以采用优先购买权方式限制股

〔1〕 李建伟:《公司法学》(第3版),中国人民大学出版社2014年版,第243页;周友苏:《新公司法论》,法律出版社2006年版,第288页。

权转让,但在股权转让中,谁享有优先购买权各国的规定却有所不同。我国澳门特区《商法典》第 367 条第 1 款规定"公司对股之生前移转享有优先权公司不行使该权时,各股东按其股之比例对该移转享有优先权但章程另有规定者除外",因此,优先购买权的主体首先是公司,只有公司不行使先买权时,其他股东才有权行使。日本《商法》规定在股东转让股份时,须经董事会同意,董事会不同意时,应当指定其他受让人,被指定的人在收到董事会的通知之日起 10 日内,可以请求转让股东将所申请转让的股份出售给自己,故由公司董事会指定的其他受让人享有优先购买权;还规定可以指定公司为受让人。法国《商事公司法》规定,在公司股份转让给与公司无关的第三人时,如果公司不同意转让,股东必须在拒绝之日起 3 个月内按一定的条件购买或让人购买所转让的股份,在征得出让股东同意的情况下,公司也可决定,在相同的期限内,从其资本中减去该股东股份的票面价值额,并以股东购买的条件确定价格重新买回这些股份。在给予的期限届满时,仍未采取上述解决方法的,股东才可按最初决定的办法转让其股份,〔1〕可见,在法国有限责任公司的股东对外转让股份,其他股东可以优先购买也可指定受让人购买,在一定条件下公司也可买回所转让的股份。我国台湾地区"公司法"第 111 条规定股东将其出资转让于他人时,须经全体股东过半数同意,"不同意之股东有优先受让权",故股权转让的优先购买权人为不同意转让的股东,同时还对于法院依据强制执行程序,将股东出资转让于他人情况作了特别的规定,即由公司指定受让人购买。

本文认为,在解决这一问题之前需要先厘清三个概念:股东同意权、异议股东购买权和股东优先购买权。股东同意权是其他股东对转让股东的股权转让行为有权作出同意或不同意的意思表示。异议股东购买权是指其他股东在不同意股东的股权转让行为时,应当购买拟转让的股权,此时的股权在公司股东内部流转,其他同意转让的股东并不具备法定的优先购买权。从这种意义上讲,异议股东购买权其实并不是一种权利,而是一种义务,是其为行使否定性的股东同意权而向转让股权的股东作出的补偿性义务,以弥补因财产权的自由处分受阻所遭受到的损失。股东优先购买权是公司股权向外转让时,转让股东以外的其他股东有权在同等条件下优先购买。根据以上分析,第二种观点所谓的优先购买权实质为异议股东购买权,这种观点混淆了两个不同的概念。

---

〔1〕《法国商法典》,金邦贵译,中国法制出版社 2000 年版,第 106 ~ 107 页。上述内容参见法国《商事公司法》第 45 条。

我国《公司法》规定“经股东同意转让的股权,在同等条件下,其他股东有优先购买权”。股东优先购买权的立法目的在于维护公司的人合性,排除股东不欢迎的人进入公司,以此维护公司的发展以及老股东的合理期待,无论法律赋予其他股东同意权还是优先购买权均出于这一立法目的,二者的追求是一致的。无论是哪种权利,立法目的都是维护有限责任公司的人合性和稳定性,同时保证股东的财产处分权。如将优先购买权只赋予少数异议股东,那么其他股东亦有可能出于趋利本能或经营考虑,在转让股东征求是否同意时选择不同意转让股权,使征求股东同意的程序形同虚设。同时,法律解释的规则也要求对于法律条文应先作文义解释,“其他股东”本身并不存在文义歧义,且《公司法》第 71 条在规定异议股东购买权时已明确“不同意的股东应当购买”,而表述优先购买权时若意指少数异议股东则理应沿用这一表述方式。因此,其他股东应当包括转让股东之外的所有股东。

3. 实际出资人的股东优先购买权行使。实际出资人又称隐名股东,是指实际出资或者认购股份的人以他人名义履行出资义务或者认购股份。相对应的概念是显名股东或称名义股东。[1] 具体而言,指的是公司的实际出资人出于其自身目的,虽然实际认购了出资,但是在公司章程、股东名册或者工商登记中对于其认购的出资比例却显示为他人的一种投资行为。而探究实际出资人能否行使优先购买权的问题上,与上文有关瑕疵出资股东的分析思路相一致,首先要解决实际出资人能否获得股东资格。对此问题,《最高人民法院关于适用〈中华人民共和国公司法〉若干问题的规定(三)》(以下简称《公司法司法解释(三)》)第 24 条第 3 款规定了对于实际出资人的显名化的要求,要求如果实际出资人意图取代名义股东而成为显名股东,必须得到公司其他股东的过半数同意。有限责任公司是一个由若干投资人或股东组成的社会团体,其从成立到运营当中的各种事项也不能仅仅听从于个别投资人的意思行为。因此,实际出资人想要代替原先的名义股东从而真正获得股东资格,不能仅凭其实际履行了出资义务,还应当得到公司现有的其他股东的同意才能实现这一目的。如果过半数股东同意实际出资人显名化获得公司股东资格,则实际出资人可以行使股东优先购买权。但如果实际出资人的股东资格得不到承认时,其仅享有对名义股东由代持股协议[2]而产生的债权请求权。根据《公司法司法解释(三)》第 25 条承认了

[1] 施天涛:《公司法论》,法律出版社 2006 年版,第 230 页。

[2] 代持股协议:即隐名股东与显名股东之间的协议,或称隐名投资协议,其实质内容包含有实际出资人出资,将股权委托他人表面持有,并约定委托人享有实际股东权利的意思表示。

代持股协议的效力，根据合同相对性原理，协议也只在实际出资人和隐名股东之间生效，名义股东依然是公司股东，而非实际出资人。根据该条表述，实际出资人向名义股东主张的只能是“投资权益”，而非全部股东权利。对于“投资权益”的解释，笔者认为，仅包括股东权利当中的收益权，其他股东权利如表决权、参与决策权等应当只能由名义股东行使，其中当然包括股东优先购买权。

（1）实际出资人参与公司的经营管理。当实际出资人在公司经营当中直接行使名义股东的股东权利，积极参与到公司经营管理当中，此时公司其他股东知悉实际出资人才是公司的实际股东，和实际出资人合作运营公司日常事务，等于默认了实际出资人的股东资格。在这种情形下，是否可以默认实际出资人可以行使股东优先购买权呢？答案依然是否定，因为如果隐名股东如果径直以自己的名义要求主张股东优先购买权，可能造成的结果就是绕过了“显名化”这一机制，使“显名化”的程序流于形式，只要举证自己实际参与了经营，便可径直以股东的名义形式优先购买权，于法无理。

（2）实际出资人未参与公司的经营管理。当实际出资人没有实际参与公司的日常经营，由名义股东代为处理公司日常经营活动、代为行使股东权利的。这种情形下，其他股东可能并没有和实际出资人有过接触，甚至可能从未知晓实际出资人的存在。此时，公司其他股东往往已经和名义股东形成了合作信赖关系，出于对于人合性保护以及股东登记所具有的对外公示效力，即使名义股东没有真正对公司出资，也应当肯定其股东资格，名义股东也可以行使股东优先购买权。而此时的实际出资人如果没有公司其他股东半数以上同意则不能实际享有股东资格，也不能行使股东优先购买权。由此引发的实际出资人和名义股东之间的纠纷也只需由他们双方另行解决，不影响股东优先购买权的行使。

4. 瑕疵出资股东的股东优先购买权行使。股东如果全面适当地履行出资义务，且股东登记完整、公司股东之间也不存在任何争议，则该股东可以根据股东资格证明文件行使优先购买权。〔1〕现实中，经常发生股东出资存在问题，甚或股东登记信息不够准确完整导致经常发生股东资格的纠纷，而股东优先购买权的行使主体要求必须具有股东资格。由此，引出问题——瑕疵出资人是否享有股东优先购买权。

瑕疵出资人具体可以区分为虚假出资人、未足额出资人以及抽逃出资人。对于虚假出资的股东，《公司法》第 199 条规定“由公司登记机关责令改正，处以虚假出资

〔1〕 冯果：《论公司股东与发起人的出资责任》，载《法学评论》1999 年第 3 期。

金额百分之五以上百分之十五以下的罚款”，主要是行政和刑事这两方面的处罚，没有关于取消股东资格方面的惩罚；对于未足额出资的股东，《公司法》第28条第2款的处理是要求补足差额，也没有取消已经登记注册的股东资格的惩罚；对于抽逃出资的股东，《公司法》第35条、第200条也是仅仅规定了行政责任和民事责任。通过对法条的分析，可以得出的一个结论是仅仅出资瑕疵本身并不必然造成股东资格的灭失。实际出资仅仅反映的是股东对于公司的义务，而实际出资本身并非股东身份取得的前提，通常从程序上来说，取得股东身份在前，在此之后履行出资义务。股东资格的取得和实际出资两者之间并没有必然的联系，不能仅因有瑕疵出资行为而径直否定股东资格。〔1〕

《公司法司法解释(三)》第17条第1款规定，如果股东未履行全部出资或者抽逃全部出资，且在合理期间内仍未缴纳或者返还出资，则公司有权解除该股东的股东资格。因此，瑕疵出资股东是否享有股东优先购买权取决于公司是否行使了股东资格解除权，如果公司股东会决议剥夺了该瑕疵出资股东的资格，则其不能行使优先购买权。但是，如果公司保留了瑕疵出资股东的股东资格时，并不代表其必然可以行使优先购买权。因为取得股东身份不意味着股东当然地享有完整的股东权利，公司可以依法对该瑕疵出资股东行使股东优先购买权作出限制。

二、股东行使优先购买权时“同等条件”的认定

股东优先购买权的设置目的在于抑制股权对外转让对于公司人合性、经营的稳定性带来的不利影响。对于其他股东来说，其只能在交易机会上获得优先顺位，除此之外并不享有其他交易条件之上的优惠，只有当其承诺的购买条件等于或者高于非股东买受方提出的购买条件，才能行使其优先购买权；〔2〕对于转让股东来说，股东优先购买权并非完全剥夺其向非股东第三人转让股权的可能，只要第三人提供的购买条件优于优先购买权人所提供的，其依然可以将股权转让给前者。股东优先购买权限制的仅仅是转让股东在股权买卖交易当中，对于交易对象的自由的选择。在同等条件下，其目的在于尽可能地兼顾到转让股东和交易第三方的利益，平衡股权转让三方主体的利益，避免因为股东优先购买权的行使对优先购买权人之外的当事人造成利益减损。

〔1〕 李建伟：《公司法学》，中国人民大学出版社2008年版，第284页。

〔2〕 赵旭东主编：《新公司法条文解释》，人民法院出版社2005年版，第126页。

优先权的保护和行使的关键就是如何把握和界定同等条件。“同等条件”在我国《民法通则》《公司法》《合同法》等法律法规中都以必要条件的形式来规范优先购买权的行使，但却都未明确对于“同等条件”的理解，而且范围模糊，导致同等条件在实践中争议很多，存在不同的界定标准。

（一）“同等条件”的内涵及界定

“同等条件”一词没有明确的法律定义，可以理解为民事法律行为的权利主体同时达到或者满足了一个标准，这个标准就应当是同等条件。《公司法》明确规定优先购买权人必须在同等条件下行使优先购买权。该规则体现出的优先购买权人与所有权人间的利益平衡点为：优先购买权人仅能得到交易机会的保护，不因其优先购买权而得到交易中的优惠；所有权人仅受交易对象选择的限制，不因存在优先购买权而使其所有物变现价值受损。这是确定优先购买权中同等条件的基础。同等条件是优先购买权行使的实质条件，其在优先购买权行使的所有条件中，居于核心地位。同等条件作为平衡优先购买权人、所有权人与第三人之间利益的基点，具有多重含义：第一，优先购买权具备相对性和有条件性，“优先”是指受让顺序优先，“同等”是指受让条件，受让条件的优惠并非优先的含义范围。优先购买权并不是在任何条件下都绝对可以行使，且优先购买权人仅能得到交易机会的保护，而不因其优先购买权得到交易条件的实质性优惠。故确切地说，优先仅是指其他股东与第三人在“同等条件”的前提下受让顺序上的优先。第二，所有权人仅在交易对象的选择上存在限制，不因存在优先购买权而使其出卖标的价值的变现受影响，只要附上同等条件，出卖人的合法权益就会得到绝对保障。法律不应在保护一种权利的同时损害另一种权利，法律设定优先购买权并不以损害出卖人实际利益为代价，所有的权利都有获得法律平等保护的资格和机会。第三，优先购买权并不是绝对地剥夺其他购买人的购买机会，在同等条件下，为了尊重已存的法律关系，第三人购买机会被强行排除，但这种排除是发生在优先购买权人与第三人购买条件相同的情况之下；第三人可以通过提高购买条件来阻却其他股东优先购买权的行使。

（二）“同等条件”认定的一般标准

“同等条件”的认定标准是股东优先购买权制度中最为重要的一个问题。我国《公司法》对“同等条件”的判定未作任何规定，理论界和实务界对“同等条件”的认定也存在很大的争议。

目前，在理论界对于“同等条件”的观点主要有三种：第一种是全部条件说，也称

"绝对同等说"。[1] 该说认为,优先购买权人购买股权的条件应与股东和第三人签订的合同内容绝对相同、完全一致,即全部合同条件均等同。该说具有操作简单、容易规范的优先,但同时又具备较为严格、过于刚性的不足。鉴于现实生活中的合同各具特色且错综复杂,如采用绝对同等标准,则合同的形式及内容就会过于严格,出卖人和第三人可以轻易设置一些不具有替代性的条件将优先购买权架空,[2] 优先购买权制度就容易形同虚设。绝对等同说更多保护转让股东的利益,未能就优先购买权这一制度设计上体现有限责任公司人合性的价值取向。

第二种是价格说。该观点认为,股权转让中涉及转让人利益的是价格条件和价款支付的条件。因此,价格和价款支付条件是所要求的同等条件。该观点将同等条件视为价格同一或价格条件和价格支付条款相同,虽有容易操作的优点,但将同等条件简单化为价格和价款支付,排除其他对转让股东具有重要价值的条件,如员工的安置,对转让方股东而言,则亦难实现实质意义上的公平合理,甚至会影响到其转让目的的实现问题。"同等条件"是同等的交易条件,是丰富多彩的概念,既包括同等价格条件(如对价形式、价金数额、付款时间、支付方式等),也包括价格因素以外的其他对价(如职工的安置、高管的聘用、资本投入的增加等),[3] 不仅仅是单纯的价格因素。交易的过程中权利主体只有同时达到或者满足包括价格因素在内的全部交易条件时,才是同等条件,才能行使优先权。当然,"同等条件"也并不意味着优先权人提供的购买条件在价格、支付期限、支付方式、担保、从给付等方面均与第三人提供的购买条件一一对应相同,而是这些要素整体上的同等。

第三种是"相对同等说"。该观点认为,包括转让标的的数量、价格无疑是最重要的条件,但对同等条件的考量,还应包括转让标的、支付方式、履行期限等一般条件,只不过这些条件不能单独作为独立条件进行比较和认定,应当和价格条件综合进行考虑。对数量、价格条件相同而支付方式、履行期限等存在合理差异的,仍应认定为同等条件。[4] 《上海市高级人民法院民二庭关于审理涉及有限责任公司股东优先购买权案件若干问题的意见》(沪高法民二〔2008〕1 号)第 3 条规定:"其他股东主张优先购买权的同等条件,是指出让股东与股东以外的第三人之间合同确定的主要转让

---

〔1〕 徐尚豪、单明:《优先购买权制度研究》,中国法制出版社 2006 年版,第 328 ~ 329 页。

〔2〕 黄文煌:《按份共有人优先购买权制度之适用——〈物权法〉第 101 条的解释与完善》,载《西北政法大学学报》(法律科学版)2010 年第 6 期。

〔3〕 刘俊海:《论有限责任公司股权转让合同的效力》,载《法学家》2007 年第 6 期。

〔4〕 福建省泉州市中级人民法院民二庭:《公司诉讼中若干疑难问题研究》,载《人民司法》2010 年第 3 期。

条件。出让股东与受让人约定的投资、业务合作、债务承担等条件,应认定为主要条件。"第 2 条规定:"股东依照公司法第七十二条第二款的规定,向股东以外的人转让股权,就股权转让事项征求其他股东同意的书面通知,应当包括拟受让人的有关情况、拟转让股权的数量、价格及履行方式等主要转让条件。"与该说较为接近。相比绝对同等说,该说在平衡各方利益的角度上有了一定的调整,将同等条件界定为"大致相同"。但该说的缺陷是除价格以外的标准弹性过大,不易把握,在适用上缺乏一个相对统一的标准。

股东优先购买权制度应当体现出各方主体利益兼顾,同时以保护转让股东利益为立法基点的原则。基于此种认识,本文认为,相对等同说最为符合优先购买权制度的设计价值。虽然其也存在一定的缺陷,但其缺陷更多地体现于实践操作层面上,在价值平衡层面并无太大不足。实践操作层面的不足属于后天不足,这需要从立法设计的程序方面完善操作体系,然而另两种学说有先天不足的嫌疑,即便通过完善的程序设计,恐也无法改变其根本上的理论欠缺。对于"同等条件"的确定和设定,就商事交易的私权本质而言,标的股权的转让方与受让方之间就股东转让达成的股权转让条件,在不违反法律规定、不违背公序良俗的情况下,均可作为"同等条件"。优先权股东主张优先购买权时,应当遵循该同等条件;否则,其优先购买权的主张不应得到支持。当然,如果该同等股权转让条件有违反法律规定、违背公序良俗之嫌的,优先权股东可以在主张优先购买权时,提请法院否定设定的不合法、不公平的交易条件。

(三)"同等条件"的参照标准

所谓同等条件,与什么同等,即同等条件的参照为何?理论界对此众说纷纭。有学者提出"合同复制说",根据德国民法典中关于同等条件的规定(该法典本身并没有使用"同等条件"这样的词语),"通过行使先买权,权利人和义务人之间成立一个买卖合同,其内容和义务人与第三人约定的完全相同"。即当优先购买权人行权时,将存在一份先合同(转让股东和受让第三人)以及一份后合同(转让股东和优先购买权人),后合同是对前合同的复制;[1] 也有观点在此基础之上进一步指出:需要比较先后成立的两个合同当中的主要条款是否相同,关于主要条款的界定可以参照我国《合同法》第 12 条所列举的合同常备主要条款(标的、数量、价款、付款方式、履行期限

〔1〕[德]迪特尔·梅迪库斯:《德国债法分论》,杜景林、卢谌译,法律出版社 2007 年版,第 131 页。

和履行地点等)；[1]但有观点抨击“合同复制说”，认为如果以转让股东和受让第三人的转让协议条款作为“同等条件”的参照标准，将会导致转让股东和受让第三人以及优先购买权人签订两份完全相同的协议，转让股东因此陷入了一个“一股二卖”的尴尬境地。倘若其他股东主张行使优先购买权，那么转让股东则必然承担对受理第三人的违约责任，这样不仅造成社会资源的浪费，而且打击转让股东和其他第三人从事类似交易的积极性。而且该观点还认为，同等条件应当在转让股东和受让第三人在正式订立股权买卖合同之前，就可以参照或转让股东提出的转让条件，或受让第三人提出的购买条件作为同等条件的参照，具体视情况而定。持该观点的学者往往还会进一步提出：优先购买权人应当参与到股权的竞买当中，从而营造出股权买卖的竞价机制，提高拟转让股权的价格，更好地实现转让股东的最大利益。同时也避免了转让股东对受让第三人可能承担的违约责任，保障了第三人的利益。[2]

关于此问题，本文认为，以转让股东和受让第三人之间的订立的股权买卖协议为参照标准，即“合同复制”说。如前文关于通知的讨论当中所提及，同等条件只有在转让股东和受让第三人之间的股权转让合同成立之时才能确定。在合同订立之前，股权转让当事人之间可能已经达成了关于转让条件的大致意向，这种意向可能最终落实成为合同条款而发生效力，但也可能在合同成立之前被双方当事人再次修改。所以在合同正式成立之前，同等条件始终处于一种正在生成的状态，直至合同成立之后，才正式确定且具备效力，其他股东方可在满足该同等条件的前提之下，行使股东优先购买权。以转让股东和受让第三人之间订立的股权买卖合同作为同等条件的参照更加符合逻辑。如部分学者提出应当在转让股东和第三人就股权转让事宜磋商之时，即通知公司其他股东，便于其他股东参与股权转让的竞价，如果第三人出价高于优先购买权人，则转让与之订立协议；若第三人出价少于或者等同于优先购买权人，则转让股东应当将股权转让给优先购买权人。原因在于，通过竞买的方式更利于股

[1] 罗文娜：《论有限责任公司股东优先购买权行使的实质条件——同等条件》，载《特区经济》2013 年第 8 期。

[2] 如果优先购买权人不参与竞买，在正常情况下，第三人即使明知优先购买权的存在，也不会为了阻止优先购买权的行使而故意去提高购买的价格。如果在第三人与转让股东达成协议后，股东主张行使优先购买权，那么第三人想提高购买价格又该如何解决？如果允许第三人提高报价，那么股东优先购买权实际上就参与了竞买活动；如果不允许第三人提高报价，无疑将阻断提高价格的形成渠道，不利于转让股东最大利益的实现以及第三人期待利益的保护。许尚豪、单明：《优先购买权制度研究》，中国法制出版社 2006 年版，第 319 页。

权价格的发现、给予转让股东一个公平的价格,有利于同等条件的形成。[1] 虽然这种方式固然迅速快捷,但是要约当中的条件在没有得到相对人的承诺之前并不能发生效力,达成的初步意向在没有正式落实到成立的合同当中也不具备约束当事人的效力。所以,如果要约方撤回要约,或者当事人中的某一方违反了初步意向,或不愿转让股权,或抬高转让价格,在已经有优先购买权人表示愿意购买的情况下,其又该如何行使权利呢?是否可能以当事人不得违反要约或者初步意向而要求转让股东必须按照原先的价格转让股权于优先购买权人?[2]另外,有些学者认为,因为有限责任公司的股权缺乏一个自由流通的交易市场,通过引入其他股东参与竞买可以形成一个股权价格竞争机制共同推动同等条件的产生,使转让股东可以获得一个公平合理的价格。这些学者曲解了同等条件的立法目的,他们将同等条件视为转让股东和优先购买权在受让条件上的博弈,仅仅关注了在转股交易当事人的利益。笔者认为,在股东优先购买权制度范围之中,存在两个法律关系:第一个是转让股东和受让方之间的股权买卖关系,其中受让方既包括受让第三人,也包括主张行使优先购买权的其他股东;第二个是公司现有股东之间的人合关系,这种人合关系还反映有限公司整体的稳定。认为同等条件的形成需要引入其他股东参与竞买的学者,实际上只是关注到了第一个法律关系中各方当事人的利益需要保护,认为同等条件是保障转让股东利益、制约优先购买权行使的机制。笔者在此重申股东优先购买权制度立法目的是,预防新成员进入而对人合性造成的冲击,甚至影响公司整体的稳定,其所关注的是对上述第二种法律关系的保护而非股权交易当事人之间的利益博弈。所以这部分学者则是完全跳出了第二个法律关系的范围,仅仅将目光局限在第一个法律关系当中,对同等条件作了过度的延伸和曲解。而且,如果存在多个受让第三人,全部参与到股转竞买之中,如同一个股权拍卖的市场,虽然转让股东可以获得一个公平的价格(或许获得一个超出股权真实价值的价格),但股东之间的竞价也极有可能对他们今后的长期经营合作产生负面影响。《最高人民法院关于人民法院民事执行中拍卖、变卖财产的规定》第16条也可以说明这一态度,该条规定,在股权拍卖时,优先购买权人不必与竞买人一起参与竞价,而是在竞买最高价出现后,优先购买权人可以以该最高价优先购买。这表明司法实践中,也不赞成其他股东以竞买人的身份参与到股权竞买的过

[1] 闭锁公司股权转让的价格形成机制带有很大的偶然性,这也导致闭锁公司股权转让价格差异很大。而且股转谈判行为也因为缺乏公开的交易市场而成本昂贵。蒋大兴:《股东优先购买权行使中被忽略的价格形成机制》,载《法学》2012年第6期。

[2] 史浩明:《优先购买权制度的法律技术分析》,载《法学》2008年第9期。

程当中。

(四)“同等条件”确定的时间节点

“先买权并非在任意情况下均可行使,能促成先买权行使的根本条件,就是基础事实。”[1]股东行使优先购买权的条件是在什么时间点成就,即同等条件在什么时间点确定?有观点认为,应该从转让股东向其他股东发出转让意向的通知时计算;也有观点认为,应从转让股东与第三人达成转让合同时起算。

本文认为,同等条件必须是转让方与受让方确定的转让股权的最终条件,而不能是意向转让条件、挂牌转让条件。从实务操作的层面来说,应当是载明于双方签署的股权转让协议上的条件。转让股权同等条件的成就,是其他股东决定是否行使优先购买权的前提,转让主体与第三人的交易条件不确定,优先购买权便没有成立的基础。由于其他股东是在“同等条件下”对转让的股权享有优先购买权,因此在其主张优先购买权时,转让人与第三人之间至少已经就股权转让的基本条件达成一致。如果转让人只是向其他股东通知其有股权转让的意向,或转让人向其他股东只是通知了其欲将股权转让给公司外第三人的意向,但尚未与第三人就股权转让形成合意,此时,股权转让的条款尚未最终成就。因此,当股权对外转让事项尚未确立甚至尚不存在明确的第三人时,则无法触发其他股东的优先购买权,同等条件只能以转让人与第三人之间确定的交易条件为准。

司法实践中也是持此观点。如《上海市高级人民法院民二庭关于审理涉及有限责任公司股东优先购买权案件若干问题的意见》(沪高法民二〔2008〕1号)第2条规定:“通知中主要转让条件不明确,无法通过合同解释和补充方法予以明确的,视为未发出过书面通知。”这实际上即是在要求其他股东主张优先购买权的前提条件是转让人与第三人已经就股权转让的主要条件达成一致,而不仅仅是只有对外转让的意向。在“丁祥明、李晴、冯月琴与瞿斐建优先购买权确认纠纷”案中[2],一审法院杭州市中级人民法院认为,“优先购买权建立在‘同等条件’之上……在股权转让的交易条件形成之前,瞿斐建的优先购买权尚无实现的基础”。二审法院浙江省高级人民法院认为,股权转让合同“其股权转让的价格均是按照股东会决议中所确定的1:3的价格,而除付款时间中约定的第一期款项(也作为定金)及余款的数额各不相同外,在具体支付时间上以及违约责任的约定上基本相同,且与上述股权转让合同范本基本一

---

〔1〕 常鹏翱:《论优先购买权的行使要件》,载《当代法学》2013年第6期。

〔2〕 最高人民法院(2012)民抗字第31号、第32号民事判决书。

致。”股东会决议上，瞿斐建签字确定行使优先购买权，据此，应认定在 2006 年 9 月 10 日股东会决议上，瞿斐建已行使优先购买权，且股权购买的条件也基本确定，有相应的依据。最高人民检察院抗诉认为，“瞿斐建对丁祥明、李晴、冯月琴行使优先购买权的条件并未确定。2006 年 9 月 10 日股东会决议确定的股权转让条件仅涉及股权转让的价格条件，并未涉及股权转让的其他条件和事宜，也没有明确具体的受让方，并不能据此认定该次股东会上丁祥明、李晴、冯月琴与第三人的股权转让条件已经确定”。最高人民法院再审后认为，“股东优先购买权是相比于股东以外的买受人而享有的优先权，因此，股东行使优先购买权的前提是，拟出让股东与股东以外的人已经就股权转让达成合意，该合意不仅包括对外转让的意思表示，还应包括价款数额、付款时间、付款方式等在内的完整对价。而在本案中，虽然在股东会前全体股东均被通知，将于下午与股东以外的受让人签约，但在股东会上，受让人并未到场，也没有披露他们的身份或者与他们签订的合同，因此，直至股东会结束签署决议时，对外转让的受让方仍未确定，股东行使优先购买权的前提并未成就。瞿斐建认为其在股东会决议上签署要求行使优先购买权的意见，即为实际行使优先购买权，与法律规定不符”。

（五）确定“同等条件”的要素认定

在同等条件确定的标准选定后，需要考量判断条件中的具体要素是否同等。对此，法律规定和司法实践认定标准都相对明确。《最高人民法院关于适用〈中华人民共和国公司法〉若干问题的规定（四）》（以下简称《公司法司法解释（四）》）第 18 条规定：“人民法院在判断是否符合公司法第七十一条第三款及本规定所称的“同等条件”时，应当考虑转让股权的数量、价格、支付方式及期限等因素。”在“丁祥明、李晴、冯月琴与瞿斐建优先认购权纠纷”再审案中〔1〕，最高人民法院认为，同等条件的内容包括价格、数量、支付方式、交易时间等合同主要条款，其中价格和数量条件是考量的最主要标准。《上海市高级人民法院民二庭关于审理涉及有限责任公司股东优先购买权案件若干问题的意见》（沪高法民二〔2008〕1 号）第 3 条也规定，出让股东与受让人约定的投资、业务合作、债务承担等条件，应认定为主要条件。此外，也需要衡量其他附加条件，如提供担保、从给付等其他条件的同等。

司法实践中，判断是否达到了同等条件常常是先买权纠纷争议的焦点，也是法院在审判过程中需要进行认定的问题。为了解决这一司法难题，笔者整理了部分法官判决思路，详情如下：

---

〔1〕 最高人民法院（2012）民抗字第 31 号、第 32 号民事判决书。

表四　同等条件认定典型案例

案名及案号	裁判要点归纳
上海盛华企业投资发展有限公司诉倪鸣等股权转让纠纷上诉案	盛华公司如主张行使其同等条件下的优先购买权，除向倪鸣支付人民币2元的股权转让款外，还应承担上述债权债务。
杨君与朱伟民等股权转让纠纷上诉案，(2014)浙杭商终字第645号	股权转让的价格由转让方与受让方自由协商确定，其他股东无法凭自己意思作出价格合理与否的认定。
蔡天山等诉张文股权转让纠纷案，(2014)宁商终字第611号	同等条件也包括股权的整体转让，若部分行使购买股权则不符合同等条件的要求，视为放弃权利。另外，转让价款和付款时间，若要行使权利，则必须接受此条件。
浙江万国汽车有限公司与浙江康桥汽车工贸集团股份有限公司股权转让纠纷案，(2014)杭拱商初字第1019号	关于原告是否有权主张以被告马斌雄与万银公司达成的转让价格行使权利，因股权价值并未经评估，双方也未能就股权的实际价值进行有效举证等因素，法院认为不予支持。
海南华亭嘉园实业有限公司与济南美术总厂等股权转让纠纷案，(2013)济商终字第702号	法律规定的同等条件下股东享有优先购买权，不仅仅指价格条件，同时也应包括价款的支付方式。
梅根龙诉江苏省航运有限公司请求变更公司登记纠纷案，(2012)下商初字第29号	被告辩称原告股权转让价款应为10万元而非70万元，股权转让补偿款60万元系原告为排除其他股东优先购买权所为，因未提供相反证据予以证实，且双方系考虑税费负担所为，结合公司状况以及公司其他股东与第三人商谈的情况考虑，股权转让价款70万元未明显偏离其价值，因此对被告的该辩解，不予支持。
冯月琴与李晴股东优先购买权案，(2012)民抗字第31号	“同等条件”不仅包含转让价格，还包括付款期限、违约条款等。
河南投资集团有限公司与鹤壁同力发电有限责任公司、中国石化集团中原石油勘探局、第三人徐州苏北资产管理有限公司股权转让纠纷案，(2011)山民初字第1838号	法院认定与第三人的《产权交易合同》的全部内容为行使优先购买权的同等条件。
周某某与姚某某、姚某及原审第三人上海甲机械制造有限公司股权转让纠纷案，(2011)沪一中民四(商)终字第883号	法院认定，当转让人与行使优先权的其他股东转让股权时，不以转让人与第三人之前签订的股权转让协议中的同等条件行使，而是低于其条件的话，为恶意串通，损害第三人利益，法院不支持。

从表四中统计的案例来看,法官在审判时并没有统一的标准判断。一般抽象地认为是以转让股东与非股东受让人签认的股权转让协议中的内容为同等条件,仅有少数法院判决对具体内容谈及。但当事人以法律为行为之准则,法院审理以成文法为依据,而同等条件又是行使股东优先购买权的核心要件,立法的缺失则会导致行为人对自己的行为无法预期、司法审判标准不统一,加之社会生活复杂多变,从而关于同等条件纠纷的案件多、法院难审理。所以,关于同等条件,不应规定一个没有弹性的条款来“一刀切”,应该从判断标准、同等条件如何形成以及具体包括哪些因素来展开研究。

综合考量,本文认为,同等条件的确定要素主要包括转让价格、转让数量、履行方式与期限、违约责任、其他附加条件。

1. 转让价格中相同价款的判断

股权转让合同为买卖合同,其最核心的条件是价格因素。价格相同是同等条件中最实质也是最能维护当事人利益的核心条件,这在关于同等条件的所有观点中均不存在争议。

在认定相同价款时,实践中存在的一个问题是:股权转让方与第三人达成的价格是否可以变更。有观点认为,如果其他股东愿意以竞价程序最终确定的价格行使优先购买权,则应当给予第三人提出更高的价格的机会,如果第三人提出更高的价格,其他股东不愿意接受该价格,那么将由第三人购得股权,如果其他股东愿意接受该更高的价格,此时仍可由第三人决定是否提高价格,如此反复。[1] 本文认为,如前文所述,同等条件确定的基础为股权转让方与第三人达成的转让合意,该合意应该是确定的。第三人应该考量其他股东行使优先购买权的可能性而斟酌自己提出的购买条件是否能够阻却优先权的行使,从而报出心理真实价格。如果价格反复,则实质上将其他股东纳入了“竞价”的程序之中,其他股东如果最终购买,其依据的不是优先购买权,而是其参与竞价的结果,即便其最终只需提出与第三人相同的价格,但仍然是对优先购买权制度的根本背离,势必颠覆优先购买权之基础。另外,无止境地给予第三人不断加价的机会,显然违背了公平与效率原则。

2. 转让数量

转让数量的问题实质上就是优先购买权的部分行使问题。所谓优先购买权的部分行使,指的是股东出于控股或者无力购买全部股权等原因,主张在同等条件下购买

---

〔1〕 刘建功:《公司法案件新问题与裁判尺度》(讲座记录,2012年5月28日,清华大学法学院)。

转让股权的一部分。股权整体转让，是否也应视为“同等条件”的要素之一？享有优先购买权的股东，是否可以优先购买其中一部分股权？

股东能否部分行使优先购买权，理论界有肯定、否定和折中三种观点：持肯定观点的学者认为，《公司法》并未禁止股东部分行使优先购买权，法不禁止即自由。而从立法本意来看，《公司法》之所以规定股东享有优先购买权，一方面在于保证有限责任公司老股东可以通过行使优先购买权增持股份，从而实现对公司的控制权；另一方面在于保障公司人合性，当股东向非股东转让股权时，在新老股东之间能否建立起良好的合作关系，将对老股东的利益产生重大影响。在人合性得到维护的前提下，老股东有权根据自己的实际情况和需要决定对部分还是全部股权行使优先购买权。持否定观点的学者则认为，股东的优先购买权不能部分行使。《公司法》虽然没有禁止性规定，但从法律对优先购买权行使的“同等条件”要求看，已经否定了部分行使优先购买权。第三人购买特定比例的股权，并基于该股权比例所能实现的控制权确定了交易价格。持折中观点的学者认为，转让股东的情况决定股东优先购买权能否部分行使。理由如下：股东对其个人所持有的股权享有所有权，因此该股东享有对其股权占有、使用、收益、处分等权利。因此，该股东可自行决定该如何转让此股权，如何处理该股权；《公司法》设定优先购买权的目的之一也是促进股权交易，保护各方利益。

主流观点认为，其他股东不得主张部分行使优先购买权。无论部分行使优先购买权股东的目的如何，部分行使优先购买权都会影响到出让股东的利益，〔1〕如有损拟转让股权价值、增加转让股东的交易成本。因此，其他股东仅主张在同等条件下购买转让股权的一部分实际上没有达到同等条件。为了更好地保护转让股东的实际利益，转让数量相同应该作为同等条件确定标准的重要组成部分。但如果转让股东同意其他股东部分行使优先购买权的主张，则属自由交易的范畴，应予支持。在“王强与嘉峪关嘉恒房地产公司等股权转让纠纷”〔2〕上诉案中，法院认为，其他股东只能在同等条件下表示接受或不接受股权转让，不能对转让股东附加其他条件。在“浙江环益资源利用有限公司、谢建林股权转让纠纷”〔3〕案中，目标公司八个股东合计持股56%，并准备将其中的51%股权对外转让给高能公司，而享有优先购买权的股东环益公司要求购买其中5%的股权。法院认为，法律未明确规定“同等条件”行使的

---

〔1〕 闫荣涛：《论有限公司股东行使优先购买权的同等条件》，载《公民与法》2011年第4期。

〔2〕 甘肃省高级人民法院(2014)甘民二终字第100号民事判决书。

〔3〕 杭州市中级人民法院(2016)浙01民终字第5128号民事判决书。

方式，故环益公司要求购买其中的5%股权，与高能公司购买51%股权不同，提出的是不同等条件。环益公司要求就其中5%股权单独行使优先购买权不符合同等条件的要求，应视为其放弃行使优先购买权。

3. 转让价款支付的时间及方式

支付条件包括支付时间和支付方式。交付转让价款的时间及方式，对交易成功与否的影响同样不容忽视。一般来说，一次性付款还是分期付款，其所承担的风险大小当然具有明显不同；用现金支付股权转让价款还是实物资产支付股权转让价款，或者用股权置换的方式等履行合同，对转让股东利益实现所产生的效果均具有较大的影响。因此，对股权转让合同的履行方式、期限的改变，同样是对合同内容的实质性修改。

4. 违约责任

除转让价格、转让数量、转让价款交付时间及方式以外，违约责任也应构成同等条件的确定要素。在合同中，违约责任条款的存在可以约束双方当事人，增强合同双方的相互信任。如果没有违约责任条款的合同，权利义务几乎形同虚设。要求其他股东在行使优先购买权时订立与非股东买受人购买股权时基本一致的违约责任条款，有利于防止其他股东恶意阻挠股权的对外转让，从而使转让股东的利益得到更好的保护。

5. 其他给付条件

除以上内容外，合同可能会约定其他条件，如担保和从给付条件，均会影响到出卖人债权的实现程度，因此也是"同等条件"的重要考量因素。司法实践中，有观点认为，对于转让价格"明显是基于出让股东与受让人之间存在的合法关系（如双方之间存在投资关系、业务关系或经济利益关系）、特别约定（如承诺承担公司债务、引进项目、对公司进行增资等）等因素而确定的相对优惠的转让价格，这些转让价格以外的因素应当作为价格条件一并予以考虑。如请求行使优先购买权的股东仅单纯要求按照出让股东与受让人之间的转让价格行使优先购买权，其本身又不能提供或接受相应的价格以外的条件，则不能认定属于同等条件"。〔1〕

综上，在判断是否为同等条件时，应以第三人的对待给付义务为基本标准，综合

〔1〕《上海市高级人民法院关于审理股东请求对公司股份行使优先购买权引发纠纷案件的研讨意见》（沪高法民二〔2004〕13号）第4条第2款。该意见已被《上海市高级人民法院民二庭关于审理涉及有限责任公司股东优先购买权案件若干问题的意见》（沪高法民二〔2008〕1号）废止。

考虑具体交易情形，把同等条件当成平衡转让人和优先购买权人的利益杠杆，结果是既要实现优先购买权，又不能损害转让人的利益。对于股权价款和数量是转让合同的主要内容，应绝对的同等，否则将是对同等条件的变更；对于其他条件，相对的同等即可，实践中可以根据不同的实际情况允许细微的差别，但差别不能过大，不能造成对同等条件的实质性变更。

（六）“同等条件”的要素的排除

1. 其他股东是否受受让资格的限制

如若转让方对受让方主体资格、管理能力、资产规模等资格条件作出限制，那么该限制是否也约束优先权股东呢？现行立法对此并未明确，理论界和实务界也存在争议。

有观点认为，其他股东也受受让资格的限制。按照《企业国有产权转让管理暂行办法》第 15 条、《企业国有产权交易操作规则》第 12 条的规定，国有股权在转让时，转让方可以对受让方的资质、商业信誉、经营情况、财务状况、管理能力、资产规模等提出必要的受让条件。受让条件公开透明且面向社会上所有潜在的受让股权主体的，包括享有优先购买权的其他股东，意向受让股权主体都应满足并响应全部受让条件，才享有受让资格。[1] 受让条件为股东优先购买权行使的实体上的同等条件，“受让条件不设区别对待，是所有意向受让方的共同门槛，是判断意向受让方是否具有资格的标准”。[2] 另有观点认为，受让条件中对受让主体资格的要求不能约束享有优先购买权的其他股东，但其他受让条件应当充分满足和响应。[3] 也有观点认为，受让条件是非股东参与受让国有产权程序的门槛，不能约束享有优先购买权的其他股东，这些股东只要在产权交易机构场内履行简单的程序，就享有受让资格。[4]

本文认为，转让方对受让方资格条件的限制不应纳入同等条件的考量因素。股东优先购买权为一项法定权利，未经其他股东明确同意，不得以任何形式予以剥夺。同等条件不应包括与当事人的特定身份、资格相关的条件，如果优先购买权股东也受转让方提出的资格条件的约束，同等条件的内容将会由对股权交易条件的同等转化为股权受让人的同等，股权转让人则可以通过单方设定受让条件的方式对股东优先

〔1〕 张映军：《国有股权转让其他股东行使优先购买权之同等条件》，载《产权导刊》2010 年第 6 期。

〔2〕 张映军：《国有股权转让其他股东行使优先购买权之同等条件》，载《产权导刊》2010 年第 6 期。

〔3〕 颜占寅：《也谈有限责任公司股东的优先购买权》，载《产权导刊》2010 年第 12 期。

〔4〕 张映军：《国有股权转让其他股东行使优先购买权之同等条件》，载《产权导刊》2010 年第 6 期。

购买权进行限制甚至剥夺。有限公司的股东对公司的义务仅限于出资，享有的权利包括取得收益权、重大决策权、选择管理者等权利，都不需要有特别资质的限制。[1]如果法律没有明确规定对公司股东的资质要求，股权转让人无权单方作出股东资质要求的受让条件。理解《企业国有产权转让管理暂行办法》《企业国有产权交易操作规则》相关条文时，设定交易条件不得有明显的违反公平竞争的条款和明显的指向性。

司法实践中，法院也会排除对其他股东优先购买权的资格限制。如“北京华亿浩歌传媒文化有限公司（以下简称华亿浩歌公司）与保利文化集团股份有限公司（以下简称保利文化公司）股权转让纠纷”案[2]，双方争议的焦点之一为转让方在其转让公告中对受让方所作的资格条件限制是否约束未放弃优先购买权的股东。保利文化公司挂牌转让公告中将股权受让方的资质限定为“意向方须为正常经营且合法存续的国有企业、国有事业单位或法定机构”，而华亿浩歌公司性质为中外合资的有限责任公司，因此华亿浩歌公司被排除在受让范围之外。一审法院认为，保利文化公司为有限责任公司，华亿浩歌公司作为保利文化公司的股东，根据《公司法》及公司章程的规定，华亿浩歌公司享有的优先购买权为法定权利，虽然被告辩称其在转让公告中对受让方资格条件的限制并未排除原告行使优先购买权，但被告对受让方资格条件的限制足以使原告有合理理由认为自己的优先购买权被排除，此时保利文化公司及上交所有义务予以澄清，并在华亿浩歌公司有意进场的情况下给予合理的期间以便华亿浩歌公司进场。二审法院维持了上述判决。从中分析可以得出结论：该判决认定有限责任公司股东享有法定的优先购买权，其权利不受转让股东设定的受让方资格条件的限制。《上海联合产权交易所股权转让项目中股东优先购买权行使操作办法（试行）》（沪联产交〔2011〕021 号）第 15 条也规定：“转让方可按照交易规则的要求在《产权转让公告》中设置‘受让方资格条件’，但应同时披露‘在不违反法律法规等的强制性规定的前提下，标的公司其他股东的受让资格不受该“受让方资格条件”的限制。’”

2.“同等条件”确定的条件是否可以通过章程规定

《公司法》第 71 条第 4 款规定公司章程对股权转让另有规定的，从其规定。公司章程可否约定同等条件的确定标准？从该款的字面含义来解释，似乎允许公司以章

---

〔1〕 赵旭东：《公司法学》（第 4 版），高等教育出版社 2015 年版。

〔2〕 北京市第二中级人民法院（2011）二中民终字第 13979 号民事判决书。

程的形式排除或限制股东的优先购买权,[1]包括对同等条件予以规定或解释。公司法及现行司法解释对此没有作出细化说明,学理界的观点主要有二:一种观点认为,章程对于股权转让条款的规定应符合《公司法》第71条保护有限公司人合性的立法目的,因此应以法定股权转让条件为最低基准作出更为严格的限制性规定;[2]另一种观点则认为,我国对于股权转让限制条件已较为严格,不应再行加重,而应以法定条件为最高标准在其之下作出规定。[3]

在司法实践中,司法机关对公司出于维护其稳定性、保护老股东既得利益考虑作出的较公司法更为严格的限制股权转让的规定一般持肯定态度。如在"张立田等14人与张宝安、樊玉英股权转让纠纷案"[4]中,当事人所在的秦皇岛海上游船有限公司的公司章程第12条规定"股东之间转让其部分出资,股东向股东以外的人转让其出资时须经全体股东过半数同意",该条规定对《公司法》第71条第1款的"股东之间可以相互转让其全部或部分股权"作出了限制性规定,而法院认为:"该约定符合法律规定,秦皇岛市海上游船有限公司股东之间内部转让股权,应当遵从该约定。"同样,在"徐锐敏与杭州杭挂机电有限公司股权收购请求纠纷上诉案"[5]中,被告杭州杭挂机电有限公司(以下简称杭挂公司)在其修订的章程中约定:"公司注册资本中的权益可以而且只能转让给公司现有股东。除现有股东外,任何人不得受让公司股权……股东要求转让股权但无任何现有股东愿意受让股权的,由公司回购。"而两审法院均承认了这一条款的效力。这是否意味着所有关于股权转让、股东优先购买权行使规则的章程自治性条款都具备法律效力?

《公司法》第71条第4款规定强化了"公司自治"和"股东自治",有限责任公司依其成立目的、所处行业、资产规模、股东构成、股权结构等的不同,可在章程中对股

---

[1] 徐宁波、周艳、李可:《股权转让中股东优先购买权相关法律问题探析》,载 http://gzbjzy.chinacourt.org/public/detail.php?id=361,最后访问日期:2019年9月10日。

[2] 古锡麟、李洪堂:《股权转让若干审判实务问题》,载《实践中的公司法》,社会科学文献出版社2008年版,第48页,作者系广东省高级人民法院法官。

[3] 王艳丽:《对有限责任公司股权转让制度的再认识》,载《法学》2006年第11期。

[4] 河北省秦皇岛市中级人民法院(2013)秦民再终字第30号民事判决书。

[5] 浙江省杭州市中级人民法院(2010)浙杭商终字第1526号民事判决书。

权转让限制规则自行作出不同于公司法的约定。但公司依“章程自治”[1]并不代表可以突破法律的强行性规定,不能违反公司自治的法理基础。根据《公司法》第43条的规定,修改公司章程采用资本多数表决原则,不需全体股东一致同意。如果公司章程可以对优先购买权作出超越法律的规定,那么在资本少数股东并不同意的情况下,资本多数股东可以通过修订公司章程改变股权转让规则,从而剥夺资本少数股东的权益。因此,本文认为,对在公司章程中关于优先购买权的约定,应区分情况来确定其效力:(1)原始章程[2]。原始章程需全体股东一致同意并在章程上签名、盖章,是全体股东对股权转让规则的共同约定。公司设立时章程对股东优先购买权限制的效力因公司章程经全体投资人协商一致通过,所以,此时章程中含有限制股东优先购买权的条款,应视为已经全体股东同意,故为有效约定。公司设立后新加入的股东视为对公司章程的默认或同意。(2)公司成立后,按资本多数表决原则即可修改公司章程,如此时修改的章程中含有限制股东优先购买权的条款,则应视为尚未经股东同意即剥夺了部分股东的固有权利,该限制条款属无效。

司法实践中,法院对剥夺股东合法权益的公司章程,一般不予支持。如在“东莞市恒锋实业有限公司与东莞市华源集团有限公司等委托收购股权合同赔偿纠纷上诉案”中[3],法院认为,《公司法》第71条的规定系基于维护有限责任公司的人合性的目的,对有限责任股东向股东以外的人转让股权,规定了同意权制度和优先购买权制度的限制。上述规定为强行性规定,对于拟受让有限责任公司股权的股东之外的第三人而言,其取得该公司股权,必须受上述规定的约束。由于《公司法》的该条规定是强行法的规定,不允许公司在其章程中放宽同意的条件,因此,在公司章程中的规定宽于《公司法》的规定时,应以《公司法》的规定为准。在“浙江复星商业发展有限公

[1] 对于公司章程的法律性质学理上存在诸多学说,主要有两种不同的观点,即契约说和自治法说。章程自治法说是大陆法系对公司章程的传统定位,章程不仅约束制定章程的设立人或发起人,而且也当然约束公司机关和新加入的公司组织者。因此,章程对于已经成为其成员者,不管其意思如何都具有普遍的约束力,章程不管其成员的个别意思如何,都可以根据其成员的一般意思而变更,社员的变动或者股份的转让也不影响章程的法规性质,因此公司章程应视为自治法。赵旭东:《公司法学》,高等教育出版社2015年版,第151~152页;温世扬、廖焕国:《公司章程与公司自治》,载《商事法论集》总第6卷。

[2] 公司成立后,设立人所订立的章程,能够通过法定的程序,予以变更。对于变更之章程而言,公司设立时所订立的章程,称为原始章程。柯芳枝:《公司法论》,中国政法大学出版社2004年版,第78页。

[3] 最高人民法院(2012)民二终字第13号民事判决书。

司诉上海长烨投资管理咨询有限公司案”(即“上海外滩地王案”)中[1],法院认为,SOHO 中国以间接收购的方式通过受让顶层公司 100% 股权从而间接持有合资公司 50% 股权的行为,侵犯了原告浙江复星商业发展有限公司在合资公司中的股东优先购买权,并以“合法形式规避非法目的”的理由认定股权转让行为无效。

三、股东行使优先购买权“意思表示”的认定

一般来讲,有限责任公司国有股权对外转让时,应当就股权转让事项书面通知其他股东征求意见,同时提示其他股东是否放弃优先购买权,或者转让股东在征询其他股东意见后同意股权对外转让的,转让股东再向其他股东发出书面通知征询是否行使优先购买权。《企业国有产权交易操作规则》规定转让方挂牌公告时,应将“有限责任公司的其他股东或者中外合资企业的合营他方是否放弃优先购买权”予以公告。

因此,国有企业股权转让进场交易过程中,未放弃优先购买权的其他股东应如何行使优先购买权亦成为争议问题。其他股东行使或放弃优先购买权是必须明示还是可以默示推定？各地司法机关的裁判意见也存在差异。

第一种观点认为,可以默示推定其他股东放弃了优先购买权。在“北京永汇丰咨询有限公司(以下简称永汇丰公司)与中国冶金科工集团公司、北京产权交易所有限公司、第三人北京百诚创信贸易有限公司股权转让合同纠纷”案中,法院认为,永汇丰公司在收到相关通知后未在法定期限内行使优先购买权,认定永汇丰公司已以其自身行为表示放弃行使优先购买权。在该案中,该判决认为其他股东未在“法定期限”内明确表明行权,则可以根据其不行权的行为默示推定放弃了优先权。还有观点认为,参加公开竞价行为视为其放弃股份购买优先权。[2]

第二种观点认为,可以在一定条件下默示推定其他股东放弃了优先购买权。《公司法》第 72 条规定,在强制执行程序中,优先购买权人自法院通知之日起 20 天的期限内行权,法定期间内不行权,视为放弃优先购买权。《山东省高级人民法院关于审理公司纠纷案件若干问题的意见(试行)》(鲁高法发〔2007〕3 号)第 48 条、第 49 条规定,其他股东在限定期限内未予答复的,视为放弃优先购买权;其他股东主张优先购买部分股权的,视为放弃优先购买权。在“陶雅因受赠股权诉华安生物化工有限公

〔1〕 上海市第一中级人民法院(2012)沪一中民四(商)初字第 23 号民事判决书。

〔2〕 苏晓东博士公司法务工作室:《股东优先购买权的行使方式是什么?》,载新浪博客:http://blog.sina.com.cn/s/blog_58de88630100w8rl.html,最后访问日期:2019 年 8 月 20 日。

司、陶明华股东名册变更纠纷案”中，法院将默示推定弃权的认定限制在诉讼中，即“诉讼中，法院可出具书面通知，限期要求不同意的股东在一定期限内，作同意或购买表示，并就其不作为的后果予以明确说明。在此情况下，该股东逾期不予答复的，视为放弃权利”。[1]《北京产权交易所产权交易竞价转让办法》第 11 条规定，“涉及有限责任公司或中外合资企业股权转让，且其他股东未放弃行使优先购买权的，竞价确定的意向受让方应与转让方确定《产权交易合同》内容。转让方应在三个工作日内就《产权交易合同》的内容向其他股东征询是否行使优先购买权，其他股东应在二十天内作出书面回应。其他股东接受上述《产权交易合同》内容，在规定期限内书面提出行使优先购买权的，成为受让方；其他股东在规定期限内书面放弃行使优先购买权或逾期未作回应的，竞价确定的意向受让方成为受让方。受让方应在五个工作日内与转让方签订《产权交易合同》”。

第三种观点认为，优先购买权的行使或放弃必须明示。其他股东未按通知到产权交易机构举牌表示受让意愿的行为属不作为的默示行为，不能据此而推定其放弃优先购买权，不作为的默示只有在法律有规定或者当事人双方有约定的情况下，才可以视为意思表示。在“北京新奥特公司诉华融公司股权转让合同纠纷二审案”中[2]，华融公司采取通知函的形式，限期电子公司行使优先权，逾期视为放弃。电子公司没有对此进行答复，于是华融公司与新奥特公司、比特科技签订股权转让协议。北京仲裁委员会适用《最高人民法院关于贯彻执行〈中华人民共和国民法通则〉若干问题的意见（试行）》第 66 条来理解电子公司对华融公司第二次通知函的沉默的意思表示，认为不能理解成电子公司放弃了其优先购买权。法院支持了仲裁机构的判断。在该案中，仲裁机构和法院均适用“沉默不构成意思表示”的民法规范，否定了转让人为优先购买权人设定权利行使期限的效力。在“徐德均诉重庆拓源公司与原重庆市南川半河乡政府股权转让纠纷”案中，法院认为，“关于徐德均称三泉政府未按同等同序同价原则参加实际竞价的行为即应视为三泉政府对拓源公司转让的南川大河电厂相关权益已丧失同等条件下的优先购买权的问题……故三泉政府未参加实际竞价的行为并不导致其丧失优先购买权”。[3] 在“河南投资集团有限公司（以下简称河南省投）与鹤壁同力发电有限责任公司、中国石化集团中原石油勘探局、第三人徐州苏北资产

---

〔1〕 苏州市中级人民法院（2008）苏中民二终字第 627 号民事判决书。

〔2〕 最高人民法院（2003）民二终字第 143 号民事判决书。

〔3〕 贺付琴、崔蔚：《竞价拍卖中优先购买权之“同等条件”的认定》，载山西法院网：http://shanxify.chinacourt.org/article/detail/2015/06/id/1646257.shtml，2018 年 3 月 12 日访问。

管理有限公司(以下简称苏北资产)股权转让纠纷”案中,[1]法院认为,被告中原石油勘探局、第三人苏北资产关于原告河南省投未按通知向上交所申请受让即丧失优先购买权的抗辩主张,不能成立。原告河南省投未按通知到上交所举牌受让的行为属于不作为的默示行为,不能根据原告一个不作为的默示行为即推定其放弃优先购买权……该优先购买权,不因其未按被告中原石油勘探局的通知及相关公告在挂牌期限内向上交所表达收购意向而被视为放弃,不因其未参加竞价而丧失。在“上海电力实业有限公司、中国水利电力物资有限公司与中静实业有限公司股权转让纠纷”案中,两审法院均认为,《公司法》仅在第72条规定了法院强制执行程序中,优先购买权股东被通知后法定期间内不行权,视为放弃优先购买权,公司法及司法解释并未规定其他情形的失权程序。权利的放弃需要明示,故不能当然地认定中静公司已经放弃或者丧失了该股东优先购买权。此外,法院还认为,产权交易所的性质是为产权交易提供场所设施和市场服务,并按照规定收取服务费的事业法人,无权对于中静公司是否享有优先购买权等作出法律意义上的认定。

对于其他股东是否进场交易、能否进行行使或放弃优先权的推定上,在第一种和第三种观点之间,本文赞同第三种观点。《最高人民法院关于贯彻执行〈中华人民共和国民法通则〉若干问题的意见(试行)》第66条明确规定,一方当事人向对方当事人提出民事权利的要求,对方未用语言或者文字明确表示意见,但其行为表明已接受的,可以认定为默示。不作为的默示只有在法律有规定或者当事人双方有约定的情况下,才可以视为意思表示。优先购买权作为股东的法定权利,鉴于《公司法》并未规定股东在一定期限内未明确表示是否放弃优先购买权的视为放弃,从审慎原则的角度考虑,为保护股东的优先购买权,权利的放弃必须以明示方式作出,未明确表示放弃的,视为没有放弃,意思表示的行为方式应当符合法律规定或双方合意的约定。

第二种观点其实和其他两种观点关注的并不是同一个问题,该观点关注的是在股权转让的同等条件已经明确成就后,在合理期限后能否根据优先购买权人的行为推定其是行权或弃权。该问题并无争议。从利益衡量的角度来看,优先购买权人应在同等条件成就后及时行权,以避免不稳定的股权转让行为长期持续而损害他人的合法权益。这既是对转让人自由处分其财产的权利的尊重,也符合商事交易对快捷性的要求。

---

[1] 鹤壁市山城区人民法院(2011)山民初字第1838号民事判决书。

四、股东优先购买权行使时间的认定

从股东优先购买权设立的目的来说，股东优先购买权在保护公司其他股权优先受让拟转让股权的同时，也限制转让股东及第三人自由交易的权利。为了稳定交易秩序，平衡各方权益，督促权利人及时行使权利，有必要对其规定一定的权利行使期间。设立该制度的国家或地区大都有关于权利行使期间的规定，其原则一般要求优先购买权行使须在一定期限内行使；否则，即视为放弃权利。但我国《公司法》除对于强制执行程序中股东优先购买权的行使期间作出规定外，对于股权正常转让中的股东优先购买权的行使期间，未作任何规定。优先购买权的行使期限是从进入产权交易机构交易开始，或是从国有股东表达出售意图开始，还是从优先购买权人知道或者应该知道其优先购买权被侵犯时开始，期限是多久，这些问题都极易产生分歧。

（一）股东优先购买权行使期间的性质

对股东优先购买权行使期间的性质，理论界主要有两种观点：一种观点是诉讼时效说，另一种观点是除斥期间说。从股东优先购买权制度的设立及其法律性质分析，本文认为应为除斥期间，首先，股东优先购买权的设立保护了其他股东的利益，限制了转让股东的自由权利。为了平衡各方权益，不能将股东优先购买权行使期间的性质定位诉讼时间，不能中断或延长；否则，将无限延长其他股权行使权利的期间，其他利益相关方的期待利益长久不能实现。其次，其形成权的法律性质也决定了其行使期间应为除斥期间。期限已过，优先购买权即告消灭。如果为诉讼时效，时间经过或者说届满，权利人丧失胜诉权，但权利本身尚在。

（二）关于股东优先购买权行使期间的起算

这是一个实务可操作性的问题，涉及转让股东的通知义务。

1. 转让方股东的通知义务。依据《公司法》第71条第2款规定，股东在对外转让股权前，应以书面形式告知其他股东股权转让事项并征得半数以上股东的同意，其他股东则由此获得行使优先购买权的机会。因此，转让方股东的通知行为是股权对外转让的前置程序，且是转让方股东的法定义务，对于其他股东行使优先购买权具有重要意义。但公司法并未对通知义务的具体履行作出详细规定，导致实务中纠纷频发，主要涉及"如何通知"和"何时通知"的问题。

2. 通知义务的履行方式。首先是通知主体的问题，应当是转让股东进行通知，这是司法解释明确的，不能是其他方（包括交易所）进行通知；但在之前的司法实践中，义务履行主体也不限于转让股东一方。如"鹤壁市淇河家具有限公司与张进喜股权转让纠纷上诉案”中，一审法院认为通知股权转让、征询股东行使优先购买权的义务可以是受让人，且股权转让并不一定要以股东会决议方式，或一一私下征求股东意见也可以；二审法院从受让人代转让人履行通知义务的角度出发也支持上述观点。其次是通知的形式。《公司法》明确规定股东应采用“书面通知”的形式，在实务中存在多种书面通知方式，《公司法司法解释（四）》规定可以“其他能够确认收悉的合理方式”通知，故司法实践中对其他通知方式持肯定态度。在“孙伯荣与江苏省纺织集团有限公司、江苏省复合肥有限责任公司股权转让合同纠纷”案中，法院认为受让人通过邮寄通知且在报纸上刊登的行为应视为履行了通知义务。同样，“上诉人郑某等与周某优先购买权纠纷”案中转让股东以邮递快件的形式通知也得到二审法院的认可。可见，法院支持以确保到达通知对象、便于证据存留为前提的灵活多样的书面通知形式，且在审判实践中，因其他股东拒收通知函或通知文件因“查无此人”被退回的情况[1]，亦均视为通知义务业已履行。但须注意的是，如果转让股东仅与受让方共同在报纸上发布股权转让的公告显然不属于公司法规定的书面通知形式。[2] 当然，在司法实践中，“其他方式”的举证将会变得更为困难和苛刻。

3.“何时通知”？转让方和受让方达成了主要的交易意向就通知，还是进产交所才通知？此等通知均不能作为最终的通知。《公司法司法解释（四）》明确要求通知转让股权的同等条件，这就意味着通知时必须是最终的交易条件，也就是说，应当在签订最终的交易合同时（或之后）将该等交易合同的主要交易条件通知其他股东。譬如，在交易所进行产权交易的，可在意向受让方摘牌后，双方签订产权交易合同时（最好是之后；当然，交易合同可明确在其他股东不行使优先购买权的情况下生效）通知优先购买权股东。

4.通知内容。《公司法司法解释（四）》第17条第1款规定：“有限责任公司的股东向股东以外的人转让股权，应就其股权转让事项以书面或者其他能够确认收悉的合理方式通知其他股东征求同意。”第22条规定：“通过拍卖向股东以外的人转让有限责任公司股权的，适用公司法第七十一条第二款、第三款或者第七十二条规定的‘书面通知’‘通知’‘同等条件’时，根据相关法律、司法解释确定。在依法设立的产

---

〔1〕“北京永汇丰咨询有限公司诉中国冶金科工集团公司等股权转让合同纠纷”案，（2008）海民初字第27259号；“上海加成信息咨询服务有限公司与王勇等请求变更公司登记纠纷”上诉案，（2014）沪二中民四（商）终字第1146号。

〔2〕“马深玉与郭龙胜广东富广联兴经济发展有限公司等确认合同无效纠纷”案，（2015）湘高法民一终字第5号。

权交易场所转让有限责任公司国有股权的，适用公司法第七十一条第二款、第三款或者第七十二条规定的‘书面通知’‘通知’‘同等条件’时，可以参照产权交易场所的交易规则。”而《公司法》第 71 条第 2 款、第 3 款或者第 72 条并未对通知的内容作出明确规定。但《公司法司法解释（四）（征求意见稿）》第 25 条（书面通知的内容和优先购买权的行使期间）“有限责任公司的股东向股东以外的人转让股权，书面通知其他股东，通知中已经包括受让人的姓名或名称、拟转让股权的数量、价格及履行时间、方式等股权转让的主要条件告知其他股东的，人民法院应当认定转让股东未适当履行公司法第七十二条第二款规定的通知义务”可以理解为，通知的内容应包括“受让人的姓名或名称、转让股权的类型、数量、价格、履行期限及方式等股权转让合同主要条件”。

结合《上海市高级人民法院民二庭关于审理涉及有限责任公司股东优先购买权案件若干问题的意见》第 2 条规定：“股东依照公司法第七十二条第二款的规定，向股东以外的人转让股权，就股权转让事项征求其他股东同意的书面通知，应当包括拟受让人的有关情况、拟转让股权的数量、价格及履行方式等主要转让条件。通知中主要转让条件不明确，无法通过合同解释和补充方法予以明确的，视为未发出过书面通知。”因此，在作为转让股东履行通知义务时，应具体列出拟受让人的基本情况和股权对外转让协议中的主要条款，如转让股权的类型、数量、价格、支付方式和履行期限等。如仅在书面通知中表达转让意图而未列明上述事项，则有可能被法院认定为未履行通知义务，从而影响后续交易的稳定性。

5. 通知的起算时间。对此问题，有两种立法例（详见图一）：〔1〕

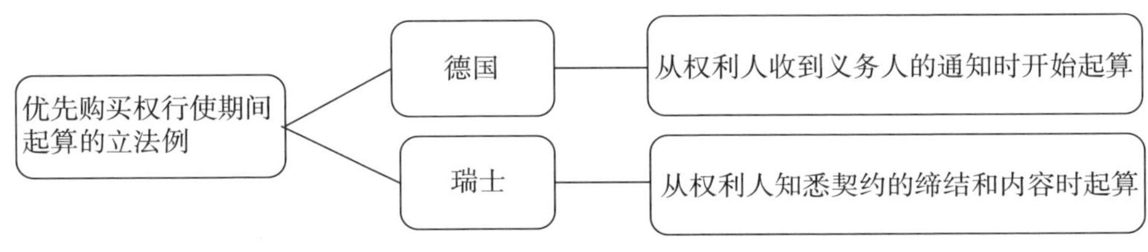

图一 优先购买权起算时间

股东优先购买权的行使期限的起算时间，有观点认为应从转让出资股东公开表达转让意图并正式通知转让条件时起算。其他股东在得知转让条件后，经过合理期

〔1〕 王文峰：《国有股权转让中股东优先购买权行使冲突研究》，中国政法大学 2015 年硕士学位论文。

限不主张购买，应认定其放弃优先购买权。本文认为，股东优先购买权的行使期限不应与不同意对外转让出资股东应当购买出资的义务履行期限重合。如果把股东优先购买权的行使期限从接到转让意向通知或知晓转让意向时起算，将导致其他股东因最终转让条件的不确定而无法及时行使优先权，导致最终因超过期限而失权。如前所述，由于《招标投标法》《拍卖法》等竞价方式处置国有股权时，基本原则是价高者得，且根据《招标投标法》《拍卖法》等方式进行竞价，在确定中标人、拍卖落槌之时买受人已经确定。而根据《公司法》第 71 条的规定，其他股东享有优先购买权的前提是“同等条件下”，只有在价格确定之后，才可以确定同等条件，因此，其他股东享有优先购买权的前提实际上是竞价结束，确定价格。因此，为保障权利人有效地行使权利，优先购买权行使期间的起算应以权利人接到义务人（转让股东）拟转让股权的书面通知并知道最终转让条件时起算。对于权利人知道义务人拟转让股权并知道转让条件，义务人应负担证明责任。

（三）关于股东优先购买权行使期限

这个问题在《公司法司法解释（四）》出台前法律没有明确的规定。《公司法》第 71 条第 2 款对其他股东对股权转让是否同意的答复期限作了规定：“股东向股东以外的人转让股权，应当经其他股东过半数同意。股东应就其股权转让事项书面通知其他股东征求同意，其他股东自接到书面通知之日起满三十日未答复的，视为同意转让。其他股东半数以上不同意转让的，不同意的股东应当购买该转让的股权；不购买的，视为同意转让。”但对过半数不同意转让的股东未规定一个明确且合理的强制购买履行期限，也没有规定不同意转让的股东应按何种价格受让股权。第 72 条规定：“人民法院依照法律规定的强制执行程序转让股东的股权时，应当通知公司及全体股东，其他股东在同等条件下有优先购买权。其他股东自人民法院通知之日起满二十日不行使优先购买权的，视为放弃优先购买权。”此条对法院强制执行时股东优先购买权的行使期限作了规定，但一般情况下，股东行使优先购买权的期限却不得而知。在《公司法司法解释（四）》之前，在审判实践中，一般认为，股东优先购买权行使期间应综合考量各方权益的维护、法律关系的稳定、交易的效率，期限太短，可能无法保障其他股东优先购买权的良好实现；期限太长则又使各方法律关系长期处于不稳定的状态，影响交易效率。应参考我国相关法律、司法解释以及其他国家关于优先购买权行使期间的规定，进行确定。有两种主流的意见：一是认为可以参照《公司法》第 72 条规定的执行过程中股东优先购买权的行使期限，即通知行使优先购买权后的 20 日；二是认为应当给予其他股东在通知后的合理期限，一般为不少于 30 日。《山东省高级人民法院关于审理公司纠纷案件若干问题的意见（试行）》（鲁高法发〔2007〕3号）第46条的规定及《上海市高级人民法院关于审理股东请求对公司股份行使优先购买权引发纠纷案件的研讨意见》（沪高法民二〔2004〕13号，已废止）第三部分第1条的相关规定持第二种观点。《公司法司法解释（四）》也采取不少于三十日行使期限的观点，其中第19条规定："有限责任公司的股东主张优先购买转让股权的，应当在收到通知后，在公司章程规定的行使期间内提出购买请求。公司章程没有规定行使期间或者规定不明确的，以通知确定的期间为准，通知确定的期间短于三十日或者未明确行使期间的，行使期间为三十日。"第21条第1款规定："有限责任公司的股东向股东以外的人转让股权，未就其股权转让事项征求其他股东意见，或者以欺诈、恶意串通等手段，损害其他股东优先购买权，其他股东主张按照同等条件购买该转让股权的，人民法院应当予以支持，但其他股东自知道或者应当知道行使优先购买权的同等条件之日起三十日内没有主张，或者自股权变更登记之日起超过一年的除外。"

五、国有股权转让中其他股东行使优先购买权进场交易的认定

所谓"进场行权"，指的是向交易所登记受让意向，并按照交易所的规则行使股东优先购买权。《企业国有产权转让管理暂行办法》第4条规定，企业国有股权转让应当在依法设立的产权交易机构中公开进行，不受地区、行业、出资或者隶属关系的限制。根据《企业国有产权交易操作规则》第25条的规定，意向受让方在信息公告期限内，向产权交易机构提出产权受让申请、提交相关材料，由产权交易机构对意向受让方进行登记。但优先购买权人行使优先购买权也是否必须进场在产权交易机构中进行呢？《公司法》及其司法解释和《企业国有资产法》都没有加以明确。无论是理论界还是司法实务界，这一问题都是争议最大的。

（一）观点分歧

对前述争议，有肯定说和否定说两种观点。

1. 肯定说。其他股东行使优先购买权必须进场交易，不进场交易即失权。[1] 第

---

〔1〕 郑太福、张杰、罗鹏：《股东优先购买权行使中"同等条件"确定研究——以国有股转让为视角》，载广西法院网：http://gxfy. chinacourt. org/article/detail/2013/04/id/2462318. shtml；张映军：《论国有产权交易过程中的优先权》，载平阴公共资源交易网：http://ggzy. pingyin. gov. cn/contents/3416/61136. html，2018年3月12日访问。

一,不论是法律规定还是约定,优先购买权权利主体在国有产权交易过程中并不存在超出法律、法规及规范性文件之外的特权,其行使权利应当履行相应的程序,和非优先购买权交易主体达到同一个程序标准。国有股权转让过程中其他股东行使优先购买权的同等条件不仅包括实体上的同等,也应包括程序上的同等,必须履行相应的程序义务。理由是:法理上民商事法律行为除了实体合法,还要求程序合法。国有股权转让的同等条件不仅应包括交易的实体条件同等,也应包括程序上的同等。程序上的同等条件为"国有股权转让过程中其他股东在产权交易机构内应履行的程序义务"。[1] 法律未赋予其他股东在购买国有股权时享有特殊地位,《企业国有资产法》第54条应解读为"任何有意向购买拟转让国有股权的意向受让方,都应当向产权交易机构提出竞买申请,其他股东也不例外"。[2] 因此,优先购买权主体应当遵守交易所制定的交易规则在设立的产权交易机构场内行使优先购买权。其他股东只有履行上述程序义务,才能满足或达到程序上同等的标准。第二,从国有产权转让制度设计上,允许股东场外行权,违反了国有资产转让的价值要求。国有资产转让的价值要求为国有资产的保值增值,实现资产价值的最大化,场外行权不利于这一目的实现。优先购买权人应进场交易,通过其与最高出价者之间的竞争,才能实现资产利益最大化。第三,有利于保护股权转让方、第三方竞买者的合法权益。股东参与场内竞价可达到充分竞争,保障转让方利益实现。通过进场竞价机制形成真正合理的市场价格,避免因过度保护股东优先购买权而损害转让方的权益,对于第三人受让方来说也较为公平。[3] "应保护竞买人的积极性,在国有股权进场拍卖的情况下,仍要尊重竞买人的竞买预期,充分保护竞买人的合法权益。换句话说,有限责任公司股东在国有股权拍卖时,可以积极参与竞买,甚至出价与最高的竞买人一决雌雄,但不宜在拍卖行一锤定音后再以买受人的最高竞价行使优先购买权。"不能为了保护优先购买权而置拍卖程序于不顾,股东必须参与进来,才能谈同等条件,才能谈优先购买权的行使。[4]

---

〔1〕 张映军:《国有股权转让其他股东行使优先购买权之同等条件》,载《产权导刊》2010年第6期。

〔2〕 李志强:《国资法对优先权制度的影响》,载《产权导刊》2009年第10期。

〔3〕 李志强:《国资法对优先权制度的影响》,载《产权导刊》2009年第10期;陈启:《国有股权挂牌出让时股东如何行使优先购买权》,载《中华全国律师协会公司法专业委员会2009年年会论文集》。

〔4〕 田园:《国有股权转让中股东优先购买权的行使》,载搜狐网:http://www.sohu.com/a/146786202_644444,2018年3月12日访问。

第四,公开竞价机制的要求。根据《拍卖法》第 51 条的规定[1],在拍卖过程中,竞买人的应价在性质上属于要约,拍卖师的落槌或以其他公开表示买定的确认方式则为承诺,当要约和承诺同时具备时则合同成立。同时根据《拍卖法》第 36 条的规定,竞买人的应价只有在其他竞买人给出更高应价时才丧失约束力[2],而股东等优先购买权人只需给出同等的应价即可使竞买人的应价丧失效力,这实际上改变了拍卖的程序及价格形成机制,也缩小了《拍卖法》中所规定的竞买人的权利,将股东与竞买人置于不平等的地位。如果在程序上存在优先于其他竞买人的购买人,那么竞买人的竞买意愿将会大打折扣,竞买产生的价格也就无法充分反映拍卖标的的市场价值。[3]

2. 否定说。持反对意见的学者认为,若强制要求其他股东行使优先购买权必须进场交易是对优先购买权的限制,违背了优先购买权的立法精神。"如若优先购买权人参与了竞价程序,即使成功受让国有股权,也是根据竞买而买受,不是根据优先购买权买受。"[4]优先购买权作为公司法赋予其他股东的法定权利,在同一立法层次的法律未对国有股权挂牌交易过程中其他股东优先购买权行使程序作出明确规定的情况下,要求其他股东必须进场行使优先购买权是对优先购买权人权益的限制甚至是侵害,其结果是导致其他股东完全没有优先权可言,因为优先购买权的优先,应是在股权转让条件都确定以后的优先。"同等条件"是未放弃优先购买权的股东是否行权的前提条件。

(二)实践做法

在产权交易实践中,各地产权交易机构的做法也不统一,北京产权交易所和上海联合产权交易所分别代表了上述两种观点。北京产权交易所认为股东行使优先购买权并非必须进场,仅需在限定时间内、同等条件下以书面表态即可,但其将进场作为

[1] 《拍卖法》第 51 条规定:"竞买人的最高应价经拍卖师落槌或者以其他公开表示买定的方式确认后,拍卖成交。"

[2] 《拍卖法》第 36 条规定:"竞买人一经应价,不得撤回,当其他竞买人有更高应价时,其应价即丧失约束力。"

[3] 夏青:《关于股东优先购买权的法律冲突及解决途径》,载《甘肃社会科学》2005 年第 4 期。

[4] 孙立武、傅博:《企业国有产权交易中股东优先购买权的保护》,载《产权导刊》2008 年第 3 期。

股东间优先行权的条件。[1] 对其他股东如何行使优先购买权,《北京产权交易所企业国有产权转让股东行使优先购买权操作细则》第8~15条规定,通过竞价,在非股东意向受让方之间产生最高竞价,场内行权的股东表态是否就最终报价行使优先购买权。如果场内行权的股东表示放弃优先购买权,则转让方应在3日内通知场外行权的股东,场外行权的股东需在30日内通知北京产权交易所,交保证金,以最高竞价等同等条件受让股权;否则视为放弃。

上海联合产权交易所认为其他股东要行使优先购买权,必须进场,提交产权受让申请。[2] 其他股东可以三种方式行权:一是由普通竞买人首先进行一次报价、多次报价、网络动态报价或其他公开竞价方式,并将该竞价中的最后报价作为行权价格;二是以普通竞买人的竞买方式参与多次报价,以此行权;三是参与多次报价或拍卖,并按照《最高人民法院关于人民法院民事执行中拍卖、变卖财产的规定》中关于在拍卖中行权的规定行权。[3] 即当非股东意向受让方竞价产生最高价后,询问优先购买权人是否愿意以该价格受让,如其愿意,则再询问最高出价者,其是否愿意加价,循环往复,最终确定。

在司法实践中,各地法院的认识也不一致。有的法院明确指出,"产交所的性质

[1] 《北京产权交易所企业国有产权转让股东行使优先购买权操作细则》第3条规定:"本规则所称其他股东行使优先购买权,包括场内行权和场外行权两种方式:本规则所称场内行权,指产权转让信息正式披露公告期内其他股东向北交所提出受让申请,交纳交易保证金,并有权在同等条件下就标的企业股东以外的意向受让方的最终报价当场表态行使优先购买权的方式。本规则所称场外行权,指在信息披露公告期内未向北交所提出受让申请,或未交纳交易保证金的其他股东,就非股东意向受让方的最终报价,在规定的期间内,在同等条件下有权以书面形式表态行使优先购买权的方式。"第9条规定:"选择场内行权的其他股东已受让或行使优先购买权的,转让方不再征询未进场的其他股东意见。"在程序上,原股东可以不进场递交受让申请,挂牌期满只产生一个意向受让方,与转让方草签合同后,征询原股东意见;挂牌期间产生2个或以上意向受让方,先竞价,最终产生的意向受让方与转让方草签合同后,征询原股东意见。根据《北京产权交易所产权交易竞价转让办法》第11条的规定:"转让方应在三个工作日内就《产权交易合同》的内容向其他股东征询是否行使优先购买权,其他股东应在二十天内做出书面回应。"

[2] 《上海联合产权交易所股权转让项目中股东优先购买权行使操作办法(试行)》(沪联产交〔2011〕021号)第17条规定:"主张行权的其他股东,应在产权转让信息公告期间,委托联交所经纪会员向联交所提出产权受让申请。"

[3] 《最高人民法院关于人民法院民事执行中拍卖、变卖财产的规定》第16条第1款规定:"拍卖过程中,有最高应价时,优先购买权人可以表示以该最高价买受,如无更高应价,则拍归优先购买权人;如有更高应价,而优先购买权人不作表示的,则拍归该应价最高的竞买人。"

为经市政府批准设立,不以盈利为目的,仅为产权交易提供场所设施和市场服务,并按照规定收取服务费的事业法人。基于此,产交所并非司法机构,并不具有处置法律纠纷的职能,其无权对于中静公司是否享有优先购买权等作出法律意义上的认定”。该案例入选最高人民法院公报案例,被最高人民法院称为“保护民营企业在有限责任公司股权转让时享有优先购买权的典型案例”,在某种程度上代表了最高人民法院也持此种观点。该案公报“裁判要旨”指明,“虽然国有产权转让应当进产权交易所进行公开交易,但因产权交易所并不具有判断交易一方是否丧失优先购买权这类法律事项的权利,在法律无明文规定且股东未明示放弃优先购买权的情况下,享有优先购买权的股东未进场交易,并不能根据交易所自行制定的‘未进场则视为放弃优先购买权’的交易规则,得出其优先购买权已经丧失的结论”。但《公司法司法解释(四)》第22 条第2 款规定:“在依法设立的产权交易场所转让有限责任公司国有股权的,适用公司法第七十一条第二款、第三款或者第七十二条规定的‘书面通知’‘通知’‘同等条件’时,可以参照产权交易场所的交易规则。”依照该规定,最高人民法院似乎并没有坚持这一观点,而是要根据交易所的交易规则而定。

在“徐德均诉重庆拓源公司与原重庆市南川半河乡政府股权转让纠纷”案中,法院认为,“优先购买权的同等条件仅指同等的受让条件,而非原告所称的同等同序同价,即三泉政府作为优先购买权人并非必须与原告徐德均一样作为竞买人参加竞价,才能实现其优先购买权。三泉政府未参加实际竞价的行为并不导致其丧失优先购买权”。[1] 在“河南投资集团有限公司与鹤壁同力发电有限责任公司、中国石化集团中原石油勘探局、第三人徐州苏北资产管理有限公司股权转让纠纷”案中,[2] 法院认为,双方没有约定、法律也无明确规定股东不去举牌视为放弃优先购买权,所以,不能根据原告一个不作为的默示行为即推定其放弃优先购买权。

但在“北京永汇丰咨询有限公司与中国冶金科工集团公司、北京产权交易所有限公司等股权转让合同纠纷”案中,法院认为,原告“在接到该通知后法定期限内永汇丰公司并未主张其优先购买权,可视为其已经放弃”。[3] 该判决支持应当进场交易。

---

〔1〕 贺付琴、崔蔚:《竞价拍卖中优先购买权之“同等条件”的认定》,载山西法院网:http://shanxify.chinacourt.org/article/detail/2015/06/id/1646257.shtml,2018 年3 月12 日访问。

〔2〕 鹤壁市山城区人民法院(2011)山民初字第1838 号民事判决书。

〔3〕 北京市海淀区人民法院(2008)海民初字第27259 号民事判决书。同类观点另见:福建省厦门市思明区人民法院(2006)思民初字第3003 号判决书及福建省厦门市中级人民法院(2006)厦民终字第2151 号判决书。

综合来说，司法实践中的主流观点认为，优先购买权人不进场竞价并不代表丧失优先购买权。

（三）本文观点

本文同意主流观点。理由如下：

一是该观点符合有限责任公司人合性的维护——公司及社会一般利益的保护。不同于股份有限公司的“资合性”特征，有限责任公司的合作纽带主要不在于资本的组合，而更多地来源于股东间的信赖。有限责任公司的股东人数较少，且建立在彼此相互信赖基础上，没有这种信赖，公司很难从筹划、设立、运营一直存续下去。股东之间的信赖使有限责任公司往往不需要僵硬的制度规制，而通过股东间的彼此谅解和妥协作出决定和解决问题。这种“人合性”特征决定了维护股东之间的团结是有限责任公司正常运转的必要条件和提高公司管理效率的有力保证。〔1〕因此，在股权转让的场合，无论是一般转让还是强制转让，法律规则的设计都应该对这样一种人合性予以尊重，这也是对有限责任公司本身存在和良好运作的维系。

二是优先购买权人进场竞价无法体现其优先地位。优先购买权人进场竞价不符合优先购买权制度设计原意。优先购买权人的优先性体现在其在同等条件下具有优先受让权，如果优先购买权人进场竞价，将优先购买权人与其他竞价人置于同一位置，按照“价高者得”的原则竞逐股权，则优先购买权人的“优先性”无从体现。优先购买权的优先，是在转让条件都确定以后的受让顺序优先。如果优先购买权人参加竞价，其最终购得的股权是根据竞买而买受，不是根据优先购买权而买受，其优先购买权，并未受到保护。

三是优先购买权人进场交易不利于实现各方利益的平衡。立法设计优先购买权制度，目的是一方面保护人合公司的闭锁，维护原有股东的控制权；另一方面是为了保护转让方股东获得最大程度的利益。国有产权交易必须进场交易，目的是实现国有资产的最大化。优先购买权人是否需要进场交易应该基于利益衡量原则进行考虑。司法实践不乏遵循“利益衡量”原则进行判决的案例。〔2〕股东无论在场内还是

〔1〕李红：《有限责任公司的股东优先购买权研究》，中国政法大学2006年硕士学位论文。

〔2〕“雷蕴奇诉厦门产权交易中心等拍卖股权行为无效案”。该案先后经福建省厦门市思明区人民法院作出（2006）思民初字第3003号判决、福建省厦门市中级人民法院作出（2006）厦民终字第2151号判决。两份判决书均指出“股东优先购买权的行使应当与股东转让权相兼顾，既可以表现为一锤定音的一次行为，也可能表现为历经多次角逐的动态过程，在这过程中既要体现其他股东与第三人的意思自治，又应当符合转让股东的利益最大化原则”。

在场外行使优先购买权，均是以其他意向受让方公开竞争出的价格和转让方在正式披露的转让信息中确定的交易条件为同等条件，没有违反国有资产转让公开公平公正的原则，不会损害股权转让方的利益。相反，其他股东不参与竞价相比直接进场交易更有利于出让股权的股东的利益最大化。这是因为，外来竞买人如果对公司股权志在必得，为了吓退其他股东行使优先购买权，他就要尽量提高竞买价格，只要不超过他愿意承受的最高价格。这实际上就使出让股权的股东的交易利益最大化了。

四是规定优先购买权人需进场交易属于法外规定优先购买权人的义务。《企业国有资产法》规定国有资产转让在依法设立的产权交易场所公开进行，公开竞价，但法律并未明文规定优先购买权人也必须进场竞价和交易。《公司法》仅在第 72 条规定在法院强制执行程序中，优先购买权股东被通知后法定期间内不行权，视为放弃优先购买权，《公司法》及司法解释并未规定其他情形的失权程序。权利必须依法才能予以剥夺，股东优先购买权是一项法定权利，除法律有明确规定外，在行使方式上不得有其他限制。在法律没有明确"不进场就失权"时，所以不能以是否进场作为同等条件剥夺其他股东的优先购买权。此外，按照《企业国有产权交易操作规则》第 13 条、第 32 条的规定，国有产权在产权交易场所公开竞价结束后，优先购买权人有权以竞买人的最高报价买受出让标的。该条实际上在将未放弃优先购买权的其他股东与该条规定的"意向受让方"作出区分，否则根据第 32 条的规定，若其他股东与其他意向受让方一样进场参与公开竞价，那么法律作"涉及转让标的企业其他股东依法在同等条件下享有优先购买权的情形，按照有关法律规定执行"的规定也无意义。

五是优先购买权人行使权利并不违背《拍卖法》的规定。如前所述，对于有限责任公司中国有股权的转让，许多人认为《公司法》与《企业国有资产法》及《拍卖法》《招标投标法》之间存在制度性的矛盾，即股东"优先购买"与拍卖"价高者得"之间的制度矛盾：根据国有产权进场交易制度的规定，在国有股权进场交易中，股权交易则完全有可能会以拍卖的方式进行。根据《拍卖法》第 38 条、第 51 条的规定，拍卖成交的完成是以拍卖师的落槌为标志。当最高应价产生之后，经过拍卖师的询问，在无人再竞价的情况之下，拍卖师即可落槌，以让拍卖成交。此时，拍卖师根据拍卖法的规定让拍卖成交是完全符合法律规定的行为。与此同时，享有优先购买权的股东在拍卖师落槌之后主张优先购买权也是符合公司法规定的。本文认为，这是对法律制度理解不深而产生的误解，《公司法》《拍卖法》《招标投标法》之间确实存在衔接不周延之处，但各法律制度之间并不存在根本冲突：首先，如前所述，股东优先购买权的行使需要以"同等条件"为前提，而同等条件的成就需要经过进场履行拍卖程序或招投标程序才能确定。股东优先购买权的存在并不影响拍卖或招投标达成的股权转让协议的成立及效力,但只是在有股东优先购买权存在时,这些股权转让协议存在履行上的困难。其次,需要正确理解拍卖程序。拍卖师落槌宣示的是交易达成,合同成立及生效,并不代表合同立即得到了履行。在预先声明存在优先购买权时,这种合同其实应该是一种附生效条件的合同。《合同法》第45条规定:"当事人对合同的效力可以约定附条件。"附生效条件的合同,自条件成就时生效。根据该条法律规定,拍卖成交后,只有在其他股东不行使优先购买权的前提下,合同才能够真正生效并得以履行;如果其他股东行权,则合同由于客观条件阻却而无法履行。因此,出卖人可以在《股权转让合同》或《产权交易合同》中约定:竞买人的最高应价经拍卖师落槌或者以其他公开表示买定的方式确认后,所成立的是附生效条件的合同,其他股东在合理期限内不行使优先购买权为所附条件。

一般情况下,拍卖师落槌即代表合同成立。但在存在事先宣示的优先购买权的情况下,拍卖师落槌所宣告成立的合同是一个附生效条件的合同,只有在优先购买权人不行使权利时才生效。关于《拍卖法》第36条"竞买人的应价只有在其他竞买人给出更高应价时才丧失约束力",本文认为,有优先购买权的股东对拍卖的参与并不是"竞"购,因为他行使优先购买权是法定权利;在其他非股东竞购过程中,他并不参与,没有和其他非股东"竞争"的意思,而只是在出现一个最高价后行使优先权。所以,对于这样的股东,他不是"竞买人",也就无须受到《拍卖法》第36条的约束,无须报出更高应价;只有竞买人报出更高价格,才能使得优先购买权行使的"同等条件"不成立。再者,根据《拍卖法》关于拍卖标的瑕疵应当说明的规定[1],是允许拍卖保留有优先购买权这一法律瑕疵存在的股权,在竞价结果产生后,优先购买权人得依有关法律规定行使优先购买权。

六、侵害其他股东优先购买权时相关合同的效力认定

(一)侵害优先购买权的股权转让合同效力的认定

对于未经其他股东同意向股东以外的人转让股权,侵害其他股东优先购买权的,如何认定股权转让合同的效力,目前立法并不明确。目前,对此问题,主要有"无效说"、"附法定生效条件说"、"效力待定说"、"可撤销说"和"有效说"等。司法实践中,主要存在"无效说""可撤销说""有效说"等观点。

---

〔1〕《拍卖法》第18条、第27条。

1. 无效说认为,《公司法》第71条股东对外转让股权应当履行的通知义务属“法律、法规的强制性规定”。优先购买权是法律对有限责任公司股东处分股权作出的法律上的限制,是有限责任公司人合性的体现;未经其他股东过半数同意的行为,违反了公司法的强制性规定,故未履行该义务签订的股权转让合同应认定为无效,《公司法司法解释(四)》第27条即采纳了该观点。无效说的理论基础在于未经法定程序对外转让股权,属于《合同法》第52条“违反法律、行政法规的强制性规定”而致合同无效的情形。审判实务中,法院通常也依据这一规定认定股权转让协议无效,如在“朱秋景与修水县新龙电力有限责任公司股权转让纠纷”案中[1],法院认为,“《公司法》第71条对股东向股东以外的人转让股权的行为作出了强制性规定。本案被告在向原告转让股权前未经其他股东过半数同意,也未书面通知其他股东征求他们的意见,其行为侵害了其他股东优先购买权。由此可见,被告股权转让的行为违反了《公司法》强制性规定,致使与其签订的《关于江西修水龙潭峡水电站股金转让的协议书》无效”。在“深圳市淼浩高新科技开发有限公司等与长治高科产业投资有限公司股权转让纠纷上诉案”[2]中,法院认为,“被告深圳市淼浩高新科技开发有限公司订立股权转让合同没有按照规定的程序办理,没有经过其他股东的同意,虽已经与被告叶根培签订了股权转让合同,但由于不符合程序,故导致股权转让合同的无效。”然而,《公司法》第71条第2款、第3款是否属于强制性规定,在理论界仍存在争议,学者多从公司法规定股权转让规则可依章程约定这一角度出发,认为该条应属于任意性规范或强制性规范中的赋权性规定,违反此条并不会使转让协议归于无效。实践中,认为未履行公司法规定的程序订立股权转让合同无效的地区主要有北京、河南、山西等地。

2. 可撤销说认为,未经公司其他股东同意的对外股权转让合同效力应处于待定状态,若其他股东通过明示或默示的方式认可该股权转让行为的,股权转让合同应属有效;若其他股东不同意对外股权转让,并要求行使优先购买权的,则可申请撤销该股权转让合同,被撤销的股权转让合同,自始不发生法律约束力。《最高人民法院关于审理外商投资企业纠纷案件若干问题的规定(一)》第11条前段规定:“外商投资企业一方股东将股权全部或部分转让给股东之外的第三人,应当经其他股东一致同意,其他股东以未征得其同意为由请求撤销股权转让合同的,人民法院应予支持。”第

---

[1] 江西省修水县人民法院(2014)修民二初字第96号民事判决书。

[2] 山西省长治市中级人民法院(2014)长民终字第00297号民事判决书。

12 条第 1 款规定:“外商投资企业一方股东将股权全部或部分转让给股东之外的第三人,其他股东以该股权转让侵害了其优先购买权为由请求撤销股权转让合同的,人民法院应予支持。其他股东在知道或者应当知道股权转让合同签订之日起一年内未主张优先购买权的除外。”由此可见,司法解释将外商投资企业中侵害优先购买权的规定理解为管理性强制规范,通过赋予另一方股东撤销权进行对抗和救济。目前,主要有江苏、江西、重庆、山东等地的法院采纳可撤销说的观点。〔1〕 比如,在“吴景峰诉桂世斌等股权转让协议无效纠纷”〔2〕案中,法院认为,“《公司法》关于股东优先购买权的规定不是强制性规定,而是任意性规定,因此,吴景峰主张股权转让行为因违反法律规定而无效的理由不能成立,其只能主张撤销其他股东的股权转让行为。法官认为,厘定协议的效力,应当在现行法律框架下进行,若超越了法律规定的框架,则不属于法律适用的范畴,而根据《合同法》的规定,无法得出股权转让协议无效、效力待定的结论,但是可以类比《合同法》第 74 条、《物业管理条例》第 12 条对于债权人和业主的保护,赋予股东撤销权,所以侵犯股东优先购买权的合同可认定为可撤销合同”。

---

〔1〕《江苏省高级人民法院关于审理适用公司法案件若干问题的意见(试行)》第 62 条规定:“有限责任公司股东向公司以外的人转让股权,未履行《公司法》第三十五条规定的股东同意手续的,应认定合同未生效。诉讼中,人民法院可以要求当事人在一定期限内征求其他股东的意见,期限届满后其他股东不作相反意思表示的,视为同意转让,可认定合同有效。该期限内有其他股东表示以同等条件购买股权的,应认定合同无效,受让人只能要求出让人赔偿损失。”《江西省高级人民法院关于审理公司纠纷案件若干问题的指导意见》第 46 条规定:“股东以股权转让未征得其同意或侵害其优先购买权为由申请撤销股权转让合同的,应列转让人为被告,受让人为第三人。”《重庆市高级人民法院民二庭:当前商事审判中应当注意的问题》第 7 条第 2 款规定:“关于审理股权转让合同纠纷案件中应当注意的问题。……其四,股东向股东以外的人转让股权未经其他股东过半数同意,转让协议是否因此而无效。我们认为,《公司法》第七十二条规定,‘股东向股东以外的人转让股权,应当经其他股东过半数同意’,但该规定并非效力性条款,违反此条规定侵害的是公司其他股东的优先购买权,并不必然导致当事人之间签订的股权转让合同无效。其他股东可以以协议侵害其优先购买权为由,主张撤销;转让双方不得以此为由主张无效或撤销。”《山东省高级人民法院关于审理公司纠纷案件若干问题的意见(试行)》第 45 条规定:“股东未按照《公司法》第七十二条第一款的规定征得其他股东过半数同意而向非股东转让股权的,其他股东可以申请人民法院撤销股权转让合同。”第 55 条规定:“股东以股权转让未征得其同意或侵害其优先购买权为由申请撤销股权转让合同的,应列转让人为被告,受让人为第三人。”《江西省高级人民法院关于审理公司纠纷案件若干问题的指导意见》(赣高法〔2008〕4 号)第 36 条规定:“股东未按照《公司法》第七十二条第二款的规定征得其他股东过半同意而向非股东转让股权的,公司或其他股东可以申请人民法院撤销股权转让合同。公司章程对此另有规定的,从其规定。”

〔2〕冉崇高、陈璐:《侵犯股东同意权及优先购买权的股权转让协议的效力》,载《人民司法》(案例)2011 年第 14 期。

作为平衡其他股东与第三人利益的折中做法,可撤销说也得到一些学者和判例〔1〕的支持,《江苏省高级人民法院关于审理适用公司法案件若干问题的意见(试行)》第 62 条第 4 款就规定"其他股东未能行使优先购买权的,可以申请撤销合同"。但需注意的是,我国《合同法》第 54 条规定的可撤销合同,须符合重大误解、显失公平、不损害国家利益的欺诈、胁迫、乘人之危等情形,由享有撤销权的当事人向法院申请撤销合同。而股权对外转让协议通常并不存在上述情形,股东优先购买权受到侵害的其他股东并非转让协议的合同当事人,因此也不是适格的撤销权人。在公司法未明确赋予其他股东法定撤销权之前,将股权对外转让协议认定为可撤销合同仍缺乏足够的法理依据。

3. 效力待定说。司法实务中也有一些法院认为未履行法定程序的对外转让股权协议效力待定,在"解新势与烟台泰达铜材设备有限公司股东资格确认纠纷"〔2〕案中,法院认为未通知其他股东或者未征得同意侵犯股东同意权的股权转让合同应为效力待定合同。效力待定说的法理基础在于认为未经法定程序对外转让股权可以类推适用无权处分的相关规定。笔者不认同这种观点,无权处分系"无处分权的人处分他人财产",而股东基于股东身份持有的股权显然不能视作"他人的财产"。股东对于拟转让的股权,也不因未履行法定程序而不享有处分权,只是处分权受到一定限制,应承担相应的瑕疵担保责任。另外,根据《最高人民法院关于审理买卖合同纠纷案件适用法律问题的解释》第 45 条的规定,公司法对股权转让合同没有规定的,可参照适用买卖合同有关规定。因上述司法解释已确立无处分权人订立的合同有效,本文所探讨的股权转让协议也不应属于效力待定合同。

4. 有效说认为,股权转让合同系转让股东和受让人之间真实的意思表示,只要不违反法律法规的禁止性规定,那么该合同就应当认定为有效;至于公司其他股东提起诉讼要求行使优先购买权,继而产生的是股权转让合同无法继续履行情况下的违约责任问题,而不会对股权转让合同本身的效力产生影响。《公司法》第 71 条的规定属于任意性规定,而非强制性规定。第 71 条前 3 款规定可因公司章程的另行规定而排除适用,故该规定并非法律的强制性规定,而系选择适用的任意性规定。由于未违反法律强制性规定,而不能将所涉股权转让合同判定为无效。侵害股东优先购买权的

〔1〕 在"莫合特尔达吾提与喀什宏岳润丰棉业有限公司、和硕县清水河宏岳棉花加工有限责任公司、蒋新民、呼图壁县红柳塘棉业有限公司股权确认纠纷"案中,二审法院认为侵犯股东优先购买权签订的股权转让合同的性质为可撤销合同,民(2013)新民二终字第 32 号。

〔2〕 山东省烟台市中级人民法院(2014)烟商二终字第 294 号民事判决书。

股权转让合同,对其效力的判定问题,应当根据《合同法》的规定进行判断。我国《合同法》第52条规定:"有下列情形之一的,合同无效:(一)一方以欺诈、胁迫的手段订立合同,损害国家利益;(二)恶意串通,损害国家、集体或者第三人利益;(三)以合法形式掩盖非法目的;(四)损害社会公共利益;(五)违反法律、行政法规的强制性规定。"此类股权转让合同由公司股东和第三人签订,显然不存在损害国家利益的情形;如果仅仅是未尽通知义务而侵害其他股东优先购买权,显然也不是"恶意串通";同样,此类合同也不存在"以合法形式掩盖非法目的"的问题。如前所述,《公司法》第71条属于任意性规定,并非强制性规定,以此为由判定合同无效显然也不成立。再者,处分权瑕疵并不必然导致合同无效。《最高人民法院关于审理买卖合同纠纷案件适用法律问题的解释》第3条规定:"当事人一方以出卖人在缔约时对标的物没有所有权或者处分权为由主张合同无效的,人民法院不予支持。出卖人因未取得所有权或者处分权致使标的物所有权不能转移,买受人要求出卖人承担违约责任或者要求解除合同并主张损害赔偿的,人民法院应予支持。"显然,仅仅因为侵害其他股东的优先购买权就武断的认定股权转让合同无效,缺乏相应的法律依据,且与最高人民法院相关司法解释相悖。对其他股东的权利救济,在股权转让合同生效但尚未实际履行的情况下,其他股东可事后不予追认并且要求行使优先购买权来阻却转让合同的继续履行。如果股权转让合同已经实际履行,则其他股东可以根据《合同法》的相关规定,通过行使法定撤销权来保障自己所享有的优先购买权。

在"北京新奥特公司诉华融公司股权转让合同纠纷二审案"中,最高人民法院认定,"华融公司与新奥特集团、比特科技签订的股权转让协议是当事人的真实意思表示,且不违反相关的法律、行政法规的禁止性规定,属有效合同。"在最高人民法院公报刊登的"裁判要旨"中,指明"股东优先购买权是法律规定有限公司股东在同等条件下其他股东拟对外转让股权享有优先购买的权利,是一种为保证有限公司的人合性而赋予股东的权利。优先权的规定并不是对拟转让股权的股东股权的限制或其自由转让股权的限制。其他股东依法行使优先权,并不能证明拟对外转让股权的股东对其持有股权不享有完全的、排他的权利。因此,即使股权转让方未告知优先权人或征得优先权人同意,股权转让协议依然具有确定的法律效力"。〔1〕 在司法实践中,上

〔1〕 最高人民法院(2003)民二终字第143号民事判决书,载《最高人民法院公报》2005年第2期。

海、浙江等地持有该有效说观点。[1] 如在“李海军与霍建权等股权转让纠纷上诉案”中,[2]法院认为股东优先购买权的行使与否不影响转让协议是否有效,而只能影响该协议能否履行。股权转让协议是否有效应当按照该协议本身的内容根据《合同法》关于合同效力的规定加以认定。在“张某与狮龙公司等股东优先购买权纠纷上诉案”中,[3]法院也认为,“转让股东与非股东第三人间股权转让协议的效力认定具有独立性,股东优先购买权的行使与否不影响该转让协议的是否生效,而只能影响该协议能否履行。”在“陈仲青与台州市产权交易所有限公司、浙江城乡拍卖有限公司拍卖合同纠纷中”[4],“相应股权已由原告通过法定程序善意受让,即使其他股东基于优先购买权提出异议,也可以通过请求侵权人承担赔偿责任来寻求救济,而不是认定股权转让合同无效”。

本文支持“有效说”,即股东优先购买权的行使不应对转让人与第三人之间的股权转让合同的效力构成影响。第一,合同效力应依法确认,优先购买权不构成合同效力的影响因素。虽然股权转让合同的标的非为有体物,但作为合同,应依据《合同法》第174条关于有偿合同参照适用买卖合同法的规定,应以《合同法》关于合同效力的相关规定对股权转让合同的效力进行判断。根据《合同法》第54条的规定,合同可撤销的情形包括重大误解、显失公平、欺诈、胁迫,而未履行程序签订的股权转让合同不

---

[1] 《上海市高级人民法院民二庭关于审理涉及有限责任公司股东优先购买权案件若干问题的意见》第10条规定:“股东向股东以外的第三人转让股权,其他股东行使优先购买权或因不同意对外转让而购买拟转让股权的,转让股东与第三人签定的股权转让合同不能对抗公司和其他股东工商登记的公示效力,但该股权转让合同在出让股东与第三人之间仍然具有法律效力。”第11条规定:“其他股东要求行使优先购买权或因不同意对外转让而购买拟转让股权,其购买权成立的,转让股东与第三人签定的股权转让合同应视为履行不能,转让股东或第三人可以依据股权转让合同行使除继续履行合同以外的其他权利。”《浙江省高级人民法院民事审判第二庭关于商事审判若干疑难问题解答2014》问题7:“有限责任公司优先购买权问题。有限责任公司股东向公司以外的人转让股权,未履行公司法第七十二条规定的同意手续,但其他股东也未表示异议,如果受让方主张合同无效,是否支持?(嘉兴南湖法院)有限责任公司具有人合性特征,一般认为,在股东向其他股东以外的人转让股权时,赋予其他股东异议权,但该权利并不是对拟转让股份的股东股权的限制,其与股东以外的受让人签订股权转让合同,只要该合同意思表示真实,不违反法律法规的禁止性规定,不宜以履行公司法第七十二条规定的同意手续为由认定股权转让合同无效。审判实践中要防止受让方主张股权转让合同无效逃避和转嫁商业风险。”

[2] 甘肃省高级人民法院(2014)甘民二终字第11号民事判决书。

[3] 重庆市高级人民法院(2011)渝高法民终字第266号民事判决书。

[4] 浙江省台州市中级人民法院(2014)浙台商终字第465号民事判决书。

属于可撤销合同的情形,因此不应将股权转让合同认定为可撤销合同。根据《合同法》第52条的规定,合同无效的情形包括:一方以欺诈、胁迫的手段订立合同,损害国家利益;恶意串通,损害国家、集体或者第三人利益;以合同形式掩盖非法目的;损害社会公共利益;违反法律、行政法规的强制性规定。而根据《最高人民法院关于适用〈中华人民共和国合同法〉若干问题的解释(二)》第14条的规定,《合同法》第52条第5项规定的"强制性规定",是指效力性强制性规定。《公司法》第72条规定的优先购买权显然不属于效力性强制性规定,违反《公司法》第72条规定签订的股权转让合同不属于无效合同。因未履行程序签订的股权转让协议一般不会损害国家利益或集体利益,且《公司法》第71条关于对外股权转让的内部程序规定在性质上并不属于效力强制性规定,故该股权转让合同不应认定为无效。在最高人民法院对于《公司法司法解释(四)》的发布会上,杜万华委员表示"正是基于此类合同原则上有效,因此人民法院支持其他股东行使优先购买权的,股东以外的受让人可以请求转让股东依法承担相应合同责任",由此也印证最高人民法院的态度是"原则上有效"。第二,合同自由是基本原则。转让人与第三人之间的股权转让合同是双方就股权转让达成合意的表现。虽然公司章程可以对股权对外转让作出限制性规定,但该限制仅能对股权权属的变动即股权转让合同的履行构成影响,最终达到维护既有股东结构的目的,而不应该违反合同自由原则,干涉当事人的合同自治。第三,根据《合同法》第58条的规定,无效的合同或者被撤销的合同自始没有法律约束力。如果转让股东与受让人签订的股权转让合同无效,那么在优先购买权人不行使优先购买权人的情形下,转让股东和受让人的利益将无法得到保护,这显然不是优先购买权设定的初衷。第四,目前,在我国股权转让合同的效力与股权转让变动登记的效力是相对分离的,在通过诉讼可以保证优先购买权实现的前提下,去干涉转让股东与受让人签订的股权转让合同的效力没有任何现实的意义,而且不利于保护受让人的利益。负担行为与处分行为应区别对待,股权变动不仅须成立股权转让协议,还应完成履行的修改章程和股东名册、进行变更登记和章程备案等程序,协议生效并不产生股权转移的结果。因此,认定转让协议有效,并不影响公司法设定股东优先购买权的立法目的,在因股东主张行使优先购买权导致股权对外转让协议履行不能时,第三人还可以追究其违约责任。最高人民法院有一个判例也支持了这一观点:在"北京新奥特集团等诉华融公司股权转让合同纠纷"案中,在北京仲裁委已裁决优先购买权人对华融公司转让股权存在优先购买权的情形下,最高人民法院仍认定北京新奥特集团等与华融公司签订的股权转让协议是有效合同,但股权转让协议项下标的已不复存在,继续履行已无可能。《上海市高级人民法院民二庭关于审理涉及有限责任公司股东优先购买权案件若干问题的意见》(沪高法民二〔2008〕1 号)第 10 ~ 12 条规定,股东向股东以外的第三人转让股权,其他股东行使优先购买权的,转让股东与第三人签订的股权转让合同不能对抗公司和其他股东工商登记的公示效力,但该股权转让合同在出让股东与第三人之间仍然具有法律效力。其他股东要求行使优先购买权而购买拟转让股权,其优先购买权成立的,转让股东与第三人签订的股权转让合同应视为履行不能,转让股东或第三人可以依据股权转让合同行使除继续履行合同以外的其他权利。股东向股东以外的第三人转让股权,其他股东行使优先购买权而购买拟转让股权,其他股东或公司请求法院撤销股权转让合同或确认股权转让合同无效的,法院不予支持。由此可以看出,上海市高级人民法院采用了径行保护其他股东优先购买权的方法,而并不主张干涉转让股东与受让人签订的股权转让合同的效力。第五,优先购买权的效力表现为法律效力上的优先,优先购买权将优先得到保护,而非替代转让股东与受让人签订的股权转让合同。依法成立的合同,合同自成立时生效,即对合同当事人具有约束力。合同的效力具有相对性,一般不能约束合同之外的第三人,也不能对抗第三人。在行使优先购买权的情形下,依据优先购买权而形成的合同的效力高于转让股东与受让人签订的股权转让合同。在此情形下,转让股东与受让人签订的股权转让合同的效力问题应交由转让股东与受让人自行解决,而不宜在优先购买权诉讼中解决。

(二)股东优先权对已履行股权变更的股权转让合同的效力对抗

如果转让人未通知优先购买权人即转让股权于第三人,且该第三人已经办理了股东名册变更或者公司登记变更,优先购买权人主张优先权的,能否对抗该第三人,即股东优先权的行使能否否定第三人对股权的取得,并进而要求公司进行相应的变更?对此,《公司法》和相关司法解释上并无规定。

但推究《公司法司法解释(四)》第 21 条的立法原意,该条规定,损害其他股东优先购买权,其他股东主张按照同等条件购买该转让股权的,人民法院应当予以支持。该条并未区分支持其他股东行使优先权的前提条件是否履行了股权变更手续,因此,本文认为,即使向外转让的股权已经履行了股权变更的有关手续,也应支持其他股东在一定期限内的优先购买权。首先,股东优先购买权是法定权利,第三人受让股权时有确认其他股东是否放弃优先购买权的注意义务。第三人如果未尽到谨慎注意义务,应承担不利后果。其次,按照《公司法》第 32 条的规定,股东名册的登记和公司登记机关的股东登记均不具有股权归属的证明力,这一点不同于不动产登记。即使已经办理了股东名册或者公司登记机关的变更登记,也只是相对于公司或者第三人产生相应的对抗效力,而不会成为股权归属的依据。

实践中有观点认为,股权转让之后,已经办理公司股东名册变更或者公司登记机关变更登记手续,其他股东起诉要求行使优先购买权的,人民法院不予支持。[1] 显然,这里比照了《最高人民法院关于审理城镇房屋租赁合同纠纷案件具体应用法律若干问题的解释》第 24 条第 4 项的规定。但是,房屋登记与股权登记的效力毕竟不同,如此规定尚有不妥之处。

基于上述理由,股东优先购买权原则上应具有对抗第三人的效力。但是,为了维持权利的确定性,督促其他股东及时行权,防止其他股东长期不行使权利而使转化合同处于不确定状态损害其他主体的利益,应作出例外规定,规定其他股东在此情况下行权期限为自股权变更登记之日起 1 年内。综上,对于股东优先购买权对第三人的对抗效力,应如此规定:股权转让之后,已经办理公司股东名册变更或者公司登记机关变更登记手续,其他股东起诉要求行使优先购买权的,人民法院应予支持。但办理变更登记时间已经超过 1 年的除外。

(三)转让股东反悔行为的效力认定

另一个实践中常见的问题是:因股东对外转让股权引发其他股东的优先购买权纠纷后,该股东出于为免去麻烦等原因决定放弃股权转让,该股东放弃转让股权的法律后果如何?

对此问题,《公司法司法解释(四)》第 20 条规定:“有限责任公司的转让股东,在其他股东主张优先购买后又不同意转让股权的,对其他股东优先购买的主张,人民法院不予支持,但公司章程另有规定或者全体股东另有约定的除外。其他股东主张转让股东赔偿其损失合理的,人民法院应当予以支持。”在该司法解释颁布之前,一些法院基于私法自治的法理,认为在其他股东主张行使优先购买权时,应允许公司股东与第三人解除转让合同,若该转让合同得以解除,则公司其他股东主张优先购买权的前

[1] 《上海市高级人民法院民二庭关于审理涉及有限责任公司股东优先购买权案件若干问题的意见》第 5 条。

提将不再存在，其他股东自不得再行使优先购买权。[1] 但也有一些观点认为，如果允许转让人在公司其他股东主张优先购买权后，仍得行使合同解除权，则会使《公司法》中的优先购买权条款成为具文，由此优先购买权将不复存在，势必颠覆优先购买权之基础。[2] 另外，在“楼国君与方樟荣、毛协财、王忠明、陈溪强、王芳满、张铨兴、徐玉梅、吴广灯股权转让与优先购买权纠纷案”中[3]，转让股东多次反复，方樟荣等8 名股东因转让股权，有两次签订合同的行为，第一次是在受理本案之前与伍志红等3 人，第二次是在再审程序中与楼国君，又先后选择放弃合同，对其股权是否转让及转让条件作了多次反复的处理。最高人民法院认为，“股东对外转让股权，其他股东在同等条件下享有优先购买权，转让股东撤销对外转让股权时，不得损害享有优先购买权的其他股东的合法权益。《公司法》第七十二条规定，股东对外转让股权时应当书面通知股权转让事项，在同等条件下，其他股东有优先购买权。本案当事人未如实向公司其他股东通报股权转让真实条件，公司其他股东知情后起诉主张以同等条件行使优先购买权时，转让股东在表明放弃转让的同时又与受让股东达成转让协议，对其股权是否转让及转让条件作了多次反复的处理。受让股东为继续经营公司，两次按照转让股东的合同行为准备价款，主张行使优先购买权，但均被转让股东以各种理由予以拒绝。转让股东虽然合法持有股权，但其不能滥用权利，损害相对人的合法民事权益。在此情形下应支持其他股东行使优先购买权”。该案中，最高人民法院认为转让股东虽然有权处分其股权，但由于滥用权利多次反悔，损害了其他股东的合法权益，在此情形下支持了其他股东行使优先购买权。

本文认为，《公司法》第 72 条并未将优先购买权设计为绝对形成权，股东反悔不

---

[1] 在南京市白下区人民法院（2010）白商初字第 916 号民事判决书中，法院认为：“本案被告周 A 向被告阎某转让其股权，原告周 S 已经明确表示反对，并主张优先购买权，故在同等条件下，原告周 S 享有优先购买权。但由于二被告周 A、阎某虽然签订了《股权转让协议》，事后双方并未实际履行，并于 2010 年 5 月 2 日协商解除了该协议，现被告周 A 仍然为股权持有人，对股权享有绝对的处分权。原告周 S 主张优先购买权所依据的被告周 A 与被告阎某之间签订的股权转让协议已经解除，优先购买权的前提股权转让基础关系消失。根据法律规定，被告周 A 有权决定是否出让其享有的股权，现被告周 A 明确表示不愿意出让股权，故原告周 S 的诉讼主张违反了自愿原则，于法无据，本院不予支持。”同样的观点，还体现在南京市白下区人民法院（2010）白商初字第 917 号民事判决书中。

[2] 2012 年 5 月 28 日，江苏省高级人民法院民事审判第二庭刘建功副庭长在清华大学法学院作学术讲座《公司法案件新问题与裁判尺度》时，即持类似见解。刘建功：《公司法案件新问题与裁判尺度》（讲座记录，2012 年 5 月 28 日，清华大学法学院）。

[3] 最高人民法院（2011）民提字第 113 号民事判决书。

再愿意转让股权,对优先购买权所保护的其他股东的核心利益即维持公司内部股权结构的封闭性并无实质不利的影响。承认转让股东“反悔权”的最大功效在于,转让股东“反悔权”之行使,实际上在外部受让人与公司其他股东之间形成了一种价格竞争机制,这有利于最大限度地实现转让股东的价格利益,又不至于损害其他股东的既得利益。但股东不得违背民法的诚信基本原则,不得滥用权利;如果滥用权利,应承担相应的法律责任。

七、裁判规则总结

根据前文的分析,本文总结相关裁判规则供各地法院在审判中参考:

1. 股东行使优先购买权的同等条件,应综合考虑价格、数量、履行期限与方式、违约责任等因素。转让股东不得设定受让资格等限制。对“同等条件”的把握,须以对优先购买权不造成不当限制为界限。

2. 国有产权进场交易中,在法律无明文规定且股东未明示放弃优先购买权的情况下,享有优先购买权的股东未进场交易或未参加竞价的但主张行权,法院应予以支持。交易所不能根据自行制定的“未进场则视为放弃优先购买权”的交易规则,得出其优先购买权已经丧失的结论。

3. 出售股权的股东应将拟转让股权的相关信息及时完整地书面告知其他股东,并给予不少于30日的合理行权期限。

4. 其他股东行使优先购买权,并不导致转让股东与第三人之间的股权转让合同无效。当事人主张合同无效的,法院不予支持。

5. 在其他股东明确表示不放弃优先购买权的情况下,转让股权的股东擅自将其股权对外转让给其他受让人,即使受让人已经完成股东注册登记,亦不能对抗具有优先受让权的股东在规定期限内依法行使权利,故股东对于已完成对外交易的股权享有优先购买权。

八、相关建议

如前所述,相关法律之间的衔接确实存在不周延、不完善之处。因此,应对法律和实践做法进行修订,建议如下:

一是完善公司法有关股东优先购买权的制度规定。股权转让时其他股东优先购买权制度的建构应以维护和平衡各方利益为原则,应从制度设置价值和目的出发,对股东优先购买权的行使意思表示及行权程序进行明确:(1)股东优先购买权作为股东的法定权利，该权利的放弃原则上应以股东明示作出的意思表示为准，除公司章程另有规定或者转让方有充分证据证明受让方未作出明确表示的行为可以认定为放弃优先购买权外。(2)在股权公开进场交易下，股东行使优先购买权不需参与公开竞价，以普通竞买人通过竞买产生的最高报价作为其行权价格，但若享有优先权的股东自愿参与竞价的，应予准许，视为放弃优先购买权。(3)明确未放弃优先购买权的股东不受在转让股东在股权进场挂牌后提出的对受让方资格条件的限制。(4)明确在其他股东行使优先购买权的情况下，在产生最高应价人后，最高应价人与转让方之间属于附生效条件的合同关系，以优先购买权股东是否以该价格行权的意思表示为合同的生效条件。可对《拍卖法》第 51 条的规定作出灵活修订："竞买人的最高应价经拍卖师落槌或者以其他公开表示买定的方式确认后，拍卖成交。其他法律有特殊规定的，从其规定。"(5)明确"同等条件"的标准、行使优先购买权的期限、行使优先购买权的合同效力及侵害股东优先购买权的救济方式等内容，建立起较为完善的股东优先购买权制度体系。可将价款、价款的支付方式、支付期限、履约保证、违约责任及股权受让方案(如职工安置方案、债权债务处理方案、企业资产重组计划和企业长远发展规划等)等作为"同等条件"的重要判断依据。(6)明确出让股东的通知义务。(7)明确出让股东与第三人之间的股权转让合同效力。股东向股东以外的第三人转让股权，其他股东行使优先购买权或因不同意对外转让而购买拟转让股权的，转让股东与第三人签定的股权转让合同不能对抗公司和其他股东工商登记的公示效力，但该股权转让合同在出让股东与第三人之间仍然具有法律效力。其他股东要求行使优先购买权或因不同意对外转让而购买拟转让股权，其购买权成立的，转让股东与第三人签订的股权转让合同应视为履行不能，转让股东或第三人可以依据股权转让合同行使除继续履行合同以外的其他权利。股东向股东以外的第三人转让股权，其他股东行使优先购买权或因不同意对外转让而购买拟转让股权，其他股东或公司请求人民法院撤销股权转让合同或确认股权转让合同无效的，人民法院不予支持。

二是完善国有股权公开进场交易下优先购买权行使操作规则。《企业国有产权交易操作规则》作为指引国有股权进场交易的程序性操作规范，就优先购买权的行使并未作出具体规定。缺少具体操作层面的程序性规范，使得多个地方的产权交易结构的规定不尽相同，这种缺乏全国统一的法律规范的产权市场，往往导致股权转让定性模糊，管理水平参差不齐，市场化、规范化、透明性的原则没有很好地得到贯彻。鉴于国有股权转让的特殊交易程序和方式，就国有股权转让时公开进场交易规则如何与股东优先购买权制度衔接、股东行使优先购买权的场所、途径和方式、股东行使优先购买权的法律效果等,建议应由国务院或国资委通过制定行政法规、部门规章的形式明确具体权利行使操作办法,避免由于操纵规则的缺失造成的行权困境。首先,要严格履行交易程序。无论是作为转让股东还是受让股权的第三人,均应严格遵守法律与公司章程关于履行书面通知义务、征求其他股东同意等相关程序要求,通过准确把握法律规定和司法实践态度,合理设计交易规则,有效防范法律风险。其次,产权交易机构应当在公告中披露是否存在其他股东的优先购买权。根据《拍卖法》第 18 条的规定:"拍卖人有权要求委托人说明拍卖标的的来源和瑕疵,拍卖人应当向竞买人说明拍卖标的的瑕疵。"此外,根据国有股权交易程序,转让公告中也会披露其他股东是否放弃行使优先购买权,在进入公开拍卖竞价程序之前,对于其他股东是否放弃优先购买权普通竞买人事先是知道的,在这种情况下,未放弃股东优先购买权的其他股东的存在就构成了拍卖价格机制形成的一个例外情形,竞买人应该承担标的物无法拍得的风险,此时最高竞价人和拍卖人之间的要约和承诺行为并不一定导致合同的生效。最后,要明确其他股东行使优先购买权时,可以在场外行使。其他股东请求参加竞价的,应予准许,但视为放弃优先购买权。

对于国有股权进场交易中,其他股东优先购买权的行使,本文认为,可以按如下规则进行:(1)交易协议方式下的优先购买权实现。国有产权交易在产权交易机构公开挂牌征集交易方后,只有一家应征交易方在公告期间报名参与交易的,产权交易机构组织交易双方签署交易合同,该交易协议成交。交易双方确定交易合同条款后,函告优先权权利主体在约定的期限内行使优先权,逾期视为放弃。如行使优先权,其成为签约方签署交易合同,征集到的交易方丧失签约的权利。(2)对法院强制执行拍卖的国有股权,可以依照《公司法》第 72 条、《最高人民法院关于人民法院民事执行中拍卖、变卖财产的规定》第 14 条、第 16 条的规定行权,即人民法院依照法律规定的强制执行程序转让股东的股权时,应当通知公司及全体股东,其他股东在同等条件下有优先购买权。其他股东自人民法院通知之日起满 20 日不行使优先购买权的,视为放弃优先购买权。拍卖过程中,有最高应价时,优先购买权人可以表示以最高价买受,如无更高应价,则拍卖归优先购买权人;如有更高应价,而优先购买权人不作意思表示的,则拍归该应价最高的竞买人。(3)拍卖方式下优先购买权的实现。普通拍卖中,其他股东无须进场交易,在产生最高应价人后,最高应价人与转让方之间属于附生效条件的合同关系,以优先权股东是否以该价格行权的意思表示为合同的生效条件。(4)依招投标方式转让时股东优先购买权的行使方式。根据《招标投标法》,整个招投标过程中投标人相互之间不能串通竞标方案,且竞标方案在竞标过程中严格予以保密,在开标时才当众拆封、宣读。本文认为,不放弃优先购买权的股东依旧不需参与竞标,以最后通过评标程序招标人确立最优投标文件为“同等条件”,转让方就该投标文件书面征询优先权股东的意见,若优先权股东表示愿以投标文件确定的同等条件行权的,招标人确定优先权股东为中标人,若优先权股东拒绝行使权利或在一定通知期限内仍未作出表示的,则确定该投标人为中标人。(5)网络竞价方式下的优先权的实现。网络竞价(也称“电子竞价”)方式是产权交易行业新生的一个产物,也是产权交易机构在长期的实践中研究和总结的结果。网络竞价其实和拍卖方式一样,被称为无声的拍卖。此时,优先权人的行权方式与拍卖程序相同。

三是充分发挥公司章程的自治效力。公司章程作为公司经营运作及股东利益安排的基本规则,对公司股东、董事、监事及高级管理人员均具有约束力。“公司的有效运行不仅仅依赖股东之间的相互信赖,更有赖于一个有效的利益均衡分配的公司运行机制的确立。”〔1〕公司股东可以通过公司章程的自治管理维护自身的利益。《公司法》第71条第3款规定了公司章程对股权转让另有规定的,从其规定。该规定实际上赋予了股东就优先购买权的自主管理权,公司章程在不违反法律强制性规定的前提下,可就股东优先购买权的行使作出更加具体细化的鼓励性或限制性措施。有限责任公司应当充分发挥公司章程的自治效力,经协商股东可就国有股权转让时股东优先购买权的具体行使条件及行权程序作出规范并在公司章程中固定下来,如明确股权对外转让时的通知程序、股东会议的召集表决程序、股东行使优先购买权的期限限制等内容。通过公司章程细化股东优先购买权行权制度,一方面可以避免在实践中因操作制度不明产生纠纷,另一方面各股东也可根据自身利益的需求设计股东行使优先购买权的具体操作规则,能平衡股权转让股东与优先购买权股东的利益。

四是对相关交易方的建议。(1)对拟转让国有股权的转让方和资产交易所来讲,在转让国有股权时,不但需要根据《企业国有产权交易操作规则》的要求披露拟转让股权的相关情况及所要求的交易条件,另外其在场内经过拍卖等程序确定交易对象之后,一定要在合理期间内向目标公司原股东征询是否行使优先购买权的意见,转让通知中务必要明确记载拟受让人情况、拟转让的股权数量、价格、履行方式以及拟签订合同的其他主要内容。切记不可因原股东未进场竞价,就不再向其发通知,直接签约作股权变更,否则存在原股东行使优先购买权致使股权转让合同无法履行,股权无法变动的风险。(2)对拟受让股权的受让方来讲,在进场交易、缴纳履约保证金之前,

〔1〕 白勇:《论公司章程自治下的股东优先购买权》,中国政法大学2011年硕士学位论文。

一定要征询转让方以及目标公司其他股东，是否已经放弃股东优先购买权，并要求其出具书面的放弃优先购买权的承诺函，否则可能会经过一番竞价垫付大笔费用之后，因目标公司其他股东行使优先购买权而不能最终取得股权。(3)对享有优先购买权的原股东来讲，其若想行使股东优先购买权，务必要及时明确的表达自己行使优先购买权的意愿，在对交易所公告披露的信息存在异议时，及时发出书面的异议申请，要求其改正或停止交易。另外，在因故未能进场交易、丧失竞价机会时，可以向转让股东行使优先购买权，按照场内交易最终确定的交易条件行使优先购买权。(4)对于产权交易所来讲，其务必摆正自己的位置，认识到其性质为经政府批准设立、不以营利为目的、仅为产权交易提供场所设施和市场服务并按照规定收取服务费的事业法人，并非司法机构，并不具有处置法律纠纷的职能，无权对是否享有优先购买权等问题作出法律意义上的认定。当其收到有关当事人提出中止信息公告书面申请和有关材料后，务必慎重对待，及时暂停挂牌交易，待股东之间的相关纠纷依法解决后方恢复交易。不要误以为未进场交易就丧失了优先购买权。

关于广西少年法庭工作的调研报告

广西壮族自治区高级人民法院课题组*

为总结少年法庭工作的成效与不足，切实做好在司法改革大背景下的青少年权益保护工作，广西壮族自治区高级人民法院组成调研组，对全区的少年法庭及少审合议庭进行全面的调研，旨在通过实地走访和座谈，对中、基层法院的少审工作作深入了解，以合理界定新时期的少年法庭职能定位，为少年法庭的发展进一步明晰方向。

一、广西少年法庭工作的主要做法及成效

近年来，广西三级法院紧紧依靠党委领导政府支持，积极开展少年与家事审判机制改革创新，注重家事少年审判改革的资源整合，积极推进少年法庭工作，取得了良好的成效。近年来，全区未成年人犯罪人数逐年下降。2015 年全区各级法院判处未成年罪犯 2343 人，2016 年 2035 人，2017 年 1911 人，2018 年 1944 人，总体呈下降趋势。广西壮族自治区高级人民法院刑三庭、玉林市中级人民法院、南宁市江南区人民法院等少年刑事审判庭被命名为全国“青少年维权岗”，广西法院多次受邀参加全国性会议，并在会上作经验发言。

---

* 课题组主持人：何艳斌；课题组成员：吴莹、张英伦、何厚伟、赵元松、郭益银、雷敏、邱琳、刘蔚；统稿：何艳斌、赵元松。本课题参考了广西高院民一庭课题《广西开展家事审判方式和工作机制改革工作的调研报告》和柳州中院、柳州柳北区法院课题《关于完善少年审判与家事审判融合的调研——以柳州市家事少年案件审理中心为研究对象》的部分内容，在此谨表谢意！此外，广西高院民一庭张尧、柳州市柳北区法院家事审判中心吴媚媚对本课题的完成提供了大力支持，在此也表示谢意！

（一）突出专业化，少年审判专业机构普遍设立，专业化水平大幅提升

1. 工作机制的专业化。一是坚持推行少年案件“圆桌审判”制度。改造建立圆桌法庭，制定了《关于实施“圆桌审判”的若干规定（试行）》管理文件，并依据少审案件特点，配备了心理咨询室、亲情会见室、休息室等功能区域，扩大了寓教于审法庭审判的效果。二是实行社会调查程序前置制度。在少年案件审判工作中，积极借鉴学习外地法院先进做法和成功经验，将社会调查程序由审理阶段进行前置于侦查、起诉阶段，即由公安机关对未成年犯罪嫌疑人的性格特点、家庭情况、社会交往、成长经历、监护教育等情况进行调查或委托司法行政机关进行调查，并作出书面报告。在移送审查起诉时，即应当提供相关证据材料。公安机关、检察院和人民法院可以补充调查。三是积极实施轻罪犯罪记录封存制度和适合成年人到庭参加诉讼制度。在总结以往少年审判工作的基础上，积极与当地检察院、公安局沟通协调，实现了未成年人刑事案件的分案起诉、分案审理。庭审时，严格执行不公开审理规定，对于无法通知监护人或者监护人经通知后不能到场的未成年被告人，在公安侦查、检察院起诉、法院审判等阶段，均及时为其指定合适辩护人，严格限制旁听人数。宣判时，告知参诉人员前科封存的相关规定，并对少年案件卷宗材料实行专柜保存。

2. 审判机构的专业化。广西各级法院高度重视少年审判工作，普遍成立了家事与少年审判改革工作领导小组，由院长亲自担任领导小组组长。有的地方还由政法委书记担任领导小组组长，公、检、法三部门“一把手”为副组长，组织领导和协调家事审判改革工作。截至机构改革前，广西全区共有少年法庭 119 个，其中有独立建制的未成年人综合审判庭（家事审判庭或家事少年审判庭）32 个。

3. 审判人员的专业化。广西各级法院按照“熟悉未成年人身心特点”的工作要求，选拔了一批政治素质高、业务能力强、熟悉未成年人身心特点、热爱未成年人权益保护和善于做未成年人思想教育工作的审判人员充实到少年审判队伍。法官员额制改革及全区家事工作机制改革后，目前全区共有少审员额法官 234 人，法官助理 127 人，书记员 187 人，合议庭 72 个。同时，我们还从教育、工会等部门以及离退休干部中选聘熟悉未成年人特点、善于做未成年人思想工作、热心青少年维权事业的人员担任特邀人民陪审员，实现审判资源的优化配置。少年审判工作蓬勃发展，涌现出文惠新、彭惠娟等一批优秀少年审判法官，得到党和国家领导人的接见和高度赞誉，成为广西少审工作亮丽的名片。

4. 审判场所的专门化。各地法院加大经费装备保障力度，积极建设符合家事、少年审判特点的审判庭，家事审判场所的环境部署逐步实现家庭化，部分法院配置专门

的家事调解室、圆桌审判庭、沙盘分析室、单面镜观察室、心理辅导室等配套设施，彰显了家事、少年审判人性化特点，为家事、少年审判改革顺利推进提供了有力保障。如柳州市“家事少年案件审理中心”设圆桌法庭、少审心理疏导室、亲情会见室、家事调查室、家事调解室、心理辅导室、儿童观察室等功能区域。

（二）突出融合性，探索出家事少审相融合的工作新机制

大力推行少年审判和家事审判融合发展，鼓励各地市法院开展试点积极探索，实现少年审判与家事审判的融合。各地在机构设置上，形成百花齐放的态势，主要有以下三种不同的机构设置模式：

1. 集中管辖模式。2016年2月广西高院同意柳州市在柳北区人民法院成立柳州市“家事少年案件审理中心”，融调查、调解、心理辅导、儿童观察、亲情会面等功能为一体，集中审理柳州市城中区、鱼峰区、柳南区、柳北区四城区法院受理的家事和少年案件。此种模式意在整合全市的优势审判资源，统一裁判尺度，并联合全市多单位多部门，形成全市一条龙的大联动教育帮扶机制，集中全市力量做好预防青少年违法犯罪工作，切实维护青少年合法权益。确定受案范围为：民事的婚姻家庭类、亲子关系类、继承类、特别程序类等家事类案件，以及刑事的被告人实施被指控的犯罪时不满18周岁的案件和共同犯罪案件等未成年人刑事案件。该中心自2016年6月8日成立至2018年12月31日，共受理各类家事案件4755件，结案4415件，结案率92.85%，以调解或撤诉方式结案2454件、调撤率59.1%；受理人身保护令案件78件，民事特别程序案件215件；受理未成年人刑事案件共230件322人，审结219件305人，结案率87.39%。在2016年“全区法院家事试点改革现场会”、2017年“全国家事审判改革试点工作研讨会”上，最高人民法院杜万华专委对“柳州模式”予以了充分肯定。柳州市家少中心于2018年度荣获全国法院家事审判工作先进集体。该中心负责人吴媚媚获中央政法委“改革开放40周年政法系统新闻影响力人物”40人之一。

2. 组建家事少年审判庭。2013年起，南宁市、桂林市等地法院试行将涉未成年人的家事案件与少年案件合并审理，主要是设立未成年人综合审判庭（或家事少年审判庭）。即负责审理涉少刑事、民事的各种类型案件。受案范围是被告人单独或伙同他人实施被指控的犯罪时不满18周岁、人民法院立案时不满20周岁的刑事案件；当事人一方或者双方为未成年人的刑事案件；当事人一方或者双方为未成年人的民事案件；未成年罪犯的减刑、假释案件；参与未成年人权益保护，开展青少年法治教育和未成年罪犯的回访、帮教、矫正等审判延伸工作，参与社会综合治理工作。

3. 在审判业务庭内部成立少审家事案件审判团队，集中审理离婚、抚养、赡养、收养、探视、继承、人身安全保护令等家事案件以及未成年人刑事犯罪案件和涉未成年人的行政案件。

综合来讲，不管是哪种模式，在司法实践中，各试点法院均开始尝试将家事审判与少审工作融合的工作方式，呈现出多种融合模式。这是广西家事、少年审判改革中主要的努力方向，也是改革最大的亮点。

（三）突出规范化，家事少年审判工作机制不断完善

2015 年以来，广西壮族自治区高级人民法院指导南宁市良庆区、江南区等试点法院制定了符合本地实际的家事少年审判规则，如《关于未成年人刑事案件实行圆桌审判的若干规定》《对未成年人罪犯进行回访、矫正、帮教实施办法》《未成年人刑事案件法庭教育工作制度》《关于未成年人犯罪记录封存档案管理规定》《关于法院青少年法制教育基地工作制度》《未成年人刑事案件审判规则》《关于审理涉及家庭暴力家事案件的实施意见》《人身安全保护令实施细则》《监护案件审理流程》《探视权诉讼规程》等诸多家事少审案件配套制度，探索完善心理辅导干预、家事调查、诉前调解、案后回访等制度。

在此基础上，2018 年 6 月广西高院总结各级法院的审判经验，汇编制定了《广西法院家事与未成年人审判工作规程（试行）》（已经广西高院审委会讨论通过），规定了 19 项家事少审案件配套制度，包含案件诉讼指导、心理咨询、调解、判后回访、反家庭暴力、家事调查等一整套工作规则，在家事审判制度化、规范化方面迈出了重要一步，是广西各级法院开展家事审判工作的重要指南。这些审理规则的完善，解决了以往各级法院家事少年案件裁判中尺度不统一的问题，提升了家事少年案件裁判结果的权威性及法院的公信力。同时，家事少年法官在案件审理中依照规范指引能及时高效地审结案件，极大地提高了办案效率。

（四）突出联动性，多元化纠纷解决机制不断健全

少审案件涉及面广，需要多方参与部门联动，合力化解，唱好“联”字诀。广西高院出台了《关于深化多元化纠纷解决机制建设的若干意见》，为推动建立少年审判多元化纠纷解决机制提供了指导遵循。2018 年 5 月自治区高级人民法院与共青团广西区委共同签署了《关于建立广西青少年事务社工参与涉未成年人案件纠纷解决机制的合作协议》，直接推动了全区未成年人司法保护社会支持体系的建设。南宁各基层法院与所在城区政法委、检察院等部门共同推进建立少年司法社工站，携手综治部门对重点青少年群体的社会化管理，得到最高人民法院杜万华专委充分肯定。柳州市

中级人民法院与全市 17 个职能部门共同制定了《关于推进柳州市家事纠纷及未成年人犯罪案件相关部门联动工作的实施方案》，在柳州市家事少年案件审理中心挂牌成立“柳州市家事纠纷及未成年人案件联动调处中心”，将当地公安机关、检察院、民政局、妇联等多个部门纳为联席单位，积极开展家事纠纷及未成年人犯罪案件多元化解工作。

在反家暴方面，广西高院与广西区妇联、公安厅等 12 家单位联合创建广西反家暴联动工作机制，联合下发了《广西壮族自治区家庭暴力告诫制度实施办法（试行）》，构建起反家暴工作的网络。全区各市也相应建立了反家暴联动工作机制，有效预防和制止家庭暴力。截至 2018 年年底，全区共设立庇护中心 48 个、探视中心 36 个，全区法院共发出人身安全保护令 201 个，除 2 起施暴人因为不终止家暴行为被拘留外，尚未发生严重违反保护令构成犯罪的案件，有效地保护了家暴受害者的合法权益。

（五）延伸审判职能，法律效果社会效果显著

1. 关口前移，强化青少年法治教育。大力推进青少年法治教育基地建设，对在校师生开展法治教育，已经成为广西少审法官的经常性工作。全区法院参与建设的法治教育基地从 2013 年的 32 个增长到 122 个，每年受教育的人数达到 100 万人次。坚持开展法治进校园活动，普遍落实法官兼任法治副校长、上法治课等工作要求。2013 年以来，由自治区高级人民法院牵头，联合九家成员单位举办的“法律同行 · 助力梦想”走进校园大型法治宣传教育活动，取得明显成效，已经成为广西少年审判工作的亮丽品牌，得到党委政府和社会各界的一致好评。柳州市中级人民法院、柳北区法院与柳州市教育局、关工委和中小院校联手打造柳州市青少年法治教育示范基地，以基地为平台，每月开办 2 次的“家长学校”“家长学堂”，以案为例宣讲家风美德，倡导和谐、文明、幸福的家庭关系。积极发挥自媒体阵地作用，法治宣传活动丰富多彩，生动活泼。全区法院通过新媒体以典型案例为内容，以图文并茂丰富方式，选取发生在学生身边的案件，以微电影、微信、微博平台打造法治宣传“微”品牌。柳州、防城港、玉林等地法院针对青少年心理需求，以微电影为载体创新法治宣传形式，受到社会的欢迎。很多学生家长在旁听案件后意识到平时对孩子教育监管欠缺，自觉配合学校加强对孩子的教育管理。玉林市中级人民法院制作的 5 部微电影已被中国民主法制出版社《普法音像》采用出版，并在全国发行。

2. 整合社会力量，帮助未成年犯顺利重返社会。如玉林市法院自 2009 年起，联合市人大、政协一起，先后携手玉林商贸技校、玉林市富英制革有限公司等多家技术

培训机构和民营企业，合力打造“青少年法制教育技能培训基地”和“青少年法制教育就业实习培训基地”，帮助未成年罪犯再就业、再回校。目前，两个技能培训基地已开办了36期技能培训班，共有510名未成年犯接受了培训，其中489名未成年犯通过培训后获得就业机会。南宁市各基层法院也与所在城区政法委、检察院等部门共同推进建立少年司法社工站，携手综治部门对重点青少年群体的社会化管理，得到最高人民法院杜万华专委充分肯定。

3. 全面落实判后回访帮教制度。广西三级法院加强与自治区未成年犯管教所、女子监狱的联系，将对未成年服刑人员的回访帮教列入常态化工作。通过心理咨询师授课、一对一谈心、播放家乡变化的视频等，使服刑人员放下心理包袱，积极改造，重拾生活信心，降低了重新犯罪率。对判处非监禁刑的未成年服刑人员，全区各级法院均建立专人帮教档案，通过电话回访、开座谈会等形式，定期或不定期回访帮教，积极协助开展社区矫正工作，将审判工作延伸到社区和家庭，帮出成效。整合社会力量，联合民营企业帮助未成年犯顺利重返社会。在刑事审判中，严格依照刑事诉讼法规定的特别程序审理未成年人犯罪案件，坚持贯彻“宽严相济”刑事政策和“教育为主、惩罚为辅”原则。对于依法适用非监禁刑的在校学生，尽力为其争取返校读书的机会，法庭之外推广“心理干预机制”，案件审理中适时邀请心理咨询师对未成年被告人进行心理疏导与帮教工作，矫治未成年人的犯罪心理，预防未成年人再次犯罪，切实挽救教育失足未成年人，为他们开辟新的人生道路。

4. 积极参与社会治安综合治理。广西三级法院充分发挥审判职能作用，依法打击侵害未成年人的违法犯罪行为，切实维护未成年人的合法权益，为广大青少年提供安全的生活学习环境。各级法院设立圆桌少年法庭、心理辅导室等，充分展现少年刑事审判的人性化要求。扎实推进创建“维权岗”活动，截至2018年11月，各级法院成立专门维权合议庭72个，专门少审庭35个，打造出维护未成年人合法权益和预防青少年违法犯罪新品牌，开创了家事少年审判工作的新局面。

二、少年法庭工作面临的困难和存在的问题

面对新时代、新形势、新任务、新要求，全区少年审判工作面临着发展不充分、不平衡、不协调的问题，还面临着许多新挑战，少年审判工作任务仍然艰巨繁重。少年审判工作在司法实践中存在以下困难和问题。

（一）理论研究不深入、价值认同普及不到位

相比世界上其他国家，我国少年审判工作起步晚、不规范，既缺乏深入系统的理

论研究,也缺乏必要的司法实践经验。理论界和实务部门普遍忽视少年审判工作的独特性和专业性,简单地以成年人案件审判的标准来衡量少年审判工作,认为涉少案件相比于成年人案件在案件数量、涉案金额、案件复杂程度、社会关注度等方面影响不大,认为少年法庭审判的大多数是未成年人案件,和当前影响社会稳定、关系国计民生的大案、要案相比,对社会的影响不是那么明显,导致少年审判工作被忽视。有人对少年审判的独特价值感到疑惑,对少年法庭开展的大量案外延伸工作以及创立的很多特色工作制度经验不理解,甚至认为有损人民法院作为审判机关的司法权威。尤其是在审判理念、组织建设、立法完善等方面还有很多不同声音,严重影响了少年法庭的改革深化。

(二)司改背景下机构设置前景不明

近年来的改革证明了审判专业化是大力提高少年审判质效的有效举措。但随着法院内设机构改革的推进,根据中央机构编制委员会办公室、《最高人民法院关于积极推进省以下法院内设机构改革工作的通知》要求,广西大部分基层法院内设机构只有 8 个,少年审判机构很难有一席之地。从客观上来看,本轮司法改革主要是围绕成年人司法体制进行,并没有考虑到少年司法体制的差异性和特殊性,对少年审判工作的发展造成了一定程度上的冲击。在改革中,广西壮族自治区高级人民法院决定在南宁、柳州两市的 4 个试点基层法院保留未成年人审判庭的机构设置,但对其他法院的少年审判机构没有予以保留。从全国情况看,全国四级法院虽然设立少年法庭 2300 多个,但合议庭占 1000 多个,很多法院少年法庭属"机构挂靠"的情况,高级法院以上的少年法庭机构建设还很不完善。高级法院中,只有北京、上海、甘肃、河南 4 地高院成立了少年法庭。

再者,全国各级法院年受理未成年人刑事案件总体受案量仍然较小,据不完全统计,2017 年全国有的法院受理的未成年刑事案件多则 100 余件、少则不足 20 件,致使少年审判庭始终难以摆脱因案源不足而面临的生存困境。如 2014 年广西三级法院生效判决未成年被告人 2794 人;2015 年 2343 人,2016 年 2035 人,2017 年 1911 人,2018 年 1 ~ 11 月 1758 人。2017 年比 2014 年下降了 31.6%。2018 年未成年被告人人数也按照逐年递减的趋势在减少。从长远来看案件数量过小,有的甚至无案可办,与其他业务庭案多人少的局面格格不入。少年综合庭的创立在一定程度上缓解了案源不足的压力,但又陷入"难以保持原有少年审判的特点和优势"的窘境。在诸多学者看来建立少年法院是下一步改革的浪潮,是我国少年司法制度走向成熟的重要标志之一,由此方能解决受案范围与司法资源的"囚徒困境"。与此同时,有学者通过分析指出受制于司法资源的紧张，我国当前绝大部分的地区难以承载构建独立的少年法院。

此外，机构设置模式不统一。目前，我国少年审判机构设置模式多达六种，包括未成年人案件合议庭、未成年人刑事案件审判庭、青少年刑事案件审判庭、未成年人案件综合审判庭、少年家事审判庭（家事少年法庭）以及跨区域集中管辖的未成年人案件审判庭。少年法庭模式不统一，其受案范围和审判管理、制度机制等也不相同。少年法庭审判模式和案件受理五花八门，少年法庭的改革就无所适从，少年法庭的审判业务难免被其他审判业务侵蚀，少年法庭工作的独特性和专业性将会受到更大挑战。

（三）受案范围及分类缺乏统一标准

在我国少年法庭试点过程中，由于未明确规定受案范围，各地涌现出诸多问题。

1. 受案范围不统一。在理论界，有学者认为少年审判庭仅受理未成年人刑事案件，受理范围过窄，应当将涉及未成年人权益保护的民事案件和行政案件也纳入其中。但也有一部分学者反对将少年案件与家事案件合并在一个庭审理，认为在我国少年司法根基尚浅的情况下，过多家事案件的审理，会冲淡少年审判的特色和优势。为了解决这一问题，2009 年最高人民法院在《关于进一步规范试点未成年人案件综合审判庭受理民事案件范围的通知》中重新对少年综合庭受理民事案件的范围进行了调整。最高人民法院以列举式的方式规定少年综合庭的受案范围，包括婚姻家庭与继承纠纷案件、侵权人或者被侵权人是未成年人的人格权纠纷案件、特殊类型侵权纠纷案件和适用特殊程序案件，其目的是清晰地划分少年综合庭与普通民事法庭在受案范围的区别。

但在司法实践中，许多法院的少年审判庭只审理涉少刑事案件；有的法院采取在“大少审”审判模式，将涉少刑事、民事、行政和婚姻家庭类案件全部归口少年审判庭审理；有的法院采取“大家事”审判模式，将涉及妇女及未成年人合法权益的刑事及民事案件并轨归口由家事审判庭审理；有的法院采取“总体分离、部分融合”的审判模式，即按照法院传统分案做法，未成年刑事案件由少年审判庭审理，部分涉少家事案件亦由少年审判庭审理，其他家事案件则由民一庭审理；也有部分法院则是根据本院少年刑事案件数量的多少来决定受理涉少民事案件的种类和数量。这种过于地方化的选择往往导致了各地少年法庭受案范围的混乱。广西法院在受案问题上主要是民事案件涵盖幅度过大，少审庭整体的案件质量和效率面临较大压力。只要有一名当事人是未成年人的民事案件，均交由少审庭审理，这个覆盖范围相当大，不仅是案件数量多，而且案件类型覆盖面也宽，理论上所有类型的民事纠纷案件都可能成为涉少案件。目前,我区各地少审庭受理的民事案件类型涵盖了婚姻家庭、权属、侵权和合同纠纷等各大类型,涉及民事案件的案由较为杂乱,不仅与民事案件审判越来越专业化、精细化的要求和趋势不相适应,而且各地少审庭往往力量薄弱,受案范围过宽,对少审庭的民事案件审判能力是一个巨大的考验。同时也不便于与其他民事审判庭在审判理念和尺度上保持统一。南宁市一家基层院出现过一宗系列案,由于其中部分案件的主体涉及未成年人,由少审庭受理了这部分案件,而由民庭受理了剩余部分案件,但由于分属两个业务庭审理,沟通不及时,最终同一系列案出现了同案不同判的处理结果。

2. 审判理念并不完全趋同。未成年民事司法工作的价值取向在于着重给予在抚养、教育以及其他人身权方面受到侵害的未成年人以司法救济,同时对侵害他人权益的未成年人进行矫正和弥补。在人格权、亲权的侵权人为未成年人的侵权案件中,贯彻上述价值取向是恰如其分的;但在财产权、债权等方面的纠纷,则不宜贯彻上述价值取向,因为财产权、债权本身的属性决定了这类案件需要得到平等、一视同仁的司法保护,而不能将针对未成年人的"优先保护"原则机械地引入财产权、债权纠纷案件中。例如,很多财产权、债权案件,其本应参加诉讼的一方主体死亡后,由其未成年子女加入诉讼,从而导致案件归属于少审庭管辖,而少审庭在审理此类案件时,无从适用"优先保护"原则,少审庭审理这类案件,并未实现少审庭设立的初衷,反而挤占了少审庭法官的大量精力,客观上减少了对未成年人的关爱和付出。因此,有必要对少、家融合审理机构的案件受理范围,进行一次科学、系统的梳理,使之彰显少、家融合审理机构关心和保护未成年人的宗旨。

(四)专业化水平制约司法能力提升

家事、少年审判的专业化既包括审判场所的专业化、审判机构的专业化、审判人员的专业化,还包括诉讼程序的专业化。家事、少年审判专业化还面临以下几个方面的挑战:

一是审判场所的专业化保障欠缺。家事审判工作顺利推进需要强有力的人财物保障。物质装备方面,目前不少试点法院对家事审判专业场所建设进行了有益尝试,但还有部分非试点法院没有专门的少年案件调解室、探视中心、庇护中心的场地,物资、经费有限,目前绝大部分仅能提供临时庇护。少年审判心理干预需要社会第三方专业人才的引入,该项经费尚未纳入政府购买服务范围或法院经费预算,工作开展难以常态化。

二是专门法官队伍难稳定。长期以来,有的法官认为家事案件技术含量低,体现不出专业水平，导致不愿从事家事审判工作。此外，家事纠纷往往涉及情感矛盾，无法完全通过法律解决，有的案件如果当时人的心理问题得不到解决，无论审判是否公正都会引发事端，甚至引发刑事案件或杀害法官的恶性事件，家事审判干警长期要承受当事人转嫁的不良情绪，人员队伍存在不稳定状况，柳州市家事少年审判中心仅去年就有 7 人辞职。

三是审理家事案件的专业知识不够。家事审判要求家事法官拥有较高的专业化水平，家事法官不仅应当熟悉婚姻家庭审判业务，具有一定社会阅历，热爱家事审判工作，还应该具备一定的心理学、社会学知识。由于缺少对少审法官的门槛要求，实践中大部分的少年庭法官是从法院内部其他部门调整过来，对于涉少案件的特点也不太熟悉，缺少涉少案件的审判经验及审判专业性培训，导致审判专业化程度不高。以广西为例，虽然目前广西法院的家事法官 548 人中，有 493 人具有本科以上的学历，但获得专门心理学资格或社会学资历的仅有 10 人，家事法官专业化程度较低。再者，当前人民法院案多人少矛盾突出，家事法官更多的是埋头办案，在基层员额法官有限的情况下，法官办案类型更多、压力更大，很难集中精力学习审理家事案件所必需的相关心理学、社会学知识，而且法院并未与社会专家学者建立长效合作机制，使家事法官在审判调解技能、心理学知识等方面缺乏系统的培训。人民陪审员、家事调解员、家事调查员等司法辅助人员在诉讼法、心理学、社会学等方面的培训也有待加强。此外，审判人员年轻化，缺少生活阅历和审判经验。一名优秀的家事少审法官需要一定的家庭生活阅历和审判经验，但目前审判一线基本上是由 35 岁以下的审判员（助审员）审理，他们缺乏丰富的审判经验，家庭生活经验、人生阅历不足。如柳北法院家事少年案件审理中心除两位庭领导外，均是 30 岁出头、刚刚提为审判员（助审员）的年轻法官，缺乏审判经验，并且大多数没有结婚生子，生活经验不足。

（五）家事与少年审判在完全融合方面还存在一些问题

家事与少年审判二者存在一定的共通之处，家事与少年审判融合的模式应该更符合改革方向和资源统筹。但实践操作还是存在一定困难和问题。

1. 缺乏有机融合。家事少年庭虽然同时受理家事案件和未成年人刑事案件，但仍是由不同法官承办，既缺乏统领性的审判理念，也缺乏综合办案人才。对于家事案件与未成年人刑事案件之间的“过渡型”纠纷如未构成刑事案件的未成年人人身损赔纠纷、财产损赔纠纷以及与未成年人利益相关的财产类民事纠纷，尚不能纳入受理范围，不能全面保护未成年人的合法权益。家事审判中的家事调查、心理疏导与少年审判中的社会调查、心理评估干预存在相通之处，少年审判中的“合适成年人”制度也可以借鉴到与未成年人相关的家事案件中,上述理论同源的事项存在同轨道操作的可能,但无论在工作制度还是在司法实践上均未开始探索。

2. 少年审判的独立性受到影响。少年审判经过30年的努力,《刑事诉讼法》将“未成年人刑事案件诉讼程序”作为特别程序加以明确,包括社会调查、不公开审理、法律援助机构指派辩护律师、犯罪记录封存等。但长久以来,我国少年审判的偏刑化导向致使少年审判始终难以摆脱案源不足与法庭设立之间的“囚徒困境”。少年综合审判庭虽然曾在短时间内缓解了少年法庭的生存危机,却一直饱受“难以保持原有少年审判的特点和优势”诟病。且由于涉少民事案件受案范围与其他民事案件受案范围无明显界限,让涉少民事审判存在的合理性受到理论界的多番质疑,涉少民事案件审判工作在司法实务界存在被架空和忽略的危险。如果不强调独立性,少年法庭司法改革30年才取得的少审审判从普通刑事案件中剥离出来的独立性和专业性,在面对家事审判庞大案件数量时就要被冲垮,在以“量”为主要评价标准的绩效考核指标下,法官基于利益权衡会出现缺乏精力、难以坚持少年审判的教育、感化、挽救工作,少年审判很可能会名存实亡。在探索少年审判与家事审判的融合时,如何破解少年法庭因案源不足而面临的生存困境,并保持少年审判的独立性与特色性,在二者共通的理念和程序设计、共享的资源寻找平衡点、融合点成为摆在少年与家事审判试点改革中的重要问题。

3. 关于少年家事审判融合机制研究不够。少年审判与家事审判的理念相通、程序相近、资源共享,在保持相对独立的前提下,如何探索少年审判与家事审判的有机融合,寻找二者的“交集”点并着力打造为联动纽带,成为少年家事审判改革的重中之重。但司法实践中,缺乏少年家事案件审判的顶层设计,缺乏统一的规范性指导意见。少年审判与家事审判融合是一种趋势,但目前的试点法院还处于“互相参观学习,回去各自根据具体情况开展工作”,少年家事审判改革缺乏统一的指导思想和指导意见,导致少年家事改革的案件中受案范围不统一、审判程序不统一、裁判尺度不统一,影响司法权威。涉及少年家事案件审判的融合不是简单的“1+1=2”,而是少年审判机制和家事审判机制在新形势下的传承与创新,既可以整合审判力量资源,又可以进一步完善未成年人司法保护体系和促进婚姻家庭社会的和谐稳定,因而在审判理念、经验积累、方式方法、业务培训等多方面都需要新的定位和有机融合探索。

(六)少年法庭工作缺乏独立科学的考核评价机制

与普通的刑事、民事案件审判程序不同,为了保障未成年人的合法利益最大化和促进婚姻家庭纠纷的多元化方式解决，少年与家事审判法官在实际工作中，除了按照司法程序进行正常的庭审和写文书外，在庭前、庭中、庭后等各审判程序中需要从事大量机制创新工作和案外延伸工作，付出了许多的辛苦劳动。比如，未成年人刑事案件审判的庭前社会调查工作、指定辩护人为未成年人提供法律援助、通知法定代理人或者指定合适成年人参加庭审、组织法庭教育、判后回访帮教、组织或者参加多部门联动进行法治教育等；家事案件审理设置的冷静期、家事调查员介入、共有财产申报、法律宣传等工作，这些特别程序均是少年家事审判的日常工作量，而且占据少年家事法官大量的时间和精力。未成年人刑事案件数量下降、再犯率低、婚姻案件得到调撤率高等系列显著成效，反映了少年家事审判法官的诸多庭外工作量在妥善处理少审家事案件、预防青少年犯罪、促进家庭与社会的和谐等方面均起到了积极的作用，审判质量较高，审判效果较好。因此，如果将这些工作项目和工作成效反映在少年家事案件的绩效考评中，能够激发少年家事法官的工作热情和积极性。

但目前实行的绩效考核包括案件数量和发改量等指标，采用纯粹数量来考核，少审工作也不再列为单项考评项目，这就不能全面反映少年家事案件审判的工作特点和实际工作量，导致少年法庭、家事法庭在评先评优和干部使用中处于边缘状态，极大影响和挫伤了少年和家事法官的工作积极性。同时，法官员额制改革后，案多人少的矛盾更加突出，不少法院对未成年人刑事案件没有作为区别于其他普通刑事案件的特殊案件处理，绩效分值与其他案件一致，案件之外的延伸工作也没有给予绩效分值，严重影响了少审法官的积极性。少审延伸工作耗时间、耗精力，迫于办案压力，不少法官在工作中不自觉地把工作精力和重心转移到绩效考核项目中，这大大地减弱少审工作的社会效果和法律效果，长久发展将不利于少年家事案件审判改革工作的深入推进。

（七）配套协作机制不完善，社会支持力量薄弱

多元化解纠纷机制未能充分发挥效用。究其原因正是因为未能整合公安、民政、妇联等社会力量合力化解纠纷，仅仅单纯依赖传统的司法服务。多部门联动解决纠纷衔接有困难，也尚未形成延伸工作的长效机制，各部门职权不明，主动性不强，配合度不高，导致效率低。比如，家事案件中的家暴的预防、帮教、矫正等，需要法院、检察院、公安机关等多部门长期互通信息、配合落实，但由于诸多现实条件制约，各级法院及联动单位存在人手短缺、设施设备有限等问题，在运行中仍存在脱节的情况；各行政区域都有自己的独立财政，甲地财政支出去办乙地少年犯罪案件，其财政部门、行政长官是否心甘情愿，亦值得思考。

三、进一步加强少年法庭工作的对策建议

(一)坚持少年审判工作的正确方向

少年审判工作是法院审判工作的重要方面,是社会综合治理的重要内容。周强在全国法院少年法庭30周年工作座谈会上指出:"新时期少年法庭工作只能加强,不能削弱。各级法院要从全面建成小康社会,实现中华民族伟大复兴中国梦的战略高度,深刻认识做好少年法庭工作的重要性和紧迫性,努力把这项事关国家和民族未来的工作做得更好。"胡云腾大法官也指出,加强少年法庭工作,是推进司法文明的重要内容,也是党和国家赋予人民法院的历史使命和责任担当,少年法庭工作不容削弱,任何怀疑、弱化少年法庭工作的思想认识,都是短视的。

课题组认为,少年审判与家事审判融合的核心在于未成年人利益的保护,着眼点和落脚点也在于涉及未成年人相关纠纷和案件的预防、审理以及延伸服务工作。因此,在融合少年家事审判实践过程中,把握住"未成年人利益最大化"的基本原则和司法理念就显得尤为重要。在此基础上,逐步建立起我国特有的少年司法制度。1990年生效的《联合国儿童权利公约》明确地规定了儿童利益最大化原则:"关于儿童的一切行动,不论是由公私社会福利机构、法院、行政当局或立法机构执行,均应以儿童的最大利益为一种首要考虑。""未成年人利益最大化"原则有着清晰的发展脉络,少年刑事审判制度形成之初,即践行着"国家亲权"这一核心指导理念,强调国家承担对未成年人的保护和教育责任。"不是以太多的惩罚作为改造的手段,不是诋毁而是鼓励,不是打压而是发展,不是将他作为一个罪犯而是作为一个有价值的公民",在此基础上又衍生出"儿童利益最大化"原则,并成为少年审判制度的另一个核心指导理念。按照《联合国少年司法最低限度标准规则》《预防少年犯罪准则》《保护被剥夺自由少年规则》等准则要求,少年审判应关注少年的幸福,诉讼程序应按照最有利于少年的方式和在谅解的气氛下进行;要建立处理未成年人案件的专门机构;应允许少年参与诉讼程序,并且自由地表达自己的意见;强调犯罪预防和非监禁刑罚的适用,同时也规定了犯罪记录封存、社会调查等一些适合未成年人身心特点的具体少年刑事司法制度。普通民事案件审理中需要强调的是对双方当事人的平等保护,但在未成年人家事审判中,关注的却是如何在尊重未成年人独立主体地位基础上实现其利益最大化。因此,未成年人利益最大化是未成年人家事审判运作的核心原则,它贯穿未成年人家事审判始终,指导着未成年人家事审判的有效运行。国家亲权是未成年人家事审判中法官对未成年人权益进行保护的理论基础,也是对父母亲权、他人监护权进行

监督的根据。我国未成年人家事审判的工作中，基本形成了儿童利益最大化和国家亲权理念为指导的工作方针，并在此的引导下拓展了未成年人家事审判的特有制度。如诉讼指引、先行调解、圆桌审判、独立诉讼代理人、判后回访等，较为妥善地解决了涉案未成年人的权利保障问题。

（二）加强顶层设计，谋划少年法庭改革整体方案

少年法庭改革几乎与我国经济社会的改革开放同步，历经 30 余年，但改革仍然呈碎片化和零散化，没有建立起完整有效的审判机构和制度体系。从整体看，少年法庭的改革发展始终没有一个经过充分论证的规划方案和具体的实施步骤、措施，这不能不说是少年法庭改革发展中的一大缺憾。加强少年法庭顶层设计，应当是今后少年法庭改革的主要着力点。谋划少年法庭改革整体方案，应当坚持三个原则：一是坚持前瞻性。既要着眼于解决少年法庭目前存在的困难和问题，同时也要面向未来，对少年法庭改革发展作出前瞻性的制度设计。二是坚持问题导向。方案首先要解决少年法庭改革中亟须解决的问题，比如发展方向、受案范围、审判管理、机构设置、人员配置等。这些问题都是影响甚至阻碍少年法庭科学发展的“短板”。三是坚持在法律和司法政策的框架内改革。少年法庭的改革既不能突破法律的禁止性规定，也要遵循人民法院司法改革总的要求和中央与最高人民法院的司法政策精神。

（三）发展和完善少年法庭工作的理论法律体系

理论是行动的先导。我国少年法庭工作和少年司法制度起步比较晚，20 多年来，虽然进行了一些理论上的探索，也取得了比较丰富的成果，但与建立比较完善的少年司法理论体系还有较大差距。

从实践来看，应着重解决以下几个方面的问题：一是少年司法工作的价值取向、普遍适用原则、少年司法审判的理念等基础理论；二是对司法实践中一些具有创新性、前瞻性和指导性的做法，进行理论上的总结和提升；三是广泛借鉴和吸纳世界各国少年司法制度的成熟理念和理论，促进我国少年司法理论体系的早日形成。

完备少年法庭法律体系应包括四个方面：一是要有少年法庭组织的法律规定，即在人民法院组织法内应有少年法庭组织的“一席之地”，而不能是没有法律地位的“临时机构”，想要就要，想撤就撤。要把少年法庭作为人民法院一个常设业务庭室，配备专业人员，专门从事少年审判和适度延伸帮教工作。二是要有少年法庭工作程序法规定，包括少年法庭审判方式、审判制度、审判规则、审判方法及判后执行等。建议在修订《刑事诉讼法》时，设专章规定少年司法程序。三是要有比较完善的少年实体法。现有的“两法”（《未成年人保护法》《预防未成年人犯罪法》，仅是对未成年人

合法权益和预防犯罪的一般性规定,《刑法》虽有对未成年犯罪人不适用死刑以及应当从轻或减轻处罚的规定,但没有全面反映出未成年人犯罪的特点。在刑种的设置、刑罚适用的种类、非监禁刑适用的标准与条件、减刑、假释、非刑罚处理等方面都还有很多需要完善的问题。四是少年法庭工作应当严格依法进行。少年法庭是严肃的司法主体,其全部活动必须是在有法可依、有法必依的情况下进行;一切改革创新活动也必须在法律的框架内进行。近年来,一部分人对少年法庭工作存在不同认识,也与有的少年法庭不严格执法甚至违法"作秀"有关。

综上,应该积极推进《少年法庭法》的出台,让少年法庭在司法体系中的法律地位得到明确和肯定。目前之所以发展的杂乱无章,是因为没有一套明确的立法体系来保障少年法庭的地位。我们国家的《刑事诉讼法》《未成年人保护法》《预防未成年人犯罪法》以及最高人民法院出台的关于少年法庭工作的司法解释以及指导意见都对少年法庭的某些方面作了规定,但是大部分的规定在效力上还是有一些局限性的,而且有的规定也已经被废除。所以应该尽快出台一部《少年法庭法》,详细规定少年法庭的相关内容,明确少年法庭在少年司法中的地位、权限以及少年法庭的运作方式、受案范围,等等。只有这样,少年法庭才能有稳固的法律地位。

(四)发展和完善少年法庭工作的专业体系

独立建制的少年审判机构,是开展少年审判工作的基础和保障,直接决定涉案未成年人权利的保障是否全面、到位、有效。如果没有了少年审判机构,少年审判工作就只会退步和削弱,不仅无法完成新时期赋予的保护未成年人的使命和要求,并且与司法改革的初衷相悖。

1. 完善机构机制,构建自上而下统一的组织体系。建立自上而下统一的机构体系,为少年法庭建筑道有效抵御各种风浪侵蚀的堤坝。从最高人民法院目前的情况看,少年司法日常工作由研究室指导,案件审判分别由刑事审判庭和民事审判庭指导,办公厅、司法改革工作办公室等部门也承担了一部分与未成年人有关的工作,比较分散。若成立专门的审判机构,可以将零散分布在各部门的少年司法工作整合起来,这样更有利于责任落实和未成年人权益保护。同时也可以上下衔接对应,减少跨部门指导,推动未成年人案件审判工作的统一化和专业化。在这方面可以借鉴检察机关的成功经验,最高人民检察院自2015年12月组建独立的未成年人检察工作办公室以后,短短1年多时间,就基本实现未成年人检察专门机构全国全覆盖。

特别值得注意的是,在此次内设机构改革中,最高人民检察院专门设立第九检察厅,负责对法律规定由最高人民检察院办理的未成年人犯罪和侵害未成年人犯罪案件的审查逮捕、审查起诉、出庭支持公诉、抗诉，开展相关立案监督、侦查监督、审判监督以及相关案件的补充侦查；开展未成年人司法保护和预防未成年人犯罪工作。这些经验值得法院借鉴。

2. 设立相对统一的少年审判机构。当前，我国司法体制改革已进入攻坚期和深水区的“后半程”，法院内设机构改革作为这段时期的重点工作也将逐步落地，在这样的背景下，关于少年审判机构设置的改革方向及路径，理论界及司法实务界均有不同的观点。如撤销少年审判庭组建独立建制的少年法院或少年家事法院、建制少年刑事审判庭、成立未成年人案件综合审判庭等。

我国幅员辽阔，东西南北的经济和社会发展差别较大，人口分布、未成年人犯罪案件都有很大差别。从当前司法理论界和实务界提出的各种设想的共同点看，我国未来的少年司法组织体系应当是少年法院、少年法庭、少年合议庭并存的格局。在上述三种形式中，我们认为少年法院应当是极少数，仅限于经济高度发达、人口密度大、未成年人案件比较集中的国际性大都市；从远景发展来看，在中国设立少年家事法院是可以期待的目标，因为我国少年法庭 30 多年的探索，早已为少年家事专门机构的成立打下了良好的工作基础；而国内国际已经形成的未成年人保护的大好环境，也为少年家事专门机构的成立奠定了良好的社会基础。独立建制的少年法庭，特别是集刑事、民事、行政等审判任务和适度延伸工作于一体的综合性少年法庭，应当是未来中基层法院少年法庭的主流形式；在经济社会发展相对滞后，区域面积大、人口密度小、居住分散、未成年人案件较少的中小城市，设立少年合议庭或指定专人负责即可。高级人民法院和最高人民法院应当成立独立的少年家事指导机构，统一指导少年和家事审判工作的发展，将少年家事审判理念、特色制度、工作机制自上而下贯彻落实，并及时总结经验，不断推动各项制度的完善。

根据广西近年来少年审判探索的成功经验，结合法院内设机构改革要求，基层人民法庭可以加挂“家事与少年审判庭”，实行“一套人马，两块牌子”，基层法院刑事审判庭应有相对固定的审判团队（合议庭）或专门法官，专门审理少年案件，同时审理其他刑事案件，确保少审工作有人抓、有人管。依照《未成年人保护法》的规定，把少年审判庭（少年法庭）受案范围适当扩大，将普通刑事案件、未成年人犯罪案件、涉未成年人家事案件纳入受案范围。这样，有利于持续推进少年审判专业化发展，保持一支稳定的专业化审判队伍，并适应法院内设机构设置要求。同时也解决了长期以来存在的设置专业审判机构和设置专业合议庭并行的双轨制问题，也有利于由一个审判组织审理分案起诉的涉未成年人共同犯罪案件，解决涉及未成年人刑事、家事案件分案审理导致的矛盾问题。

3. 实行专门的诉讼制度。第一，建立职权探知主义诉讼模式。我国目前的诉讼模式主要为抗辩主义（刑事）和当事人主义（民事），其最主要的相同点在于法官始终处于中立裁判的地位。但基于未成年人利益最大化原则，如裁判者始终处于消极中立地位，在未成年人缺乏举证、陈述、辩论能力的情况下，则有可能损害其正当利益，因此，有必要在少年家事案件中对诉讼模式进行变革，我们认为应当采取法官职权探知主义的诉讼模式。

职权探知主义是指将探寻确认事实所必需的资料作为法院职责（来予以对待）的原则。也就是说，法官不限于当事人主张的事实和提供的证据范围，可以依职权主动收集事实和调取证据，其基本内涵主要包括三个方面：一是对当事人未主张或已撤回的对案件有决定性的事实，法官依职权收集并作为裁判的依据，当事人不负担行为主张责任；二是法官除对当事人提出的证据进行判断和采用外，还应依职权收集和采用当事人没有提出的证据，不受当事人提出证据范围的限制；三是对当事人无争议的事实，法官调查其真伪决定是否采用，即使当事人自认的事实，对法官裁判也没有约束力。

少年家事纠纷案件审判中对职权探知主义的运用，不论是在大陆法系国家，还是在英美法系国家均有所体现。例如，在德国、日本的家事纠纷案件审判程序中均有对法官依职权查明事实、调取证据，不适用自认等方面的规定。在美国的家事纠纷案件审判程序中，当事人主义长期以来占据了主导地位，但为了追求客观真实，妥善解决纠纷，通过最高人民法院的案例，规定法官在处理涉及公益的家事纠纷案件时具有较大的自由裁量权，准许一定的职权介入。

第二，建立少年家事案件“合适成年人”制度。合适成年人参与制度是在刑事诉讼过程中（特指讯问时）未成年人的法定代表人因无法到场，由合适成年人代替法定代表人参与刑事诉讼，主要目的是保护未成年人的合法权益。合适成年人作用是在整个刑事诉讼过程中，保护未成年人的合法权益，得到更加温暖的关怀，更容易使未成年人回归社会，刑诉法修改后，我国刑事诉讼法体系中也专门将其纳入。但在一些涉及未成年人的人身、财产纠纷中，存在未成年当事人的监护人无法行使法定代理权的情形，如该案件一方当事人既是未成年人的监护人又是未成年人利益的对抗方，因此有必要在在该类案件中引入“合适成年人”的制度，通过在诉讼过程中由该“合适成年人”临时行使未成年人的法定代理权，有效保护未成年人的合法权益。

对于“合适成年人”的选任，在少年审判的相关制度中已经得到明确。在我国，目前较为理想的"合适成年人"主要为律师和社工,二者都具有一定的优势和不足。首先,律师是法律专业人员,他与未成年人沟通,了解未成年人的心态明显低于适合成年人自身,律师更多的是从法律专业的角度去解释案件。合适成年人和律师的职责和职能不同,这两个角色不能混合,将律师纳入合适成年人队伍,容易因律师身份导致冲突,这种情况不利于少年法律权益的保护。其次,社工是独特身份,该群体利用身份优势,能够更好地贯彻"沟通、抚慰、监督、教育"方针。社工以合适成年人身份介入案件能够起到桥梁的作用。社工通常由一群志愿服务者组成,这个团队通常是老师、医生等社会各行业的人员组成,通常该团队在社会阶层中处于精英者的角色,其本身懂得更多的行业知识和社会知识,社工与律师比较虽然在法律素养上处于劣势,但社工队伍的阅历和经验更加的丰富,能够更好地发挥合适成年人的作用。同时社工通常是无偿提供服务,该类群体更加能够公正客观地参与,不偏不倚,其与律师的最大不同点是,律师是当事人的代理人,是收费服务,其代理行为无疑偏袒于一方当事方,因此社工和律师的价值取向天然不同。社工担任合适成年人通常更容易被司法机关接受,社工的客观公正性对司法机关的办案效率不会造成影响。

此外,我们建议,检察机关作为社会公益的当然代表,可以就有关社会公益的维护提起范围广泛的诉讼。在未成年人的利益保护已经被现代社会纳入了社会公益范畴的条件下,为弥补未成年人诉讼行为能力的欠缺,检察机关在未成年人利益受到损害又无法通过亲权、监护权行使来获得救济时,检察官可以作为涉未成年人民事案件的"合适成年人"代为参与诉讼。

第三,建立"未成年人案件司法调查官"制度。这一制度设想是由"未成年人利益最大化"原则衍生出来的。在涉少家事案件的审理中,法官经常遇到各种困境,如双方当事人均不能举证又不申请法院调查取证或申请不符合法定条件,仅仅依据证据规则认定事实,往往与客观真实差距较大,使当事人的实体权利难以得到保护,还可能损害涉案未成年人的利益,即便法院突破证据规则的限制,依职权调取证据,也容易使当事人对公正性产生质疑。2010 年最高人民法院颁布的《关于进一步加强少年法庭工作的意见》中提出:"大胆探索实践社会观护、圆桌审判、诉讼教育引导等未成年人民事和行政案件特色审判制度,不断开拓未成年人民事和行政案件审判的新思路、新方法。"因此,课题组认为可建立起统一的涉及未成年人案件的司法调查队伍,其本职工作就是对未成年进行审前社会调查。"未成年人司法调查官"在涉少家事案件的工作主要有三部分:一是通过走访当事人及其家庭人员、居委会、学校等,客观记录了解到的相关情况,在规定的期限内制作成书面报告提交法庭;二是协助涉未成年人家事案件的调解工作；三是对涉案未成年人进行判后回访，了解生效判决或调解书的履行情况，并向人民法院出具回访报告。无论是审前调查报告还是判后回访报告，“未成年人司法调查官”只需客观记录，不得对案件处理提出倾向性意见。社会调查报告一般应记述以下内容：一是未成年人既往被抚养状况；二是未成年人的健康状态、学习情况及性格、行动倾向；三是父母的抚养能力及既往履行抚养义务的状况；四是父母获得亲属援助的可能性；五是父母的身体健康情况及性格、行动倾向；六是探望权纠纷案件，父母双方既往处理探望问题的情况；七是人民法院根据案情所提出的其他调查事项。

4. 建立相对独立的审判业务类别。前已论及，我国少年审判庭的生存困境主要来自受案范围的界定不明。所以合理界定少年和家事审判的受案范围是少年家事审判庭得以有效运行的关键。少年法庭的主要职能是审判未成年人案件，矫治未成年罪犯，维护未成年人合法权益。其工作主要是围绕未成年人这一特殊群体开展。少年法庭应以未成年人为中心，建立相对独立的审判业务类别。

少年法庭应当受理哪些案件，多年来一直存有争论，全国法院也不统一。应当本着少年法庭独立机构存在的内在逻辑和司法特点，把以下案件统一纳入少年法庭：一是以未成年人为被告人和被害人的刑事案件，这是少年法庭受案的主体。实践中，对被告人是成年人，未成年被害人已经死亡或被告人可能被判处死刑的案件，应否纳入少年法庭审判，意见不一。有的认为，未成年被害人已死亡，少年法庭没有了特殊、优先保护的对象，工作特色无从体现；有的认为，少年法庭受理死刑案件，与少年法庭展现出的关爱、阳光的内涵和司法保护人权的外在形象不符。课题组认为，未成年被害人虽然死亡，但还有名誉、荣誉等人格权益需要保护，而且少年法庭还负有向社会弘扬特殊、优先保护未成年人司法理念的责任。至于少年法庭是否受理死刑案件，关键在于能否更好地保护未成年人合法权益，比如未成年人被性侵犯的案件，由少年法庭审判无疑更有利于保护未成年人的合法权利。二是涉及未成年人权益的婚姻家庭纠纷案件。包括未成年子女抚养纠纷、抚育纠纷、监护权纠纷、探望权纠纷、收养纠纷、继承纠纷等案件。对于与未成年人权益保护无关的家事纠纷则不宜由少年法庭审理。此外，未成年人侵权案件，未成年人减刑、假释案件以及未成年人行政诉讼案件，也应当纳入少年法庭审判范围。除上述案件外，一些地方探索将年满18周岁以上的部分青年人犯罪案件，纳入少年法庭审判，将少年法庭审判的成功经验推广应用，值得肯定。

5. 选拔专业化的审判团队。少年案件不同于一般的案件，对法官的要求较高。

美国、英国、加拿大、新西兰等国均要求担当少年法庭法官除具备一般法官任职资格外,还需额外资格或接受特殊培训,通晓未成年人保护相关理论。比如,英国《1954年少年法庭(组成)规则》规定:“获甄选担任少年法庭法官的裁判官,必须在处理青少年案件方面具有特别的资格。”新西兰《1989年儿童、青少年及其家庭法令》规定:“获委任为少年法庭法官的区域法院法官,必须具有所需的训练、经验、性格,以及对不同文化观点的了解和认同。”我国台湾地区对少年法院法官的任职资格作了更为详尽的规定。2003年10月14日公布的“少年法院院长、庭长及法官遴选办法”规定,少年法院院长及法官须对少年保护具有较高学识、经验和热诚。该“办法”还逐一列举了有关学识、经验与热诚的认定办法。在最高人民法院历次发布的规范性文件中,对少年法庭法官的任职资格也有规定,诸如“熟悉未成年人特点,善于做未成年人思想教育工作”等,但不够具体。

第一,组建专业化审判团队。首先,应将少年法庭法官的专业化纳入司法改革大盘子中统筹考虑,制定统一的少年法庭法官的员额标准、任职资格,细化任职条件和审查认定办法。在员额法官的选任上,应将具有一定社会阅历、掌握相应社会心理学知识、熟悉未成年人身心特点、善于进行心理疏导具有一定专业性的员额法官吸引到少年庭。少年审判团队则由热爱未成年人权益保护工作、熟悉未成年人身心特点、乐于与未成年人沟通的审判人员组成。其次,少年家事审判团队确定后,应保持一定的稳定性,避免调整交流过快,影响工作开展。最后,少年和家事法官还要加强培训,通过定期不定期培训、疑难案例解析、业务能手传授经验、专家授课点评、优秀裁判文书评选、庭审观摩评议、外出参观考察等形式,提高少年家事法官业务的专业化水平。

第二,配齐审判辅助力量。家事少年审判改革的方向是多元化、社会化、人性化,因此,仅有专门审判机构和专业法官还不够,必须有一支社会化的辅助团队。如山东省武城县人民法院建立了家事调查员、回访员、家事调解员、心理测试员、心理咨询员、少年观护员“六员”团队,从调查分析、情感调解、心理疏导等方面协助开展家事纠纷化解工作,协助化解了大量家事案件。在美国,一些州法院会将一般家事案件交由辅助人员处理,分担法官的审判任务,家事纠纷中对证据的调查、案件当事人的回访等大量工作需要相关辅助人员协助完成,辅助人员在家事审判中发挥了重要作用。[1] 广西法院目前在构建家事纠纷多元化机制的过程中所面临的一个难题是,具

〔1〕 齐钉:《论家事审判体制的专业化及改革路径——以美国纽约州家事法院为参照》,载《河南财经政法大学学报》2016年第4期。

备解决家事纠纷相关经验和专业知识人员过于分散，大部分供职于法院、妇联、社区、农村等各种各样的社会机构或行政机关当中，他们文化素养良莠不齐、专业知识构成各不相同，参与到家事纠纷的解决也多以兼职为主或者为了完成上级指派的工作任务，缺乏集中专业的培训，存在综合素质参差不齐、后备力量不足等问题。究其根源，在于法院没有专业的家事机构和制度对这些参与到家事纠纷解决的人员进行培养和管理。

因此，比较有效的解决途径是，在司法辅助人员的选聘上，应侧重法学、心理学、教育学、社会学方面的人才，具有良好的沟通技能以及地方威望高、被群众认可的人才也应该适当吸纳到队伍中。通过引入社工、社会团体工作人员和政府向社会购买服务等方式，积极配备专门从事家事调查、社会调查、家事调解、心理测试、心理辅导等辅助工作人员。协调妇联、民政、司法行政等部门，建立心理干预团队、调查回访机构、家暴受害人救助机构等。推动加大对公益慈善类、城乡社区服务类社会组织的培育扶持力度，通过政府购买服务等方式，支持社会组织参与婚姻家庭纠纷预防化解工作。发挥社区工作者、网格员及平安志愿者、“五老人员”[1]等社会力量，推动工作进一步向家庭延伸、第一时间发现并处置婚姻家庭纠纷。另外，针对以往完全依赖家事调解员自主学习掌握工作细则而存在的弊端，法院可以定期开展培训课程和专题讲座，要求家事调解员必须到场接受培训，并采取考试的方式对家事调解员的业务能力和法律基础进行考核，从而筛选出合格的家事调解员。培训课程由法院资深法官主讲，并且定期邀请法学专家、心理学专家以及教育学专家开展专题讲座，传授知识，总结经验。

（五）推动实现家事、少年审判融合的综合模式

未成年人案件与家事案件同根同源、理念相通。总结国内外家事少年司法的探索性实践经验，可以看到一个清晰的少年司法改革方向：充分整合现有优质司法资源，将具有共通司法理念和程序设计的少年案件和家事案件在同一机构审理，探索构建少年审判与家事审判融合的“大少审”工作格局。我国首个成立少年法庭的上海市长宁区人民法院，经过 30 多年的探索，从最初的未成年人刑事案件合议庭发展成为全面受理涉未成年人的刑事案件、民事案件以及行政案件的综合审判庭。山东省高级人民法院在全省范围内推行未成年人综合审判庭试点改革，先后将泰安、东营等 9 个中院确立为省内试点中院，把涉及未成年人的民、刑、行政案件，统一由未成年审判

〔1〕“五老人员”：老党员、老干部、老劳模、老教师、老复员退伍军人。

庭审理,案件统一编号,目前已建立了受案范围和业务指导的完全统一的未成年人案件综合审判体系。这与广西壮族自治区柳州市中级人民法院的做法思路基本一致。

“少年 + 家事”案件审判机制的建立是顺应当前司法改革趋势,是从我国的国情出发,是少年与家事审判趋同的审判理念、存在共同的保护对象、可共享的审判资源等多方面因素造就的。通过司法实践可以看出:家事审判与少年保护具有互补性,家庭环境是未成年人成长的第一环境,未成年人的健康成长则往往影响到家庭的和谐关系,因此,将家事案件纳入少年庭审理,或者将少年案件纳入家事庭审理,既能够做到在未成年人保护体系上理顺关系,也可以整合审判力量,促进各审判部门均衡发展。

少年审判和家事审判融合的好处有三:一是可以有效缓解少年法庭因案源不足导致的生存危机。从广西的情况来看,少年审判工作普遍面临案源不足的问题。少年审判工作做得较好的南宁市、柳州市、桂林市从 2016 年 5 月开始,部分法院便开始积极开展少年与家事审判机制改革创新。我区其他法院同样面临案源不足问题,特别是实行法官员额制改革后,如果案件达不到一定数量,可能面临分配员额法官太少,组不成合议庭情况。融合以后,案件增多,这一问题迎刃而解。二是可以促进少年审判和家事审判的专业化发展。少年审判庭案源不足时,必然通过减少人员或办理其他案件来提高人均办案数量。减少人员不利于专业化审判队伍稳定,办理其他案件则冲击涉少案件的专业化审判,两者都不利于少年审判专业化水平的提高。反之,组建独立编制的家事审判庭也存在同样问题。少年审判和家事审判融合后,法官对少年与家事案件可以进行更为专业的审判和研究,有利于提升法官专业化水平。三是可以实现少年审判与家事审判特色审理机制的有机结合。融合以后,原来少年审判及家事审判中较为成熟的创新机制都可以相互借鉴。家事法官审理的强制权介入、第三方辅助机构和人员的积极介入等做法可以直接为少年审判提供参考,少年审判对犯罪未成年人给予特殊保护等做法同样可以有选择地嫁接到家事审判中,并根据实际情况不断发展完善,特别要指出,少年家事审判的一些制度有别于普通家事案件,值得继续推广。这些制度包括圆桌审判制度、多元调解制度、社会观护制度、不公开审理制度、国家救助制度、帮教回访制度、心理干预制度、绿色通道制度等,形成少年审判和家事审判改革创新的整体推动的合力和集群效应,达到“双赢”效果。

目前,广西家事审判改革一种模式是家事审判、少年审判统一审理,柳州市中级人民法院即采用了这种模式,成立广西首个家事少年案件审判中心,集中受理柳州市四城区的一审家事案件及未成年人刑事案件,杜万华专委考察后给予了充分肯定,认为符合家事审判改革要建立家事少年法院的最终目标，希望在这个基础上继续探索，努力向前推进。另一种模式是少年审判和家事审判分头试点，维持现有的少年法庭格局，将所受理案件由涉及未成年人刑事案件调整增加涉未成年人民事案件。南宁市各基层法院在已有的未成年人审判庭基础上考虑将家事审判纳入其中。从实践效果和未来发展方向看，调研组还是倾向于实行家事少年案件审判资源整合。无论哪种模式，都要认真思考在家事审判改革中继续稳固并发展少年审判经验，突出少年审判工作特色，实现“教育、感化、挽救”失足未成年人目标，体现未成年人利益优先、未成年人利益最大化原则。此外，是否融合还要各级法院结合各地案件数量和人员编制等实际情况，综合考虑是单独设立家事审判庭还是家事合议庭，不宜作硬性要求。

（六）建立符合少年家事审判规律的绩效考评模式

由于少年、家事审判需要从事大量机制创新工作和案外延伸工作，法官的工作量不能仅以案件数来计算，现有的法官工作绩效考评体系存在较大的滞后性，不能科学地体现少年家事审判工作特点，这一点在各地的创新实践中有所重视，但均未深度触及。课题组认为可以从审判程序的应用、审判机构和队伍的充实、多元化纠纷解决方式的开展三个大的方面来对少年家事审判工作的成效进行考评。

（七）完善少年法庭工作的辅助体系

少年家事审判工作离不开党委、政府和社会多种力量的大力支持。人民法院要充分利用好诉前调解、行政调解、妇联调解、人民调解等社会矛盾多元纠纷化解平台，进一步加强与公安、检察、司法、妇联、共青团、基层组织等单位的沟通协调，完善联动机制，形成有效化解家事矛盾纠纷的社会合力，不断提高少年家事审判工作的社会参与程度，从源头上减少少年家事案件的发生。

1.坚持党委领导和依靠社会各界支持，整合社会资源。少年家事审判机构并非是简单地判断是非的司法机构，其所处理的案件都与社会大众日常生活密切相关。从少年家事审判改革需求来看，单靠法院一家之力是难以达到化解婚姻家庭矛盾、防止少年刑事案件发生的工作目标。应当调动各类资源形成合力，利用多种途径解决少年家事审判中遇到的障碍和困难。找准法院在构建家事少年案件纠纷多元解决机制中的角色定位，紧紧依靠党委领导、政府支持和社会力量参与，完善多元化机制建设，加强诉调对接平台建设，充分利用好行政调解、人民调解、妇联调解、诉前调解等社会矛盾纠纷多元化解平台，进一步加强与公安、检察、司法、妇联、共青团、基层组织等单位的沟通协调，形成有效化解少年案件的社会合力，从源头上杜绝少年案件的发生。积极与民政、司法行政、妇联、团委等部门建立长效协作机制，建立少年案件的案后回访帮扶制度，共同帮助当事人解决实际困难，如减缓免诉讼费、给予司法救助、民政救助等，修复或重建家庭关系，促进少年案件的有效解决。

2. 引入专业人员和机构协助配合。在涉未成年人家事少审案件的审理中引进青少年事务社工参与案件的社会调查、调解、心理疏导、回访观护和帮教等，探索建立涉未成年人纠纷化解的专业化、社会化和人性化工作机制，大力弘扬社会主义核心价值观，全力促进纠纷化解、家庭和谐、社会稳定。人民法院审理的涉及未成年人家事少审案件，可以通过委托或购买服务等形式向本地社会工作服务机构提出工作需求。社会工作服务机构接受委托或申请后，提供针对性的支持服务，或转介至有关职能部门、社工机构、社会组织实施，并负责开展跟踪督导、质量评估，努力构建完善可复制、可推广的新型涉未成年人案件纠纷综合协调解决模式。

3. 延伸审判的社会辐射功能。要充分发挥各种法治宣传教育活动潜移默化的影响作用，重点从家庭入手，与学校密切配合，开展多种形式的法治教育活动。与电视台、电台、报纸等媒体联合，就关注未成年人健康成长和预防未成年人违法犯罪问题进行专题报道。广西壮族自治区高级人民法院指导全区法院扎实开展“法律同行·助力梦想”走进校园法治宣传教育活动，充分利用司法裁判典型案例开展法治教育，结合社会主义核心价值观德育教育把法律和案例紧密结合起来，以青少年学生喜闻乐见的方式，选择内容丰富的题材，拍摄富有感染教育力的微电影、微视频，帮助青少年学法、懂法、用法，树立法治信仰，效果很好。

关于广西法院司法技术辅助工作现状的调研报告

广西壮族自治区高级人民法院司法技术管理处
南宁市中级人民法院课题组*

一、调研目的

（一）调研背景

20世纪90年代，随着三大诉讼法的实施，各级人民法院为审判工作的需要，设立了司法鉴定机构，在开展法医鉴定的基础上逐步开展包括文检、工程造价、司法会计、审计、评估等鉴定工作。伴随人民法院司法鉴定工作快速发展，一些法院鉴定机构为追求经济效益而收案混乱，出现了饱受质疑的法院内部"垄断案源""自审自鉴"等问题，影响了人民法院的威信。2005年10月实施的全国人大常委会《关于司法鉴定管理问题的决定》（以下简称《决定》），规定人民法院不得从事司法鉴定业务。从此，人民法院审判执行中涉及需要进行司法鉴定的事项，一律委托社会鉴定机构进行鉴定。为落实《决定》精神，最高人民法院于2006年9月出台了《关于地方各级人民法院设立司法技术辅助工作机构的通知》，明确了司法技术辅助机构的职能，随后相继出台了一系列司法鉴定的管理规定。地方各级法院根据最高人民法院的通知要求，转变司法技术工作职能，设立独立或挂靠的司法技术辅助机构，高级法院建立本辖

---

* 课题组负责人：沈洪、蓝树源；课题组成员：廖志斌、方瑞、李广、罗福根、杨振宁、李鹏飞；执笔人：罗福根、方瑞、李鹏飞、廖志斌。

区司法鉴定机构名册，对社会鉴定机构准入管理，当事人从鉴定机构名册中协商选定鉴定机构或随机（摇珠）选定鉴定机构，法院司法技术辅助管理部门人员具体负责委托鉴定工作。期间，原鉴定机构中具有审判职务的技术人员绝大部分分流到相关业务部门从事审判工作，只有少部分人员留在新组建的司法技术辅助部门从事司法技术辅助工作。2007 年最高人民法院印发《最高人民法院对外委托司法鉴定、评估、拍卖等工作管理规定》（法办发〔2007〕5 号），2009 年发布《最高人民法院关于人民法院评估、拍卖和变卖工作的若干规定》（法释〔2009〕16 号），2011 年发布《最高人民法院关于委托评估、拍卖工作的若干规定》（法释〔2011〕21 号），这一系列司法解释的出台，明确了司法鉴定、评估、拍卖、变卖等司法技术工作由法院司法技术部门统一负责管理和协调。

2012 年后，刑事诉讼法、民事诉讼法、行政诉讼法进行修订，都对鉴定制度作出重要修改，如将鉴定结论改为鉴定意见，对鉴定人出庭作证的事由、启动及拒不出庭的后果作出具体的规定，设立了专家辅助人制度，等等。2014 年 10 月，党的十八届四中全会通过的《中共中央关于全面推进依法治国若干重大问题的决定》提出“推进以审判为中心的刑事诉讼制度改革，确保侦查、审查起诉的案件事实证据经得起法律的检验，全面贯彻证据裁判规则，严格依法收集、固定、保存、审查、运用证据，完善证人、鉴定人出庭制度，保证庭审在查明事实、认定证据、保护诉权、公正裁判中发挥决定性作用”。进一步明确了鉴定意见作为法定证据之一，一旦被采信，将直接影响裁判结果，鉴定人在辅助审查证据、查明案件事实方面发挥着不可或缺的作用。因此，督促鉴定人出庭作证，确保应出庭的鉴定人出庭作证，切实提高鉴定人出庭率，有利于贯彻直接言词原则和证据裁判规则，凸显审判在证据审查、事实认定、法律适用和定罪量刑方面的终局性作用，克服庭审虚化、走向庭审实质化。人民法院的司法技术工作面临新的问题和挑战。2016 年 10 月，为贯彻落实党的十八届四中、五中全会精神，充分发挥司法鉴定在审判活动中的积极作用，最高人民法院与司法部联合颁布《最高人民法院、司法部关于建立司法鉴定管理与使用衔接机制的意见》，进一步规范司法鉴定工作。全国人大常委会《决定》实施 12 年来，各级人民法院积极应对司法鉴定体制改革面临的困难和挑战，司法技术辅助工作稳步发展，为审判执行工作提供坚实的司法技术保障。

（二）调研目的

2005 年 10 月至 2017 年 5 月，全区法院积极应对鉴定体制改革带来的困难和挑战，经过三级法院领导和司法技术人员的共同努力，司法技术辅助工作得到长足的发展，取得不俗的成绩，桂林市中级人民法院、柳州市中级人民法院的司法技术工作得到最高人民法院行装局司法辅助办公室领导的肯定，但从整体发展情况来看，广西法院司法技术辅助工作基础还较为薄弱，与发达省份的差距依然十分明显，地区发展也极不平衡。为了解全区法院司法技术辅助工作的现状，为下一步完善工作提供建设性意见和建议，自治区高院司法技术管理处与南宁市中级人民法院于 2017 年 5 月组成联合课题组，对全区法院司法技术辅助工作进行调研。课题组通过对 2014 年 1 月至 2017 年 5 月全区法院司法技术工作开展的情况进行调研，收集相关数据进行分析，检视近年来工作存在的问题，分析问题的成因，提出完善全区法院司法技术工作的措施。

（三）调研方法

1. 统计分析法。课题组对全区法院 2014 年至 2017 年 3 年司法技术工作的数据进行统计，从中发现司法技术工作存在的问题，重点是对外委托鉴定工作的数据分析。

2. 收集资料。收集 2005 年至 2017 年有关司法鉴定的相关法律法规、司法行政部门规章、内部管理规章制度，收集外地法院司法技术辅助工作先进的做法和经验。

3. 实地调查。实地了解相关中级法院、基层法院在司法技术辅助工作遇到的问题和困难，向各个中级法院发放调研题纲，收集对完善司法技术辅助工作的建议和措施。

二、广西法院司法技术辅助工作的基本情况

（一）广西法院司法技术辅助发展概况

广西法院司法技术工作起步于 20 世纪 80 年代末 90 年代初，1989 年自治区高级法院设立独立编制的司法技术机构——法医室，配备法医，随后柳州中院、桂林中院等相继设立法医室，招录法医专业技术人员，并逐步开展法医鉴定工作，主要是受理法院审理案件中需要进行重新鉴定的法医类案件，部分法院还在医院设立法医门诊，对外受理法医鉴定业务，提供社会服务，少数法院配备文检技术员，并开展了文检鉴定业务。1999 年柳州中院率先对司法鉴定工作实行归口管理，规定全市两级法院审判执行涉及的鉴定、评估业务一律移送中院法医室统一办理，这种模式延续至今。可以说，全区法院司法技术工作从无到有逐步蓬勃发展，全部中院都配备法医，由各中院法医技术员负责对执行死刑的罪犯进行死亡确认工作。2005 年 10 月全国人大常委会颁布实施《决定》，其后玉林、梧州、来宾等大部分中院的法医室相继被撤销，并入

办公室或其他部门,仅柳州、桂林中院继续保留独立编制,但大部分法医技术人员分流到其他部门。2007 年 8 月 17 日《广西壮族自治区高级人民法院关于转发〈最高人民法院关于地方各级人民法院设立司法技术辅助工作机构的通知〉的通知》(桂高法转〔2007〕24 号),明确了我区各级法院司法技术辅助工作机构的职责为“1. 为本院和下级法院审判工作提供技术咨询、技术审核服务,对法官提出的涉案技术问题进行解释或答复,对送审案件中的鉴定文书及相关材料进行审查,提出审核意见等;2. 负责统一办理对外委托鉴定、评估、审计、拍卖等工作,严格对外委托工作程序和制度规范;3. 负责死刑执行中的技术监督、指导和确认死亡工作;4. 负责司法技术辅助工作调研及技术培训工作;5. 负责监督、指导下级法院的司法技术辅助工作”。2010 年后,贺州市中级人民法院等 6 个中院设立独立编制的司法技术辅助机构,少数基层法院也设立独立的司法技术机构。2013 年 12 月广西壮族自治区高级人民法院审判委员会通过《关于委托鉴定、评估工作的管理规定(试行)》,进一步规范了全区法院对外委托鉴定、评估的管理工作。根据最高人民法院的规定,为落实执拍分离,2010 年起,各级法院执行案件的财产评估及拍卖工作移送司法技术辅助部门统一办理,后因实行网上拍卖,2016 年年底拍卖工作重新由执行部门办理。2005 年 10 月《决定》实施以来的 12 年,全区法院司法技术辅助管理部门,克服案多人少的困难,积极创造条件,不懈努力工作,为全区法院审判执行提供良好的司法技术保障工作,取得了显著的成绩,但纵观全区法院,司法技术辅助工作仍然存在基础薄弱、技术人员严重不足、工作不够规范、工作质效不高、与审判、执行部门之间的职权不清、地区差异明显等诸多问题。

(二)机构设置及人员配备情况

当前全区法院司法技术辅助机构设置和人员配备基本情况是:机构设置不全、归口管理混乱、技术人员缺乏;主要特点是“四少四多”,即独立编制机构少,挂靠的二层机构多;在编人员少,聘用人员多;专业技术人员少,非专业辅助人员多;归口管理少,分散管理多。

1. 机构设立情况。高院司法技术辅助部门为“司法技术管理处司法辅助科”,为司法技术管理处二层机构;全区 16 个中院中,8 个中院设立独立机构,7 个中院挂靠办公室等部门设立二层机构,梧州正在申报独立建制,中级法院设立独立编制的司法技术机构占比 50%;109 个基层法院中,13 个设立独立司法技术机构,占比为 11.92%。机构名称共有 12 种,中级法院名称最多为司法技术管理室。

2. 人员配置情况。高院配备技术人员 3 人,其中法医 2 人,文检 1 人;16 个中院的司法技术辅助部门配备68人,其中聘用人员15人,专业技术人员10人(法医技术人员8人、文检1人、会计1人);基层法院配备286人,其中聘用人员为158人,司法技术人员0人。

表一 广西高院、中院司法技术工作机构及其工作人员情况汇总表

(截至2017.11.16)

序号	法院	机构名称	机构建制	人员	法医
1	南宁中院	法医室	挂靠行装处	2	2
2	柳州中院	司法鉴定中心	独立建制	7(含聘4)	1
3	桂林中院	司法技术管理科	独立建制	5	1
4	梧州中院	技术室	正在申报建制	6(含聘2)	
5	崇左中院	司法技术管理办公室	挂靠办公室	3	1
6	来宾中院	司法技术管理室	挂靠行装科	3(含聘2)	
7	贺州中院	技术室	独立建制	3(含聘2)	
8	玉林中院	无	挂靠执行局	5(含聘1)	1
9	百色中院	司法技术管理室	独立建制	5	1
10	河池中院	司法技术管理科	独立建制	2	
11	钦州中院	司法技术室	挂靠行装科	2(含聘1)	
12	防城港中院	宣传与网络技术办公室	独立建制	2	
13	贵港中院	司法技术管理办公室	挂靠办公室	2	1
14	北海中院	司法技术管理室	独立建制	3(含聘1)	
15	宁铁中院	司法技术室	独立建制	3	
16	海事法院	司法技术管理办公室	挂靠办公室	2(含聘1)	
17	广西高院	司法技术管理处司法辅助科	独立建制	3	2

3.归口管理及机构职能情况。目前全区中级法院有以下三种模式(见表二):

(1)中级法院统一办理两级法院对外全程委托,包括摇珠选定机构、对外委托鉴定具体办理等,柳州中院等10个中级法院采取这种模式;

(2)统一两级法院摇珠选定机构后,由基层法院自行办理对外委托,中级法院司法技术辅助部门仅负责中级法院案件对外委托工作,南宁市中院采取这种模式;

(3)中院只负责中院案件的对外委托工作,基层法院自行摇珠选定机构并对外委托,有5个中院采取这种模式。

表二　中级法院司法技术辅助部门职能

序号	中院	机构名称	机构建制	管理模式
1	南宁中院	法医室+司法鉴定管理中心	挂靠行装处	统管下级法院委托鉴定、评估、拍卖案件摇号工作
2	柳州中院	司法鉴定中心	独立建制	1.统管下级法院审判阶段所有司辅案件全程办理; 2.统管下级法院执行阶段的委托评估、委托拍卖案件摇珠工作,以及本院执行阶段的委托评估、委托拍卖案件全程办理
3	桂林中院	司法技术管理科	独立建制	1.统管下级法院执行阶段的委托评估、委托拍卖的摇珠工作; 2.统管下级法院超千万元标的案件的评估、拍卖案件全程办理
4	梧州中院	技术室	正在申报建制	统管下级法院委托拍卖案件全程办理
5	崇左中院	司法技术管理办公室	挂靠办公室	只负责办理本院司辅案件
6	来宾中院	司法技术管理室	挂靠行装科	只负责办理本院司辅案件
7	贺州中院	技术室	独立建制	统管下级法院执行阶段委托评估、拍卖案件全程办理
8	玉林中院	司法技术管理室	在行装科挂牌	只负责办理本院司辅案件
9	百色中院	司法技术管理室	独立建制	统管两级法院对外委托案件全程办理
10	河池中院	司法技术管理科	独立建制	只负责办理本院司辅案件
11	钦州中院	行装科	挂靠行装科	统管下级法院委托鉴定、评估、拍卖案件摇珠工作
12	防城港中院	司法技术管理中心	隶属宣传与网络技术办公室	只负责办理本院司辅案件
13	贵港中院	司法技术管理办公室	挂靠办公室	统管下级法院超千万标的评估、拍卖案件全程办理
14	北海中院	司法技术管理室	独立建制	统管下级法院执行阶段的所有司辅案件全程办理
15	宁铁中院	司法技术室	独立建制	只负责办理本院司辅案件
16	海事法院	司法技术管理办公室	独立建制	只负责办理本院司辅案件

基层法院司法技术辅助工作管理部门有立案庭、办公室、审管办、审监庭、法警队等多个部门管理。以南宁市法院为例,12个基层法院的司法技术辅助工作归口5个部门管理,其中:归口审管办5家,办公室2家,立案庭2家,审判管理委员会1家,研究室1家,青秀区法院的司法技术鉴定办公室由一名审委会委员直接管理,相对独立,但没有独立编制(见表三)。

表三 南宁市基层法院司法技术辅助工作归口管理情况

法院	主管部门	法院	主管部门
青秀区法院	司法技术鉴定办公室	武鸣区法院	立案庭
兴宁区法院	审管办	宾阳县法院	审管办
西乡塘区法院	审管办	马山县法院	审管办
江南法区法院	办公室	上林县法院	立案庭
良庆区法院	办公室	横县法院	审判管理委员会
邕宁区法院	审管办	隆安县法院	研究室

(三)全区法院司法技术辅助工作开展情况

最高人民法院于2006年9月出台《关于地方各级人民法院设立司法技术辅助工作机构的通知》,明确了司法技术辅助机构的职能主要作包括技术咨询、技术审核、对外委托鉴定和死刑执行技术监督、指导等传统专业司法技术工作以及对外委托审计、评估、拍卖、破产清算管理人指定等司法辅助保障工作。2014年12月后,增加暂予监外执行组织诊断和审核工作。

1.技术咨询和技术审核工作开展情况

最高人民法院2007年8月23日颁布的《技术咨询、技术审核工作管理规定》(法办发〔2007〕5号)第2条规定,“技术咨询是指司法技术人员运用专门知识或技能对法官提出的专业性问题进行解释或者答复的活动。技术审核是指司法辅助工作部门应审判、执行部门的要求,对送审案件中的鉴定文书、检验报告、勘验检查笔录、医疗资料、会计资料等技术性证据材料进行审查,提出审核意见的活动”。技术咨询一般采用面谈的方式进行,也可以通过电话、计算机网络、信函等方式进行,技术咨询一般不出具书面答复,应法官要求也可以出具书面咨询意见,并加盖司法辅助技术辅助部门技术咨询、审核专用章;技术审核应出具审核意见书,加盖司法辅助工作部门技术咨询、审核专用章。第15条规定,“技术审核应由2名以上具有相关专业中级以上职称的技术人员承办”。

一直以来,我区法院没有组织开展法医、文检等技术人员职称评定工作,造成绝大部分法医、文检等技术人员没有职称,目前少数具有法医职称的法医都是2005年10月全国人大常委会颁布实施《决定》前由所在法院委托公安厅职改部门评定,《决定》实施后,自治区公安厅不再接受法院委托进行法医职称评定。因此,2007年以来,严格意义来说全区各中级法院没有具备开展技术审核的条件,只有少数配备法医或文检的法院开展法医、文检等技术咨询。在自治区高院司法技术年度报表中显示柳州中院、桂林中院完成的技术审核案件数,我们进一步了解和核实,由于没有足够的技术人员,没有专门的技术审核专用章,这两个法院并没有出具书面审核意见书,仅仅是口头答复,按照最高人民法院的规定,不属于技术审核范畴,应归入技术咨询范畴。技术咨询工作完成情况:2014年481件,2015年589件,同比2014年涨幅为22.45%;2016年2179件,同比2015年涨幅为269.95%;2017年2007件,2016年后大幅度增长。

2. 对外委托鉴定开展情况

近年来,全区法院办理的对外委托案件数量呈现逐年大幅度增长态势,司法技术辅助部门人员工作量巨大,有些案件还涉及补充鉴定材料、现场勘验等工作,鉴定对象或标的物在外地,还要出差办理,司法技术辅助部门人员已经超负荷工作。

(1)对外委托案件数量大,逐年增多。按照最高人民法院的统计要求,对外委托案件类型主要包括四大类,即鉴定、评估、工程造价、审计,在实践中,鉴定类主要包括:法医、文检、声像资料等。2014年至2017年,全区法院对外委托案件29,844件,其中:鉴定类16,975件,评估类16,090件,审计类266件,工程造价类1001件;年度收案情况是2014年5687件,2015年10,030件,2016年9260件,2017年9355件。2014年至2017年上半年各中院及其基层法院对外委托案件情况统计表(见表四至表六):

表四　2014年全区法院司法技术工作数据统计表

统计项目	技术咨询(件)	技术审核(件)	对外委托(按法院)				指定管理人	保外就医	组织出庭	其他
			鉴定(件)	评估(件)	审计(件)	工程造价(件)				
高院	121	0	2	0	0	0	0	0	0	0
南宁	8	0	329	329	12	37	0	0	0	16
柳州	153	87	567	310	8	23	0	0	1	26

续表

统计项目	技术咨询(件)	技术审核(件)	对外委托(按法院)				指定管理人	保外就医	组织出庭	其他
			鉴定(件)	评估(件)	审计(件)	工程造价(件)				
桂林	30	47	439	356	8	15	0	0	0	4
梧州	6	2	291	215	2	8	0	0	0	0
崇左	3	0	57	61	1	7	2	0	0	1
来宾	0	0	87	105	1	11	0	0	0	0
贺州	0	7	310	79	2	3	0	0	0	2
玉林	1	0	187	157	4	7	0	0	0	0
百色	2	3	120	136	3	15	0	0	0	3
河池	0	0	168	121	7	2	0	0	0	1
钦州	0	0	54	136	2	4	0	0	0	0
防城港	7	4	29	68	0	7	47	0	0	0
贵港	0	0	243	234	1	0	0	0	0	0
北海	0	0	160	117	1	12	0	0	0	0
铁路	0	0	0	2	0	0	0	0	0	0
海事	0	0	6	9	0	0	0	0	0	0
合计	331	150	3049	2435	52	151	49	0	1	53

表五 **2015** 年全区法院司法技术工作数据统计表

统计项目	技术咨询(件)	技术审核(件)	对外委托(按法院)				指定管理人	保外就医	组织出庭	其他
			鉴定(件)	评估(件)	审计(件)	工程造价(件)				
高院	48	1	3	1	0	0	0	0	0	0
南宁	0	0	1048	671	12	51	0	0	0	0
柳州	280	189	708	316	3	25	0	0	0	0
桂林	2	8	590	609	16	25	4	0	0	0
梧州	4	0	635	530	2	16	0	0	0	0
崇左	0	0	87	94	0	12	1	0	0	4

续表

统计项目	技术咨询（件）	技术审核（件）	对外委托（按法院）				指定管理人	保外就医	组织出庭	其他
			鉴定（件）	评估（件）	审计（件）	工程造价（件）				
来宾	0	0	144	199	0	17	0	0	0	0
贺州	0	0	234	153	1	4	0	0	0	0
玉林	0	0	221	256	3	6	0	0	0	0
百色	13	0	140	122	4	15	0	0	0	1
河池	0	0	318	265	4	15	0	0	0	0
钦州	0	0	103	142	0	16	0	0	0	0
防城港	44	0	175	157	3	15	1	0	0	4
贵港	0	0	467	934	2	11	0	1	0	0
北海	0	0	247	104	4	14	0	0	0	0
铁路	0	0	34	1	0	0	0	0	0	1
海事	0	0	4	22	0	0	0	0	0	0
合计	391	198	5158	4576	54	242	6	1	0	10

表六　2016 年全区法院司法技术工作数据统计表

类别	案件数	30 个工作日内完成（占比%）	30～60 个工作日内完成（占比%）	6 个月内完成（占比%）	1 年内完成（占比%）	2 年内完成（占比%）
鉴定	112	6.3	16.3	5.7	6	3
评估	149	11.7	25.3	8	3.6	1
审计	12	0.7	1	1.3	0.7	0.3
工程造价	27	2	3.7	1.7	1	0.7
合计	300	20.7	46.3	16.7	11.3	5

南宁市中院审管办 2017 年“百日清案”活动的案件统计，截至 2017 年 3 月 31 日，南宁市法院长期未结案件 1060 件，其中 3 年以上未结案件 43 件，18 个月至 3 年未结案件 1017 件。其中涉及因对外委托鉴定或评估等原因导致久拖未结的案件 204 件，占比为 19.25%，经过“百日清案”活动，仍然有涉鉴定案件未能结案 85 件。

(2)鉴定机构收费混乱。司法厅收费规定与行业收费标准不一样,如行业收费有利,鉴定机构往往以行业收费标准收费,文检案件按照案件涉及财产标的收费,现场勘查、取证费用实行当事人与鉴定机构协商收费但没有规定收费参照标准,鉴定人出庭作证相关费用缺乏依据等,导致当事人向司法技术辅助部门投诉很多,南宁市中院司法鉴定中心 2016 年收到申请人向两级法院投诉收费过高问题 24 件,2017 年 38 件,而司法技术辅助部门缺乏对鉴定机构收费进行有效监督的依据。

3. 死刑执行技术监督工作开展情况

根据最高人民法院有关通知要求,死刑执行需要法医进行执行监督,确认死亡。2005 年之前,各中院都配有法医,满足对死刑执行的监督和罪犯死亡确认工作。2005 年 10 月全国人大常委会《决定》颁布实施后,法院当时配备的法医大部分分流到刑事、民事等审判部门,而后一些法医辞职或提前退休。截至 2017 年 9 月,高院和 16 个中院共配备法医 10 人,其中:自治区高院配有 2 名法医,南宁、桂林、柳州、玉林、百色、贵港、崇左 7 个中院备有法医,除南宁中院配备 2 名法医外,其他 6 个中院仅各配有 1 名法医,全区 16 个中院配备法医不到 50%。据调查,目前没有配备法医的中级法院执行死刑时,一般是外聘公安部门的法医确认罪犯死亡。法医人员的短缺,难以满足最高人民法院对死刑执行工作的求。

4. 暂予监外执行诊断工作开展情况

最高人民法院 2014 年 12 月 11 日颁布的《关于罪犯交付执行前暂予监外执行组织诊断工作有关问题的通知》,法院法医技术人员增加新的职能,即从事暂予监外执行组织诊断工作,同时通知规定"法医人员应当具有副主任法医师以上职称",目前全区法院具有中级职称的法医 2 人,没有高级职称法医,不符合开展暂予监外执行组织诊断工作的条件,全区法院司法技术辅助部门没有按照要求开展暂予监外执行组织诊断工作。随着刑事诉讼法的修改,中央政法委、最高人民法院出台加强减刑、假释、监外执行的相关规定,各级法院审理案件涉及对罪犯暂予监外执行审理的情况逐年增多。以南宁市法院为例,2015 年至 2017 年 6 月,南宁市法院审理刑事案件中,涉及对罪犯进行暂予监外执行组织诊断案件 27 件 27 人,审理结果准予暂予监外执行 25 人,不予暂予监外执行 1 人,仅有 2 件移送中院法医室审核,后因法医技术员职称以及审核用章等原因仅作口头答复,其余案件由审判人员自行咨询有关专业人员或根据医院检查、诊断材料自行裁定。

5. 司法拍卖工作开展情况

2014 年至 2016 年,全区法院司法技术辅助部门完成的拍卖成交案件为 2727 件,其中 2014 年 618 件,2015 年 795 件,2016 年 1314 件。

6. 其他方面的工作开展情况

司法技术辅助部门还完成破产案件指定管理人员和协助鉴定人出庭作证等工作。指定管理人员共 60 件,其中 2014 年 50 件,2015 年 6 件,2016 年 3 件,2017 年上半年 1 件;组织鉴定人出庭作证共 34 件。

三、全区法院司法技术辅助工作遇到的困难、问题以及原因分析

(一)司法技术辅助机构设置不全,技术人员严重缺乏

1. 主要表现

(1)法院司法技术辅助部门设置不合理,力量薄弱

中级法院仍有半数即 8 家法院没有独立机构,在编干警少,大部分基层法院司法技术辅助工作仍由其他部门兼管,人员不足、人员流动频繁的情况也较为突出。

(2)缺乏专业知识人才

司法技术辅助部门普遍缺少相关专业技术人员,特别是法医技术人员,难以对专业性的问题进行有效监督和开展技术审核工作。对司法鉴定专业知识、术语不了解,不能完全理解鉴定机构所表达的意思,造成对当事人的解释工作不到位。

(3)从事对外委托工作的人员素质和能力,难以适应工作需要

承担对外委托工作的人员缺乏必要的业务培训,不掌握相关的鉴定业务知识,没有办法对业务部门移送的鉴定进行委托前审核,提出补充材料、对送鉴定材料质证等建议,成了简单的“二传手”,照搬办案法官的委托要求,选定机构办理对外委托后,因鉴定机构无鉴定能力或缺失鉴定必须材料,被退回鉴定或要求补充材料,影响了鉴定效率。

2. 原因分析

(1)重视程度不够

2005 年 10 月,全国人大常委会《决定》实施后,法院技术人员不再从事具体鉴定工作,一些法院对司法技术工作的重要性没有充分认识,认为有需要鉴定就交由社会鉴定机构,司法技术尤其是法医可有可无,撤销了独立编制的司法技术机构,原来准备设立独立机构的法院不再申请设立,直接导致法医、文检等技术人员调离技术部门,或调离法院或辞职,法院的技术人员严重流失,近年来,多个中级法院招录大学毕

业生公务员，少有招录法医。2006 年 4 月高院组织开展司法技术辅助工作调研时，全区法院配备法医 42 人、文检 6 人，2017 年全区法院法医 10 人、文检 2 人。

(2) 技术人员职称待遇无法解决难以留住技术人员

一直以来，全区法院没有组织开展技术人员职称评定工作，而公安系统、检察系统都自行组织开展职称评定或委托其他部门进行评定职称，因此公安、检察机关的技术人员都正常获得职称，法院现有的中级职称技术人员也是 2005 年 10 月《决定》实施前自行委托公安机关评定职称。此外，由于干警政治级别晋升向一线审判执行人员倾斜，法院的技术人员职级晋升慢，政治级别低直接影响到经济待遇，而原先自治区财政厅下文同意法医人员技术补贴也因工资改革后取消，导致技术人员不再安心从事技术工作。

(3) 司法技术辅助部门人员缺乏必要的业务知识培训，业务素质不高

2007 年 8 月 17 日自治区高级法院关于转发《最高人民法院关于地方各级人民法院设立司法技术辅助工作机构的通知》，三级法院调整了司法技术部门的职责，除了少数法医、文检人员留任外，司法技术辅助部门重新配备人员，主要是审判执行部门年龄偏大有的临近退休到司法技术辅助部门过渡，新进的行政编制（非法官编制）缺乏审判执行业务知识，基层法院大部分是聘用人员，流动频繁，有的业务刚刚熟悉就调到其他部门。鉴定业务种类繁多，业务量大，而司法技术辅助部门人员普遍缺少相关司法鉴定知识培训，不能承担审判执行部门移送材料的审查，接受业务部门的技术咨询，以及鉴定过程中的释明工作，等等。

（二）工作制度建设滞后，工作规范不能适应审判工作的需要

1. 主要表现

(1) 缺少统一、可操作性的案件流程管理系统

最高人民法院和自治区高级法院虽已经颁布有关人民法院对外委托鉴定、评估、拍卖工作的规定或管理办法，但都是原则性措施，需要进一步细化，增强可操作性，各地法院的操作并没有形成统一的流程规范。对外委托各工作环节，移送鉴定材料的要求，鉴定材料的质证、听证程序，立案、委托、中止、撤销、终结、通知等节点控制没有统一规定。广西区外很多法院已经开发三级法院司法技术辅助工作管理系统，将对外委托鉴定各环节的节点、鉴定时限预警系统以及各项管理制度嵌入系统，实现资源共享，便于分管领导、上级管理部门实行动态管理。全区法院目前没有开发或购买软件安装使用。

(2)缺少广西区外鉴定机构的备选原则和方式

随着新类型案件、新问题的不断出现,少数对外委托案件在广西司法厅名册及法院鉴定机构名册当中无符合要求的鉴定机构,在从区外的鉴定机构登记名册中选定,需要明确选择鉴定机构方式。如医疗过错鉴定,申请方担心区内鉴定机构"近亲鉴定"(鉴定人与医院的医生大都是区内医学院校毕业),大都愿意选择区外鉴定机构。外送区外鉴定机构进行鉴定,涉及鉴定费增多、鉴定人出庭作证、听证、检材移送等问题,都需要进行规范和明确。

(3)缺乏法院内部审判执行业务部门与司法技术辅助部门沟通协调机制

审判执行业务庭与司法技术辅助部门在办理对外委托的节点管理、职责,上级法院司法技术辅助部门职责范围不明确,中级法院的司法技术辅助部门职责范围不统一,一些法院认为,全部的对外委托工作由中院司法技术辅助部门统一负责,工作环节反而多,工作效率不高。

2. 原因分析

(1)司法技术辅助工作归口管理没有落实,职能不明确

2005 年 10 月全国人大常委会《决定》实施后,虽然最高人民法院和自治区高院都先后下文明确司法技术辅助部门的职能定位,但一些法院应付了事,虽成立内设机构,但归口管理混乱,职能定位不一,没有制定工作流程。

(2)工作制度建设滞后

2007 年最高人民法院印发《最高人民法院对外委托司法鉴定、评估、拍卖等工作的管理规定》,随后其他高院相继出台相应管理规定,确保了辖区法院司法技术辅助工作规范化发展,我区直到 2013 年 12 月才出台管理规定,其间各中级法院、基层法院自立规定,归口管理混乱。三大诉讼法修改实施,对原有的与司法技术工作相关内容进行修改,增加暂予监外执行的组织诊断和精神病人强制医疗的监督审核等工作,但司法技术辅助工作规范没有及时修订。对外委托专业机构名册制度还不健全,存在少数案件对外委托难的问题;人民法院与相关行政主管部门、行业协会之间的沟通协调工作机制还不完善,对社会专业机构的监督尚未到位等。对外委托工作的制度化、规范化建设滞后,缺乏统一性。

(三)对外委托工作效率低,严重影响审判效率

1. 主要表现

对外委托案件效率低下问题十分突出,业务庭法官、当事人都反映强烈。其中突出问题司法精神病和医疗损害鉴定方面存在鉴定时间过长、随意退回鉴定委托、擅自

撤销鉴定意见书等问题，影响了审判工作。如前统计，对外委托鉴定 30 个工作日内完成仅占 20.7%，30～60 个工作日完成占比 46.3%，6 个月内完成占比16.7%，1 年内完成占比 11.3%，2 年内完成占比 5%。

南宁市中院统计，2017 年全年对外委托鉴定、评估案件 1558 件，其中被鉴定、评估机构退回鉴定 95 件，占比 6.10%，其中以“不具备鉴定、评估条件”为由退回 55 件，随意性很大。

2. 原因分析

(1) 司法鉴定机构和鉴定人方面的问题

一是鉴定机构和鉴定人能力不能满足日益增长的案件审理执行工作需要。其一，法院受理案件逐年大幅度增长。以南宁市法院为例，近年来该市两级法院受理基本上以每年超过 20% 涨幅：2015 年受理案件 81,018 件，同比增长 22.90%；2016 年受理案件 107,370 件，同比增长 24.54%，2017 年上半年受理案件 79,405 件。随着法院案件数量猛增，司法鉴定案件也随之大幅上升，我区法医类鉴定机构数量也不能适应大量法医类鉴定的需求，在实践中，各法医类鉴定机构接案时均表示超负荷运转，已大量积案，个别机构在收案时即申请延长鉴定时限。其二，入册鉴定机构少，可选范围窄。从自治区司法厅颁布的目前自治区司法厅名册内的法医鉴定机构和鉴定人数量难以适应全区法院审判工作需要，声像资料类鉴定机构过少，环境损害类鉴定机构缺如，物证类鉴定中只有一家机构有资质对文书形成时间进行鉴定；工程类鉴定案件，往往存在案中案，需要多个鉴定才能完成，而入册的鉴定机构没有综合的鉴定能力。其三，新类型鉴定广西区内缺乏有资质的鉴定机构，出现“机构选择难”情况，常常出现当事人摇珠选定的几家机构都因技术条件或者鉴定能力等原因无法进行评估鉴定而被退回。无奈只能寻找区外的鉴定机构，但联系区外机构也是以各种理由推托，严重影响案件的结案效率。[1] 以广西司法厅公布 2017 年鉴定机构名册与浙江省司法厅公布 2017 年鉴定机构名册中法医类鉴定机构数量、人数对比，广西的差距

---

〔1〕 典型案例：南宁市青秀区法院司法技术辅助部门 2016 年 4 月 6 日受理李某、刘某诉某医院医疗损害赔偿纠纷案件，南宁中院摇珠选定广西正廉司法鉴定中心、广西公明司法鉴定中心、广西公仆司法鉴定中心依次作为鉴定机构，依次委托，但上述三家机构都回函无法受理。2016 年 9 月 18 日，南宁中院再次摇珠，选定南方医科大学司法鉴定中心，办理委托后，10 月 18 日该鉴定机构以超出技术能力为由退回鉴定。10 月 18 日再次委托北京明正司法鉴定中心，2017 年 2 月 4 日，该鉴定机构回函变更鉴定事项及鉴定材料质证要求，2 月 18 日鉴定机构回函缴费函和协议书，2 月 27 日申请人签收缴费函并缴费。6 月 14 日鉴定机构确定听证会时间，7 月 15 日召开鉴定听证会。8 月 27 日完成鉴定。

十分明显(见表七)。

表七　2017 年广西及浙江司法厅公布鉴定机构及其数量、人数对比表

	法医类鉴定机构数量	鉴定人	有法医职称鉴定人数量	其他医疗卫生职称数量
广西	41	329	90	239
浙江	65	640	215	425

二是司法鉴定主管部门对鉴定机构及鉴定人的监管不到位。鉴定机构和鉴定人准入门槛过低,执业监管不严,导致部分鉴定机构鉴定人能力不足,鉴定排期长、结案慢,推诿鉴定、无正当理由退案时有发生。因鉴定机构分布区域和鉴定人业务水平差异大,部分鉴定机构受理了大量案件,但缺乏足够的鉴定力量开展鉴定工作,造成案件积压,鉴定时间过长。一些鉴定机构在收案时存在挑肥拣瘦现象。上述问题突出表现在法医类鉴定中涉及医疗纠纷的鉴定,由于医疗过错鉴定复杂、流程长、鉴定人能力有限、收费相对低等问题,鉴定机构经常以案多人少、案件排期长、鉴定能力不足等原因退案,即便受理了,也推进缓慢,在很大程度上影响结案效率。目前各市都有二甲、三甲医院入围法医鉴定机构名册,这些临床或病理、检验医生,报名参加自治区司法厅短期培训,就获得鉴定人资格,缺少必要的法医专业培训。

三是法院与鉴定机构鉴定时限起算点不一致,导致鉴定时限在委托阶段耗费过多。尽管 2016 年 5 月 1 日实施的新修订《司法鉴定程序通则》明确规定了鉴定机构审查决定是否受理案件的时间、鉴定完成时间等,但在实践中仍然存在机构审查材料时间过久,申请补充鉴定材料不及时、赋予当事人的缴费时间过长等问题。根据高院《关于委托鉴定、评估工作的管理规定(试行)》,人民法院办理对外委托案件鉴定时限的起算点是鉴定机构接受法院委托的时间,而鉴定机构受理案件的鉴定时限是起算点是鉴定材料补充完全后开始,与人民法院的起算点不一致,影响对外委托工作的效率。

四是鉴定机构与法院联系沟通不畅,反馈机制不健全。鉴定机构在人员、联系方式、机构所在地已经发生变更时,没有及时通知人民法院,导致人民法院在进行对外委托鉴定时要花费大量时间去查询、多方联系。机构在鉴定过程中遇到鉴定事项不明确、需要补充材料问题往往没有向法院及时反馈与沟通。

五是鉴定机构对未能按期完成的鉴定,没有办理延期申请。在办理机构延期鉴定、评估申请环节上,委托的案件时限临近且预计鉴定机构工作逾期的,即便司法技术辅助部门通知,但鉴定、评估机构很少会在期限届满前向法院提出书面延期申请。

(2)法院内部原因

一是缺乏移送鉴定受理审查机制。司法技术辅助部门在立案时进行有效的审查,对无质证笔录、无检材的案件应及时以书面函件形式退回业务庭补充。对是否属于"鉴定"事项,没有作出审查,并与承办法官沟通,盲目进入受理程序。课题组调研发现,民事案件、行政案件由于进入鉴定程序后,扣除审限,个别法官因在审限内无法审结以此启动鉴定,这种现象在年底经常出现,司法技术辅助部门往往碍于情面受理。

二是业务庭与司法技术辅助部门职责分工不清,互相推诿现象发生。仍有相当多的案件承办法官认为,把案件移送司法技术辅助部门后,所有的事情都应该由技术辅助部门办理,而对补充鉴定材料、组织材料听证质证,必要的现场勘查配合工作等,不积极参与,拖延了鉴定期间。尤其是组织补充材料质证、医疗过错鉴定听证,大部分业务庭法官认为是司法技术辅助部门的职责,而司法技术辅助部门则认为涉及案件证据质证问题不属于自己职责。因此,造成鉴定过程中的补充材料质证、听证耗费过多时间。

三是反复补正材料影响工作效率。主要是由于法官对开展评估、鉴定中需要的专业技术性较强的质证材料标准不熟悉不掌握,送委托机构后需要二次补正材料,影响对外委托进度。如当事人申请的签名笔迹鉴定,鉴定机构往往要求当事人收集较多的笔迹比对材料。如果第一次送检材料收集不够多就要反复补充提交。一些案件鉴定案件材料取证难,鉴定机构要求当事人到土地、规划、医院、银行、通信等部门调取补正材料,这些材料当事人取证难度很大,有的只有申请法院调查取证,法院的调查取证涉及出差时间安排、通知当事人和鉴定机构到场,增加了鉴定时限。

(3)当事人不配合鉴定原因

有些案件进入鉴定程序后,对方当事人不配合鉴定或评估,影响鉴定评估工作进度。突出情况有,法医鉴定中受害方拒不接受法医检查;工程造价鉴定或评估案件,被申请方不配合甚至阻挠现场勘验;当事人到鉴定机构吵闹干扰,威胁鉴定人等。

(四)法院对中介鉴定机构缺乏有效的监管措施

1.主要表现

(1)对鉴定时限缺乏有效监管措施

鉴定机构无法在30个工作日完成或最长的鉴定时限即60个工作日完成鉴定,没有向法院申请延期,法院只能电话或函件催办,但鉴定机构电话答复无法按期完成,甚至找理由退回鉴定,导致重新选择鉴定机构。对严重拖延的情况,司法技术辅助部门只能逐级汇报反映,请求上级法院处置,但都没有太大效果,想处罚这些鉴定机构又缺乏处罚依据。

(2)收费乱象频现,司法技术辅助部门难以监管

人民法院在办理对外委托案件负有对鉴定、评估机构收费进行监管的职责。鉴定、评估的类别多种多样,对应的官方或者协会等制定的行业收费标准以及其他类型的收费标准也是多种多样。某些行业收费标准不尽合理、不够科学的情况仍然存在,鉴定、评估机构不按规定标准收费、乱收费现象较为突出,甚至出现同一类型标的如果委托不同类型机构进行鉴定或评估所使用的收费标准不同的现象。当事人对此反映强烈,人民法院监管困难。

2. 原因分析

(1)没有建立司法鉴定机构的入围审查机制,对违规鉴定机构处罚缺乏依据

中级法院和基层法院普遍反映,其他类别的鉴定、评估机构必须是经过自治区高院审核并入围法院机构备选名单后才能作为对外委托工作的被委托机构,而法医类、声像资料、物证类和环境损害司法鉴定机构是直接使用司法厅的年度名册,没有建立司法鉴定机构"准入机制",导致法院对违规鉴定机构缺乏"威慑力",造成一定程度的鉴定工作迟缓和监管困难。

(2)收费混乱的多重原因

一是行业收费标准不合理、不科学。2005 年 10 月全国人大常委会《决定》实施后,由于实行司法鉴定社会化,司法鉴定收费高成为司法行政管理部门受理投诉热点之一,发生在四川成都的"天价鉴定费"事件[1]被媒体广泛关注和热播,揭示了司法鉴定收费标准的不合理、不科学现象。司法鉴定收费混乱问题引起政府主管部门重视,国家发改委和司法部联合下文规定将司法鉴定收费下放到省一级,实行属地管理,并要求各省、自治区、直辖市于 2017 年 6 月底前出台地方收费管理办法,反映了某些行业收费标准的不合理、不科学的情况。事件发生后,各地纷纷出台新的收费管理办法。《广西壮族自治区司法鉴定收费管理办法》于 2017 年 7 月 15 日正式实施,

---

〔1〕 2017 年 2 月 8 日《重庆晨报》报道《四川现天价司法鉴定费:签名、指纹和印章需 17 万》。成都市中级人民法院因案件审理需要委托四川求实司法鉴定所对一起涉及标的为 3000 万元的合同中的笔迹、指印及印章(两枚)进行鉴定。四川求实司法鉴定所参照原《司法鉴定收费管理办法》(发改价格〔2009〕2264 号)第 8 条的规定,对该案应收鉴定费计算为:笔迹鉴定费 5.7 万元、指纹鉴费 5.7 万元、印章鉴定费 5.8 万元(一枚印文按标的的收费为 5.7 万元,另一枚再按基数收费 1000 元),共计 17.2 万元。该所在上述金额基础上增加 800 元并以短信形式发给鉴定申请方,解释为鉴定费 17.1 万元加 1800 元文审费、杂费、存档费共计 17.28 万元。此即"天价鉴定费"事件,事件发生后各界引起强烈反响。

该收费管理办法实行政府指导价和市场调节价，规定基准价，设置最高和最低收费限额，除有特别规定，司法鉴定机构与当事人或委托人应当在最高收费限额和最低收费限额之间协商一致，确定具体收费数额。新的收费管理办法删除了原《广西壮族自治区司法鉴定收费管理办法（试行）》第 6 条［同原《司法鉴定收费管理办法》（发改价格〔2009〕2264 号）第 8 条的内容］，鉴定收费不再按照标的额比例分段累计收取。但收费管理办法不合理、不科学的情况仍然存在，如物证类鉴定中笔迹同一性认定、印章印文同一性认定、手足印同一认定收费项目规定“涉及财产案件根据诉讼标的和鉴定标的额中较小值不超过 100 万元的，按基准价收费；超过 100 万元的，鉴定机构和委托人（当事人）协商收费”。收费管理办法没有对诉讼标的和鉴定标的额中较小值超过 100 万元的案件收费细化或者像其他省份设定收费上限（如江苏省设定收费上限为 10 万元），只是简单规定协商收取。如此鉴定机构依然可以漫天要价，天价鉴定费还有可能出现。由此可见，问题还没有根本解决。

二是一些鉴定机构巧立名目乱收费、收费不规范。经常出现鉴定机构巧立名目、扩大收费范围、拆案收费等。南宁市法院也发生过这样的案例，如南宁某鉴定中心在收取医疗纠纷鉴定费用后，又收取法医临床鉴定文证审查费用。因对鉴定人及相关人员提取鉴定材料、实施鉴定、出庭作证等发生的交通、住宿等差旅和伙食补助费没有具体规定，人民法院难以有效监管。某些鉴定机构区内出差提取鉴定样本动辄收取 2000 ~ 3000 元的费用，甚至在南宁市城区内提取样本也要收取 1000 元的费用。2017 年 7 月 15 日施行的《广西壮族自治区司法鉴定收费管理办法》第 10 条“司法鉴定人出庭的误工补贴参照《诉讼费用交纳办法》的相关规定执行”，对出庭人员人数没有规定，一般鉴定意见是两个鉴定人签字，一些法院在委托书载明参照自治区颁布的公务人员出差旅差费标准收取，但鉴定机构则多列出庭人员，如助理、司机等人员，增大费用。由于对鉴定人收费标准部分项目不合理，鉴定机构存在乱收费现象。近年来，南宁市大部分法医鉴定人出庭一般正高职称按每天 1000 ~ 1200 元，副高职称 800 ~ 1000 元，带有司机的司机 300 ~ 500 元，另加油费、过路费、误餐费等，每次不低于 2000 元，而鉴定费一般 800 元，出庭作证费用大大超出鉴定费。〔1〕 而出庭作证费

〔1〕 典型案例：南宁市隆安县法院一件交通事故损害赔偿案件，审理法院法官根据当事人申请，通知鉴定人出庭作证，鉴定机构回复出庭作证费用共需要 2200 元，鉴定机构列出的包括鉴定人误工费、汽油费、出车费、司机费等，并没有细列出庭鉴定人职称、人数以及收费标准。而本案的鉴定费为 800 元，申请人认为鉴定人出庭费用过高无法承担，向委托法院投诉，委托法院因此向市中院司法鉴定中心反映，经中院司法鉴定中心与鉴定机构沟通，最终鉴定机构降低收费到 1500 元，最终鉴定人按期出庭作证。

用,鉴定机构一般不出具正式发票,申请人无法提出赔偿依据。

三是国家放开部分服务价格后法院对鉴定机构收费监管带来新的问题。根据《国家发展改革委关于放开部分服务价格的通知》(发改价格〔2014〕2732 号),自 2015 年 1 月 1 日起放开 7 项专业服务价格,其中就包含有跟对外委托工作收费相关的房地产价格评估和土地价格评估两项。行业收费标准的废止给法院对外委托工作收费监管带来新的问题。行业收费标准缺失后,有的行业协会开始自行制定收费标准。有些收费标准畸高,如广西价格评估行业协会于 2016 年 3 月 13 日制定的《价格评估行业评估收费管理办法》,该收费管理办法规定为司法机关提供司法依据的房地产标的评估收费标准高达 2%,为司法机关提供司法依据的无形资产评估收费标准竟高达 5%,而已废止的广西壮族自治区物价局住房和城乡建设厅《关于重新规范房地产中介服务收费管理有关问题的通知》(桂价费〔2013〕33 号)、《自治区物价局关于加强房地产中介服务收费管理问题的通知》(桂价房字〔1999〕086 号)收费标准以累进费率收取评估费,最高也只有 5‰。在行业收费标准缺失的情况下,如让此收费得以施行,势必给当事人带来巨大经济负担,同时也对人民法院威信造成一定影响。

(五)鉴定人出庭率低,质证效果差

1. 鉴定人出庭作证的现状

(1)全国情况

当前,鉴定人出庭案件占涉诉司法鉴定案件比率低是全国性问题,据司法部发布的 2016 年度全国司法鉴定情况统计分析,2016 年司法行政机关登记的司法鉴定人接到出庭通知 20,152 次,其中 99.96% 司法鉴定人依法出庭,比上年 97.86% 有所提高。接到出庭的数量占涉诉司法鉴定业务量 1.54%,比上一年 1.43% 略有提高。[1] 而浙江省司法厅统计,2013 年该省办理涉诉司法鉴定 36,832 件,鉴定人出庭作证 167 次,出庭率 0.45%。[2]

(2)我区法院情况

课题组设定对全区法院的鉴定人出庭作证进行全面统计,但由于大部分法院没有进行统计,故无法完成全面统计。仅以 2016 年为例,当年完成对外委托案件 9260 件,鉴定人出庭作证 24 件,占 0.26%。以刑事案件庭审为例,修改后的刑事诉讼法实

---

〔1〕 党凌云、郑振义:《2016 年度全国司法鉴定情况统计分析》,载《中国司法鉴定》2017 年第 3 期。

〔2〕 俞世俗、潘广俊、林佳栋、余晓辉:《鉴定人出庭作证制度实施现状与完善——以浙江省为视角》,载《中国司法鉴定》2014 年第 5 期。

施后,南宁市中院及辖区 12 个基层法院发出的出庭通知后,鉴定人基本上都能按时出庭作证,但鉴定人出庭的绝对次数依然极低,2014 年至 2016 年 3 年间审理的刑事案件 19,000 余件,其中涉及法医、物证、审计、价格鉴定等案件 8000 余件,鉴定人出庭作证次数仅仅为 96 人次,鉴定人出庭占鉴定案件的比例为 0.89%,同全国数据 1.54% 相比较低。绝大多数的鉴定意见仍然是庭上宣读,书面质证。由于普遍缺乏法医等技术人员,无法发挥技术咨询、技术审核作用,没有协助法官对鉴定意见进行审核,提出鉴定人出庭作证的建议。

2. 鉴定人出庭作证低的主要原因分析

(1)缺乏有效的鉴定意见获知程序

民事诉讼、刑事诉讼设立庭前交换证据或庭前会议程序,当事人可以通过这一程序获知完整的鉴定内容,并可以对鉴定有异议提出鉴定人出庭作证的申请,但实践中,由于当事人及其委托诉讼代理人、辩护人缺乏鉴定知识,提不出鉴定申请理由,即便提出,由于法院缺少法医等技术人员协助审核,法官同样也因缺乏鉴定知识难以作出审查。在刑事诉讼中鉴定完成后,侦查员、检察员向被告人送达鉴定意见告知书,仅载明"鉴定意见"并告知有异议可以提起重新鉴定申请权,法院送达起诉书也会告知申请辩护权、鉴定人出庭作证申请等,但囿于被告人被羁押状况以及自身鉴定知识缺乏,又没法得到鉴定依据材料,很难提出充足的鉴定人出庭作证理由。

(2)法官对鉴定人出庭作证问题的不积极因素

一是担心鉴定人出庭作证后,被告人及其辩护人与公诉人对鉴定意见分歧加大,不得不启动重新鉴定程序,最后出现两个不同的鉴定意见,法官缺乏鉴定知识,更加难以认证。二是启动重新鉴定或鉴定人出庭后,根据《刑事诉讼法》及司法解释规定,只有精神病鉴定时限可以扣除审限,其他鉴定不能扣除审限,重新鉴定后必然消耗审限,申请延期时限内不一定能结案。三是辩护人提出的辩护意见,再加上专家辅助人的意见,加剧了案件审理的复杂化,法官对鉴定意见难以取舍。

(3)鉴定人因出庭权利保障不完善而不愿出庭作证

主要是中介机构的鉴定人问题,法定机构如公安机关、检察机关的鉴定人一般不存在这类问题,认为:一是安全保障规定缺乏可操作性。虽然诉讼法及司法解释增加了对证人、鉴定人出庭作证的安全保障作出规定,但鉴定人认为人身安全保障措施缺乏可操作性,申请程序复杂,没有与公安机关形成联动,如当事人威胁、恐吓鉴定人大都发生在庭审前后、下班以后等时段,并不属于审判期间,法院难以介入;等候出庭时没有专门场所,常常与当事人及其亲属混杂,没有安全保障。二是出庭作证的物质保障没有得到落实。鉴定人出庭作证,付出时间、精力,耽误了自身的工作,减少了收入,同时产生差旅费、交通费、误工费等一系列损失,应获得补偿,但目前缺乏收费标准。有的刑事案件被告人申请鉴定人出庭作证,法院审查认为确有必要,但当事人经济困难无法承担鉴定人出庭的费用,缺乏鉴定人出庭作证法律援助机制。三是时间保障问题。鉴定人的庭审地位类似证人,不能旁听案件,只能在庭外等待,于鉴定意见质证阶段出庭,在质证结束后,鉴定人又不能立即离开,须得庭外等候至庭审完全结束,签字确认庭审笔录后方得离开。鉴定人普遍认为这种方式极大地浪费其时间,因时间保障机制的欠缺导致很多鉴定人不愿意出庭作证。

(4)鉴定人和鉴定机构存在能力等问题

当前社会法医鉴定人及鉴定机构面临问题主要有:一是鉴定人诉讼法知识的欠缺,难以应付出庭作证需要;二是重经济效益轻后续工作,对于可能出现的出庭作证工作没有引起重视;三是鉴定质量不高问题,难以应付出庭质证;四是挂名鉴定人不愿出庭作证。少数案件存在鉴定报告上的鉴定人非实际鉴定人,由公职人员挂证、挂名,没有实质参加鉴定的情况,导致法庭要求鉴定人出庭时,挂名的鉴定人以各种理由不到庭。

(5)专家辅助人制度没有得到有效落实,没有实现倒逼鉴定人出庭作证的机制

2013 年三大诉讼法相继修改实施以来,我区法院审理案件中专家辅助人出庭作证的情况极少。自治区检察院制定了专家辅助人出庭规则,但刑事案件庭审专家辅助人出庭作证的案件依然很少。以南宁市为例,南宁市中级法院及下辖的 12 家基层法院 2016 年至 2017 年上半年审理的刑事案件中,专家辅助人出庭作证案件仅西乡塘区法院 2016 年审理案件引入专家辅助人 1 例〔1〕。究其原因,主要有:缺乏专家辅助人资质条件的规定;专家辅助人的权利义务未明确;缺乏具体、系统、可操作性的专家辅助人出庭质证规则。

---

〔1〕 2015 年 12 月南宁市西乡塘区检察院以廖华涉嫌故意伤害罪向西乡塘区法院提起公诉。西乡塘区法院审理认定廖华的行为构成故意伤害罪,判处其有期徒刑六年。一审判决后,被告人廖华及其辩护人以被害人受损程度和冲突行为之间因果关系不具排他性,及对侦查机关的死因认定存疑提出上诉。南宁市中级法院以一审判决事实不清、证据不足发回重审。2016 年 6 月,西乡塘区法院开庭重审该案。重审开庭中,宾阳县检察院主检法医、检察员李朋以“专家辅助人”身份出庭,针对辩方、控方、审判长提出的涉及法医知识问题予以专业阐述,成为新刑事诉讼法实施以来,广西基层检察院、南宁市检察机关首例“专家辅助人”出庭案件。

四、加强全区法院司法技术辅助工作的对策

(一)加强队伍建设,夯实司法技术辅助工作发展基础

机构建设和队伍建设是开展人民法院司法技术辅助工作的基础。

1. 加强对司法技术重要性的认识

随着三大诉讼法的修改实施,司法改革深入推进,以及党的十八届四中全会提出"以审判为中心的刑事诉讼制度改革"要求完善鉴定人出庭作证制度。人民法院司法技术辅助工作成为人民法院工作的重要组成部分,直接关系到法院审判的质量和效率,关系到当事人合法权益的最终保障,关系到法律的权威和法院的公信。为此,必须认识加强该项工作的重要性。

2. 完善机构与人员配备

中级法院承担辖区基层法院司法技术工作的管理,为切实提高司法技术管理的质量和效率,有效地发挥司法技术工作的作用,突出司法技术工作的专业性,中级法院应设立独立的司法技术机构。同时根据上级法院执行死刑的法医监督和确认死亡的有关规定,确保死刑执行的有关保密工作落实,中级法院应配备 2 名以上法医技术人员,实现中级法院对死刑执行监督和确认死亡工作由法院法医独立承担,不应外聘其他单位法医协助死刑执行的法医工作。基层法院有条件应设立独立编制的司法技术辅助部门,案件基数大的法院应考虑配备 1 名法医技术人员。

3. 着力解决现有技术人员职称和待遇问题

2005 年 10 月后,法医技术人员纷纷离开技术部门到业务庭,主要原因是职称没有解决,待遇比同等条件的审判人员政治级别、晋升空间差。司法改革后,司法技术辅助部门人员,初步确定为行政人员,为留住技术人员,吸引院校专业技术毕业生报考法院,充实法院技术人员力量,对法医等专业技术人员职级晋升应采取倾斜政策,确保他们能安心从事技术工作。针对我区法院法医等技术人员职称评定问题,课题组了解到目前解决法院技术人员职称问题比较好的省份,如山西、河北、江苏等地,他们采取的办法是由省高院政治部与省职改办协调,省职改办同意法院单列职称评定,法院自行聘请中级、高级职称评委专家,参照卫生系统职称评定标准,制定评定办法,评定结果职改办予以确认,并发放职称资格证书。我们认为,广西法院可以参照实施,因此有必要组织到这些省高院实地调研。2017 年 6 月,自治区人社厅颁布修改后的《广西壮族自治区职称推荐评审认定办法(试行)》第 5 条规定"公务员(参照公务员法管理单位人员)不得参加职称评审认定",而最高人民法院对技术审核、暂予监外

执行组织会诊工作明确要求具备相应的职称,对如何解决法院技术人员职称和资格问题,我们建议逐级上报到最高人民法院行政装备管理局司法技术辅助办公室,由最高人民法院出台应对措施。

4. 加强技术人员技能培训

加强业务培训,提高业务水平。应加强对各级法院的指导培训,以应用为指导,定期开展司法技术工作业务知识培训,包括相关法律业务、司法鉴定业务等,提升法院司法技术辅助部门工作人员的能力,使技术人员能高效地完成对外委托司法技术工作。

5. 逐步开展技术咨询、技术审核工作

课题组认为,随着司法改革的推进,为确保审判的质量和效率,法官委托司法技术辅助部门进行技术咨询数量将保持继续增长态势。而对技术审核,法官期盼已久,需求量更大。我们认为,技术咨询和技术审核工作是协助法官审查、判断、运用技术鉴定证据最有效的方式之一,也是司法技术辅助部门发挥作用最直接的体现,因此技术咨询和技术审核工作应是今后法院司法技术辅助最重要的工作。建议制定有关技术咨询、技术审核工作制度。必要时,法医等专业技术人员参加合议庭讨论案件、列席审委会讨论案件,直接提供技术咨询。在当前全区法院法医无一人具有高级职称、法医人员少的情况下,为开展法医技术审核工作,建议高院放宽条件,以法医工作满10年工作年限为条件,建立全区法院法医专家库,从事技术审核、监外执行等工作。

(二)加强法院内部制度建设:完善工作规范,创新工作机制

1. 完善对外委托鉴定内部工作流程管理

建立各类评估、鉴定所需质证材料目录,有效避免和减少补充材料环节。对鉴定受理的收案、审查、选择鉴定机构、对外委托办理、补充鉴定材料、现场勘查、听证、质证、鉴定文书初稿异议进一步理顺,形成全区法院统一的内部办案工作流程。制定《鉴定、评估工作质证指引》,帮助法官在开展质证时能将机构所需材料一次收集到位,从而减少材料补正环节,进一步提高评估、鉴定工作效率。

2. 完善三个内部管理机制:受理前审查制度、对外委托机构选择机制、健全协调机制

(1)完善受理前审查机制

业务庭移送鉴定委托后,应审查范围包括:是否符合该类型鉴定的材料要求;送鉴定材料是否经过质证;委托事项是否属鉴定事项即“专门性问题”;当事人的送达地址、联系方式是否确定,等等。经过审查,作出如下处理:一是完全符合受理条件,进

入立案程序;二是鉴定材料或检材不全,或鉴定材料未经质证的,退回业务庭进行补充材料、组织质证,所补充材料一并质证,应采取书面通知方式,由业务庭签收送达回证;三是不符合鉴定事项,退回鉴定,并做好释明工作。

(2)完善对外委托机构的选择机制

当前一些法院按照司法厅名册,确定备选机构后,经过摇珠选定,并办理对外委托,后被鉴定机构以不具备鉴定能力为由退回鉴定,出现这种情况原因是司法技术辅助部门人员对鉴定机构的资质不掌握,仅仅依据鉴定名册符合就列为备选。课题组认为,应进一步完善机构择优选择原则。司法技术辅助部门承办人在确定备选机构前,应咨询了解鉴定项目相关鉴定机构的资质、鉴定人资质,择优选择备选机构。加强对委托鉴定事项特别是重新鉴定事项的必要性和可行性的审查,择优选择与案件审理要求相适应的鉴定机构和鉴定人。针对医疗过错鉴定案件,全区法院普遍遇到的无鉴定机构可委托的问题,我们建议当事人强烈要求送广西区外鉴定机构鉴定,或区内鉴定机构无鉴定资质,建议送国家级司法鉴定机构进行鉴定〔1〕。虽然鉴定机构无等级之分,但设立国家级司法鉴定机构的目的是解决司法鉴定实践中存在的多头重复鉴定、久鉴不决等突出问题。

(3)完善内部协调机制

一是明确司法技术辅助部门、业务庭对鉴定事项职责分工,尤其是补充鉴定材料、协助现场勘验、质证、听证等事项的分工,避免出现互相推诿情况。二是鉴定时限通报制度,对鉴定进展情况、鉴定机构申请延期、退回鉴定等及时通报业务庭承办法官。三是对年度对外委托鉴定情况进行通报。四是基层法院对鉴定机构违规情况向上级法院通报。

3. 加强司法技术辅助工作信息化建设

(1)建立三级法院司法技术辅助信息化管理系统

管理系统应对受理审查、选定机构、对外委托办理、补充材料、听证、鉴定意见初稿异议、鉴定完成、鉴定人出庭作证、鉴定(评估)意见采信等节点进行管控,明确职责和权限范围。

---

〔1〕 2010 年 9 月 30 日,最高人民法院、最高人民检察院、公安部、国家安全部、司法部联合下文《关于国家级司法鉴定机构遴选结果的通知》。确定这 10 家国家级司法鉴定机构分别是:最高人民检察院司法鉴定中心、公安部物证鉴定中心、北京市公安司法鉴定中心、上海市公安司法鉴定中心、广东省公安司法鉴定中心、北京市国家安全局司法鉴定中心、司法鉴定科学技术研究所司法鉴定中心、法大法庭科学技术鉴定研究所、中山大学法医鉴定中心和西南政法大学司法鉴定中心。

(2)打造人民法院与司法行政机关资源共享的司法鉴定工作平台

落实司法鉴定工作公开,搭建包括司法鉴定程序规范、司法鉴定技术标准、司法鉴定机构及司法鉴定鉴定人名册等相关工作信息在内的工作交流平台,实行对鉴定机构、鉴定人的职业资格、能力评估、奖惩记录、鉴定人出庭作证、司法鉴定意见采信情况等信息共享,推动司法鉴定管理与使用相互促进。

(三)加强对对外委托鉴定的监管

1. 实行鉴定流程跟踪监督

把从办理委托手续到鉴定完成以及鉴定后鉴定人出庭作证等系列工作纳入管理。特别是对鉴定时限的监督,对即将届满30个工作日,或申请延期至60个工作日即将届满,建议届满前以7个工作日发出书面通知,通过传真、短信或微信等途径告知鉴定机构,保留通知信息,以便鉴定机构向司法行政主管部门提出处罚未能按期完成鉴定有无正当理由的依据。

2. 建立鉴定机构考评机制,细化考评项目

要求入围鉴定机构签订承诺书,明确鉴定机构接受法院司法技术辅助管理部门的监管。对入围机构实行诚信考评,对鉴定、评估过程的各环节工作,相关管理事项,设定一定分值,以100分为满分,实行倒扣分值方式,对于诚信档案扣分累计达到一定程度的机构给予相应处罚,包括:约谈并责令整改、暂停备选资格、取消备选资格,并将考评结果通报有关鉴定主管部门,同时根据考评结果择优确定备选鉴定机构。

3. 建立对外委托工作信息发布

对无正当理由不受理案件或拖延鉴定时限的机构,以法院反馈结果为依据,加大处罚力度和处罚频率。对无正当理由不受理委托、结案率低的鉴定机构及时采取通报,暂停备选资格甚至重新审核准入等措施。

4. 加强对司法鉴定收费的监管

根据《广西壮族自治区高级人民法院关于委托鉴定、评估工作管理规定(试行)》(桂高法〔2013〕469号)第21条的规定:“法医类、物证类、声像资料类鉴定按《广西壮族自治区司法鉴定收费管理办法(试行)》收费,其他类鉴定、评估应当以行业收费标准由鉴定、评估机构与当事人协商,确定具体收费数额。对故意乱要价、报价的要制止。”这是当前我们对鉴定机构收费监管的依据。我们建议,在办理委托时明确收费标准,鉴定人出庭作证费用、旅差费等参照标准,以此对鉴定机构进行约束。对鉴定机构明显的乱收费情况,及时向司法行政部门、物价管理部门提出司法建议,并采取暂停鉴定机构备选资格的处罚措施。

(四)人民法院应与司法鉴定行政管理部门建立常态化沟通协商机制

人民法院不仅是司法鉴定委托方,也是鉴定意见的审查者和最终用户。建立司法鉴定管理和使用衔接机制,对促进司法鉴定管理科学化、规范化,促进司法鉴定管理与使用良性互动,推进司法鉴定工作健康发展,助推以审判为中心的诉讼制度改革,发挥司法鉴定在促进司法公正、提高司法公信力、维护公民合法权益和社会公平正义等方面起到了积极作用。为此,课题组提出以下建议:

1.建立以问题为导向的司法鉴定管理与使用的良性互动机制

(1)司法鉴定行政管理部门加强入册管理

切实履行登记管理职能,严格把握鉴定机构和鉴定人准入标准,强化执业监管,健全淘汰退出机制,推动司法鉴定依法有序进行。

(2)法院司法技术辅助部门规范委托程序

根据审判工作需要,规范鉴定委托,完善鉴定材料的移交程序,规范技术性证据审查与庭审质证程序,对鉴定人出庭作证给予必要的指导,加强审查判断鉴定意见的能力,确保司法公正。

(3)法院与司法鉴定行政管理机构要理顺司法鉴定活动与行政管理的关系

以信息化建设为抓手,部署搭建包括司法鉴定程序规范、司法鉴定技术标准、司法鉴定机构及鉴定人相关工作信息在内的,人民法院与司法行政机关共享的司法鉴定信息公开平台,实现对鉴定机构职业资格、能力评估、案件受理情况、机构诚信评分、奖惩记录、鉴定人出庭情况、鉴定意见采信情况等司法鉴定信息和相关资料的实时共享和动态管理,推动司法鉴定管理与使用相互促进。

2.确保以规范为特征的司法鉴定委托与受理的渠道畅通

司法鉴定行政管理机构要因地制宜,因策施政,主动适应法院委托鉴定的需要,依法科学、与时俱进地编制鉴定机构名册,多渠道提供获取鉴定的途径与服务,方便法院委托鉴定。法院要审慎对待诉讼活动中司法鉴定事项,加强诉讼案件相关委托鉴定事项,尤其是重新鉴定事项的必要性和可行性的审查,根据案件审理要求,做好司法鉴定机构和鉴定人的选择与选定。

3.强化以有序为目标的司法鉴定秩序的保障与监督

司法鉴定行政管理机构要站在事关当事人切身利益的高度,切实履行对司法鉴定机构和鉴定人规范执业的监督职责,通过公开透明的监督问责、严格依法的查处措施,确保良好的司法鉴定秩序。

(1)畅通对违规鉴定机构处置的渠道

委托鉴定和审判工作中,法院如发现鉴定机构或鉴定人存在违规受理、无正当理由不按照规定或约定时限完成鉴定、经人民法院通知无正当理由拒不出庭作证等违法违规情形的,可暂停委托其从事人民法院司法鉴定业务,并以司法建议等形式告知司法鉴定行政管理机构,司法鉴定行政管理机构限时调查处理,视违法违规情节,及时将处置结果反馈给法院。

(2)每年定期召开联席工作会议

以联席会为平台,沟通协商,互通信息,加强交流。要设立便捷的信息交流渠道,发现问题及时解决。两机关形成制度监管合力,共同维护规范有序的司法鉴定秩序,真正发挥司法鉴定在促进司法公正、提高司法公信力、维护公民合法权益和社会公平正义中的重要作用。

4. 建立司法鉴定管理与使用衔接机制

认真贯彻落实最高人民法院和司法部联合出台《关于建立司法鉴定管理与使用衔接机制的意见》。加强与同级法院的工作联系,坚持问题导向,定期或不定期对实践中遇到的问题进行会商解决,共同推进司法鉴定行业健康发展,落实司法鉴定人出庭等制度;要强化“互联网 + ”思维,推进诉讼中相关涉司法鉴定工作信息共享;要建章立制,建立司法鉴定民事责任追究制度,确立司法鉴定错鉴先行赔付原则,同时发挥省一级司法鉴定协会专业技术优势,为审判活动中遇到的重大、疑难、复杂专业问题提供咨询意见;要加强与法院、公安、保监、工商、物价等相关部门协作,进一步规范司法鉴定执业行为。

(五)完善鉴定出庭作证制度的建议

1. 自治区高院与司法厅联合出台鉴定人出庭作证规程

制定鉴定人出庭作证和专家辅助人出庭接受质询的操作规程,明确鉴定人、专家辅助人的权利义务等,确保鉴定人、专家辅助人出庭;建立鉴定人出庭作证法律援助机制。

2. 制定切实可行的鉴定人出庭作证安全司法保护措施

(1)设置专门的鉴定人席位和通道

目前一般将鉴定人席位安排在证人席位上,鉴定人没有与当事人隔离,鉴定人等候出庭时间较长,与当事人亲属等一同等候,容易发生冲突。应为鉴定人设置单独的等候室,条件不够的一般应与当事人做适当隔离。

(2)依法保障鉴定人出庭作证时的人身安全及其他合法权益

庭审过程中,法院法警应负责保护鉴定人的安全;庭审结束后,若当事人及家属围堵鉴定人,法警则应护送鉴定人安全离开。

(3)与公安机关联动,建立预警机制

加强与辖区公安机关联动,对威胁安全、恐吓鉴定等情形,进行及时干预,对鉴定人的人身安全予以保护。

3. 进一步完善鉴定人出庭作证费用保障

目前鉴定人出庭作证补助,尚未有统一的标准,导致一些鉴定机构乱收费情况比较突出。笔者认为,鉴定人出庭发生交通费、住宿费等以实际发生为准,补助费用可以参照公务员差旅费标准,根据出庭鉴定人职称适当提高。当事人申请的,费用由申请方与鉴定人协商确定,建议参照公务员差旅费标准,预交到法院财务部门,鉴定人出庭作证完成后支付;对于案件当事人确有经济困难,鉴定人出庭对案件审理是必要的,由法院承担鉴定人出庭费用,将这类费用列入财政预算范围。

4. 运用信息化技术,建立鉴定人出庭作证远程视频系统

人民法院信息化系统经过十几年建设,已经日臻完善,许多法院基本上配齐了科技法庭,可以实现同步录音录像,庭审后刻录光盘存档。为解决鉴定人出庭作证人身保护,减少出庭作证费用问题,法院可以依托信息化技术,开发鉴定人出庭作证远程视频,并将与鉴定机构合作,实现与鉴定机构连接,鉴定人直接在鉴定机构接受质询,避免鉴定人出庭、长时间等候以及安保等问题。[1]

(六)完善暂予监外执行罪犯诊断工作的建议

1. 尽快制定我区法院暂予监外执行罪犯诊断工作的实施细则

明确刑事办案部门、法警、司法技术辅助部门及法医技术人员的职责分工,确保对罪犯诊断的各个环节工作顺畅。

2. 建立联动机制

自治区高院尽快联合自治区人民检察院、自治区公安厅、自治区卫生计生委制定广西实施暂予监外执行诊断工作的实施方案,明确职责,特别是承担医学诊断的省级

---

〔1〕 南宁市兴宁区法院为推进以审判为中心的刑事诉讼制度改革,提高证人、鉴定人出庭率,购置证人作证隐蔽保护设备,出庭作证人员如不愿暴露外貌、真实声音即可到证人室通过变声设备作证,在不能到庭的情况下还可通过远程视频作证。有效促进和激励证人出庭作证,庭审实质化得到进一步落实。2017年1~10月,兴宁区法院在疑难、复杂案件审理过程中,共通知关键证人出庭作证15人次,通知鉴定人出庭解答专业性问题12人次。

政府指定医院的范围（名册）、医学专家范围（名册）、职责、医学诊断要求等。

3. 加强人民法院法医技术人员力量

逐步开展暂予监外执行医学诊断的文证审核、罪犯疾病严重程度、护理依赖严重程度，是否符合暂予监外执行的条件进行判断。中级法院尽快通过招录或从其他单位选调法医技术人员，配备法医人员。

4. 建立法医专家名册

自治区高级法院尽快确认全区法院从事暂予监外执行组织诊断工作的法医技术人员资格、名册，组织全区法院对法医开展法医职称评定工作。

5. 完善与受委托医院的工作衔接机制

建立组织诊断工作的“绿色通道”，医院安排专人协助人民法院办案人员进行挂号、检查以及会诊等环节的工作，保障医学会诊工作顺畅，确保罪犯的安全防范工作。

（七）完善司法行政主管部门对社会鉴定机构的监管工作的建议

1. 严格司法鉴定机构和鉴定人的准入管理

建议司法厅编制年度名册时，广泛征求人民法院使用鉴定机构情况，在公布鉴定机构名册的同时公示鉴定机构和鉴定人的奖惩情况。建立全区统一的鉴定质量控制体系和执业监督机制，落实执业公开、公示制度，不断提高规范化执业水平。

2. 严格监管措施，司法鉴定行政管理部门对司法鉴定机构或鉴定人实行定期及不定期通报制度

司法鉴定行政管理部门和法院等机关要加强信息互通，建立司法鉴定机构“诚信榜”，实行动态管理机制，开展案件质量评查，同时向社会公开监督信息。设立便捷完善的监督举报热线、微博、微信等，强化社会监督。

3. 建立健全鉴定机构和鉴定人淘汰退出机制

建议司法行政部门制定鉴定机构鉴定质量考核标准，完善奖惩措施。对依法认定有故意弄虚作假等严重违法行为的鉴定机构和鉴定人，严格处罚措施，构成犯罪的依法追究刑事责任。在考评时增加法院和当事人两个维度进行考评。

4. 部署司法鉴定公开平台

披露鉴定机构人员配置、案件处理数量和质量、鉴定过程中是否违规等鉴定工作相关信息，实现动态管理。

5. 抓好鉴定业务的学习，提高鉴定质量

强化鉴定业务、法律知识的学习和培训，提高鉴定水平和出庭作证水平。规范制作鉴定文书，避免出现文书的错漏、不规范、说理不充分等问题。

6. 积极应对鉴定人出庭作证

探索鉴定人出庭作证规范，制定应对辩护人、专业人员的质询的规范，掌握接受质询的方法和技巧。加强对鉴定人出庭应诉能力培训，严格遵守鉴定人出庭制度，提高出庭答辩水平。

7. 组织开展案件质量评查

联合制定全区统一的司法鉴定案件质量评查体系，定期开展案件抽查，从鉴定受理、检验、文书制作等方面进行考评，司法行政管理部门以考评结果作为鉴定机构年审重要依据，公安检察机关将抽查结果进行全区通报。

五、结语

司法技术辅助工作是人民法院工作的重要组成部分，直接关系到法院审判的质量和效率，关系到当事人合法权益的最终保障，关系到法律的权威和法院的公信力。随着司法改革深入推进，审判质量和效率的提高迫切需要技术支持，突出了人民法院司法技术辅助工作的重要性。课题组通过回顾全区法院司法技术辅助发展状况，分析工作存在问题，为下一步完善工作提供建设性意见和建议，旨在引起全区三级法院对司法技术辅助工作的重视。

医患双方权利保护研究*

导　论

（一）基本概念的界定

1.“医方”的内涵与外延

对于医方的界定学术中存在不同观点，有观点认为医方仅指医务人员，不包含医疗机构；[1]也有观点认为医方仅指医疗机构，不包含医生、护士等医务人员；[2]目前通说认为医方包括医疗机构及其医务人员，《医疗事故处理条例》中也明确了医疗事故的主体是医疗机构及其医务人员。本文采用通说，“医方”是指医疗机构及其医务工作者，也包括医疗机构的所有雇员。

根据《医疗机构管理条例实施细则》规定，医疗机构是指依法取得医疗执业许可的机构，分为12大类33种，包括医院、卫生院、保健院、急救站、诊所等。医疗机构的设立须同时符合《医疗机构基本标准（试行）》的规定，并经县级以上人民政府的卫生行政部门批准，办理执业登记。医疗机构作为依法设立的组织，参与医疗法律关系，以自身的名义接受患者的求医，是医患关系中的最重要主体。尽管具体的医疗行为实

---

* 课题组负责人：戴红兵，广西壮族自治区高级人民法院副院长；课题组成员：覃东学，广西壮族自治区高级人民法院研究室主任、王永明，广西壮族自治区高级人民法院研究室副主任、卢小军，广西壮族自治区高级人民法院审管办统计员、赵元松，广西壮族自治区高级人民法院研究室调研科副科长、黄承万，广西壮族自治区高级人民法院研究室干部；课题执笔人：赵元松、卢小军、黄承万；课题统稿人：赵元松。

〔1〕 睢素丽、单国军：《医疗事故处理解析》，法律出版社2003年版，第45页。

〔2〕 崔世君：《论医患法律关系的准确界定》，载《中国社会医学杂志》2006年第3期。

施者是相关医务人员,但是医务人员均由医疗机构所选任,以医疗机构的名义从事职务行为,作为管理者和监督者的医疗机构应当就医务人员的职务行为承担责任。

医务人员是指经过考核,为相关部门批准、承认并取得相应资格及执业证书的各类医疗技术人员。主要包括医师、药师、护理人员、物理治疗师、职能治疗师、医事放射师及其他人员。医师指从事诊疗业务者,但不包含以动物诊疗为业的兽医师。从事外科整容业务的人员是否属于医师的范畴存在争议,本文认为,整容医生也属于医师。护理人员包括护士和护理师,同时也包括助产士。药师是指依处方调剂的人员。物理治疗师是指执行物理治疗业务的专业人员,为患者提供协助恢复功能、改善行动能力、缓解疼痛、预防或限制永久性身体失能。职能治疗师是指帮助罹患心智性、身体性、发展性或情绪性病症的病人改善在日常生活与工作环境的工作能力的专业医疗人员。医事放射师是为了诊断或治疗病人,从事拍摄、诊断 X 光等放射线图像的专业人员。除上述人员外,还包括麻醉师、化验师、护工等人员。

2. "患者"的内涵与外延

单纯从医学的角度来看,患者是指生理上或心理上患有某种疾病的人。但从法学的角度来看,患者是指因医疗行为与医方发生医疗关系的人,既包括接受诊疗护理服务的人,也包括接受其他医疗服务的人员。有学说认为,患者还应包括病人的亲属或监护人。本文认为,即使当患者处于昏迷或在诊疗中丧失意识、处于无行为能力的状态下,此时医患关系的主体仍然是患者本人,其亲属、监护人等只能作为代理人。只不过上述代理人在特殊情况下也可成为诉讼主体,如患者死亡等。

3. 医疗行为的内涵与外延

狭义上的医疗行为一般只指以诊疗为目的的医疗行为和非纯粹实验性而兼有治疗目的性的医疗行为。当前,医学水平的发展已使医疗领域的范围不断扩大,整形手术、变性手术、非治疗性的堕胎手术等均不具备诊疗目的,将这些不具备诊疗目的的行为排除在医疗行为之外显然是不合适的。因此,我国台湾地区学者黄丁全认为:"医疗行为是指有关疾病的诊断治疗,疾病的预防、畸型的矫正、助产、堕胎及各种基于治疗目的及增进医学技术的实验行为。"[1] 因此,广义上的医疗行为,还应包括非诊疗目的的实验性医疗行为和其他非以疾病治疗或预防为目的的医疗行为,如器官移植、美容整形、性变换手术等。

本文采用广义的概念,但同时也认为,医疗行为的主体应该是医务人员,只有合

---

〔1〕 黄丁全:《医事法》,中国政法大学出版社 2003 年版,第 75 页。

乎资格的医务人员的诊治行为才是医疗行为。凡不具备合法资格的人员，即使他使用药膏或单方、验方为患者治病，客观上也确实具有一定的疗效，但因其不具备行医的主体资格，其行为不能归入法律意义上的医疗行为，如果行为人的治疗行为给患者带来损害，则按非法行医的有关规定承担相应的法律责任。因此，诸如打耳洞、修脚、点痣、美甲、修睫毛、推拿按摩等，从事这些职业的人员也不认为是医疗人员。同理，接受这些服务的人员也不认为属于患者。

（二）医患双方基本权利义务概述

1. 医方的权利义务概述

医方的权利包括医疗机构的权利和医务人员的权利。医疗机构在医疗活动中处于管理者的地位，这种管理包括对医师工作的监督管理，还涵盖医院的技术设备、环境设施、药剂管理等多方面。医疗机构享有的权利主要如下：(1)有请求患者支付医药费用的权利。医疗合同是双方有偿合同，医疗机构在接收患者之后，医疗机构及其医务人员为患者提供医疗服务，依据法律、法规收取挂号费、诊疗费、住院费、手术费等各项费用是其合法权利。(2)有进行管理的权利。医院有权按照其规章制度、诊疗常规来管理患者及其陪护人员。(3)中止履行的权利。医疗机构向患者告知应缴纳医疗费用后，患者仍故意拖欠医疗费，医疗机构有权利中止除维持患者基本生命所必需的一切治疗。(4)其他相关合法权利，包括财产所有权、知识产权、名誉权、荣誉权、名称权、债权等。

执业医师的权利主要由两大部分组成：执业特权和相关权利。执业特权包括以下几个部分：(1)医疗（主导）权。指在诊疗过程中，医师享有医学检查权（又称诊断权）、疾病调查权、医学研究权、医学处置权（包括处方权）、医学证明文件出具权等，即医师有权要求患者做相应的检查，有权决定治疗、处置方案等。(2)特殊干预权。(3)医疗行为豁免权。(4)医疗裁量权。指医师有根据病情的变化决定治疗方案、调整治疗方案、有权依据病人的承受能力有针对性地告知病情的权利。(5)其他相关权利则包括执业条件保障权、获得报酬权、获得尊重权、专业研习权、参与民主管理权等方面。医疗机构的主要义务：不得拒诊的义务、安全管理的义务。医师的主要义务：诊疗的义务、告知义务、保密的义务、制作、保管病历义务、转诊义务、附随义务等。

2. 患者的权利义务概述

我国关于患者法定权利的相关内容散见于《宪法》《民法通则》《执业医师法》《药品管理法》《侵权责任法》《母婴保健法》《传染病防治法》《产品质量法》《消费者权益保护法》《医疗机构管理条例》《医疗事故处理条例》《突发公共卫生事件应急条例》

《护士条例》等有关法律法规规章及司法解释中。一般来说,患者权利的内容主要包括:生命健康权、医疗权、医疗自主权、知情同意权、隐私权及其他权利。患方的义务有:承担诊疗协助义务、支付医疗费用义务、遵守医疗机构规章制度义务、尊重医生人格义务等。

(三)研究价值

医患关系是医方与患方在医疗活动中形成的特定关系,是医疗法律关系的核心。理想状态下的医患关系应该是融洽、和谐的。然而,随着我国社会经济发展和医疗体制改革的深入推进,医患之间的关系越来越紧张,问题也越来越多,医患矛盾加大。如何预防和化解医患纠纷,成为当前亟待解决的社会问题。

一些研究医患关系的学者把医患关系紧张的本质看作利益的冲突。本文认为,利益的冲突只是表象,医患关系紧张的根源在于双方的权利设置不完善。如果医患双方的权利义务非常地明确,就可以减少很多的纷争。无论是医患矛盾在现实中体现的利益冲突是何种形式,最终都是以权利的侵害作为诉由,而双方最终争论不休的也就是确立彼此的权利。因此,厘清双方的权利义务,并在立法和司法过程中进行平衡,能够加强医患双方的理解和沟通,较好地防范医疗纠纷的发生,从而建立融洽和谐的医患关系。

(四)研究对象、研究过程

按照最高人民法院的分工安排,广西高院课题组重点研究医患双方权利义务关系。为从整体上把握医患双方权利义务关系,课题组对广西三级法院2008~2014年审理的医患纠纷案件情况、医患双方的权利诉求、化解途径等情况进行调查研究,对医患双方权利义务冲突的原因进行深层次剖析,对涉及的法律关系进行研究,对如何更好地预防和减少医患纠纷提出有针对性和可行性的意见和建议。

广西高院在课题中标后,组成了以该院副院长戴红兵为主持人,研究室、审管办骨干力量为成员的课题组,制定切实可行的调研方案。2014年7月开始,课题组先后到部分卫生主管部门、医院、法院,通过召开座谈会、发放调查问卷、面对面交流等方法开展调研,详细了解相关情况,对预防和化解医患纠纷的意见和建议,收集了大量有关医患纠纷的原始数据和资料。课题组通过归纳总结,全面掌握了广西地区医患纠纷中双方的权利诉求,以探讨妥善适用法律有效解决医疗损害责任纠纷案件为研究目标,以司法实践为基本依托,通过数据及典型案件分析、问卷调查、与相关医疗单位座谈等多种调研方式,于2014年10月,形成研究报告初稿。根据中期检查的专家意见,反复修改,形成终稿。

一、广西法院 2008～2014 年审理医疗损害赔偿纠纷案件的基本情况

（一）医疗损害赔偿纠纷案件的特点

一是医患纠纷数量增幅较快。因医患纠纷引发的群体性事件逐渐增多，方式也多样化，包括陈尸医院、拉横幅、静坐、游行等，严重影响了医院正常的工作秩序。同时，侵害医护人员的恶性事件屡有发生。

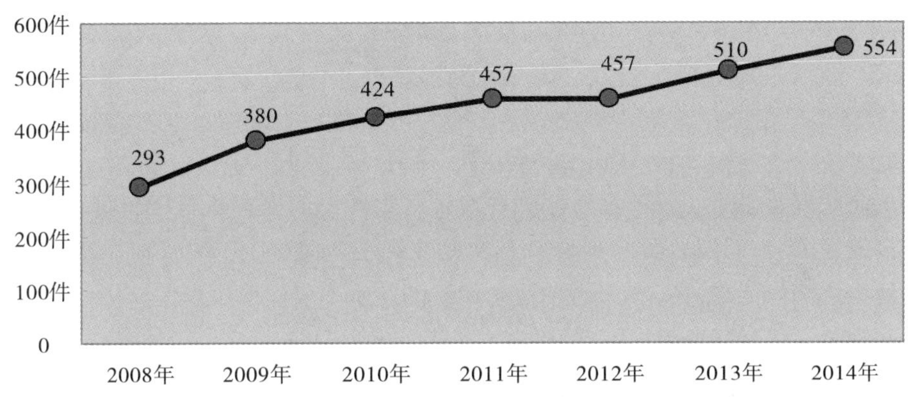

图一　2008～2014 年广西法院审理医患纠纷案情况

从图一来看，2008～2014 年，广西法院新收医疗损害赔偿纠纷案件总体呈上升的趋势，2008 年为 293 件，2014 年达到了 554 件，2014 年比 2008 年增长了 89.08%，增长非常明显。

二是医患纠纷产生原因比较集中。从医患纠纷产生的经过看，因外科手术、孕妇分娩、输液、误诊、漏诊等造成医疗损害（包括死亡及致残）是引发医患纠纷最主要的原因，约占纠纷总数的 79%，其次是对医疗效果不满意的约占纠纷总数的 14%，其他原因如医疗器械缺陷、管理和护理不到位、对医疗人员服务态度不满等，约占纠纷的 7%。具体情况如下：

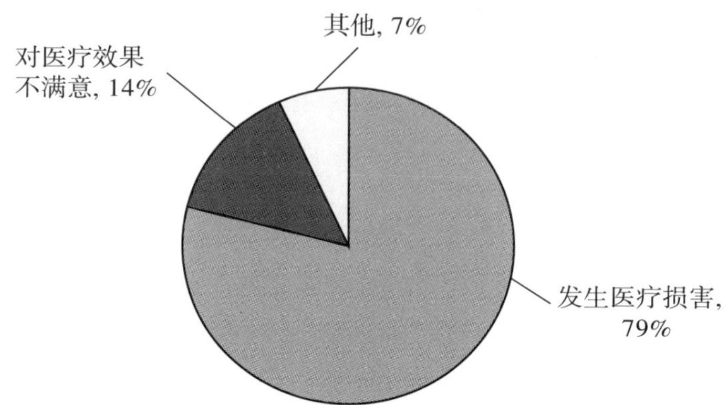

图二　医患纠纷产生原因分布图

三是医院是医患纠纷的高发区。在发生医患纠纷的医疗机构中,医院是医患纠纷的高发区,约占纠纷总数的 68%。其次是乡镇卫生院(卫生室),约占 25%。私人诊所所占比例较低,约占 7%。说明医患纠纷的发生不仅仅取决于医疗机构的医疗条件和医疗技术,还受到多种因素的影响。

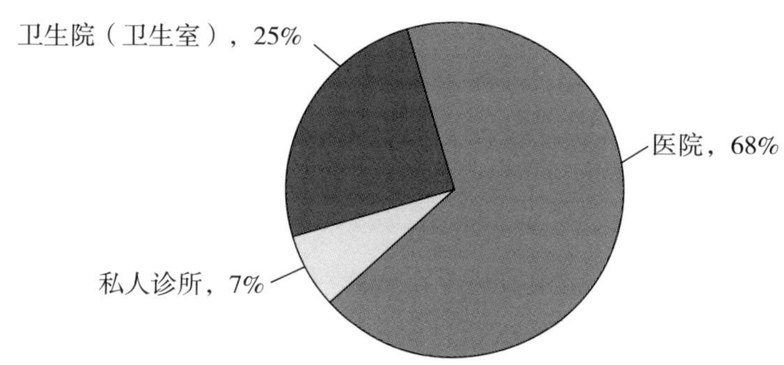

图三　发生医患纠纷的医疗机构分布图

从引发医患纠纷的科室看,主要集中在儿科(新生儿科)、妇产科、急诊科、骨科以及其他各类外科,上述科室发生的纠纷约占总数的 78%。这也从侧面说明了医疗科室所处置病患的种类和难易程度与医患纠纷的发生有一定的关联性。同时,也为医疗机构更好地预防医患纠纷明确了重点。

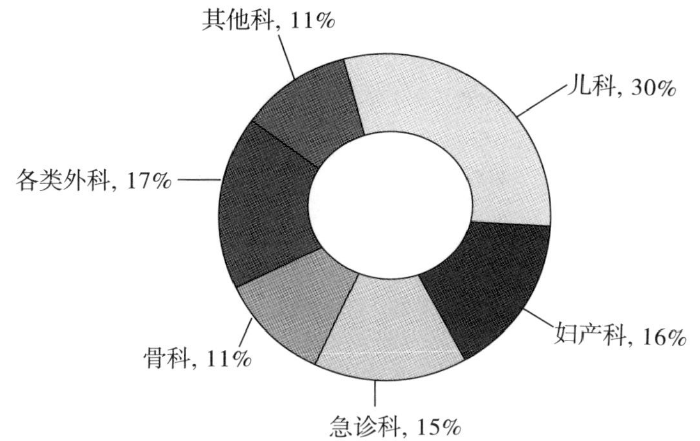

图四　医患纠纷产生的科室分布图

从引发医患纠纷的患者类型看,婴幼儿和老年患者是诱发纠纷的主要群体,约占纠纷数的44%。其中因患者死亡引发的纠纷占85%。这与婴幼儿和老年患者自身的体质较弱,对疾病的抵抗能力不强,诊疗过程存在更大风险有较大关系。因此,医务人员在诊疗过程中,应注意加强对这两类特殊群体以更多的帮助和关怀,以降低纠纷的发生率。

四是案件主要集中在经济相对发达地区。从地区来看,经济发达的地级市的医疗事故损害赔偿纠纷案件所占的比重就比较大。

表一　医患纠纷案件地区统计表

单位:件

地区	2008 年	2009 年	2010 年	2011 年	2012 年	2013 年	2014 年	合计	各市合计占全区合计比例(%)
南宁市	42	75	82	71	69	111	111	561	18.51
柳州市	51	51	61	76	72	80	80	471	15.54
桂林市	48	71	78	80	82	80	80	519	17.12
梧州市	18	36	27	24	31	27	27	190	6.27
北海市	6	5	4	4	10	6	6	41	1.35
崇左市	8	20	17	15	15	17	17	109	3.60

续表

地区	2008 年	2009 年	2010 年	2011 年	2012 年	2013 年	2014 年	合计	各市合计占全区合计比例(%)
来宾市	14	15	11	16	14	14	14	98	3.23
贺州市	25	17	32	41	31	30	30	206	6.80
玉林市	21	23	37	43	33	40	40	237	7.82
百色市	9	23	19	28	32	33	33	177	5.84
河池市	26	20	27	20	32	22	22	169	5.58
钦州市	6	10	12	9	10	16	16	79	2.61
宁铁法院	0	0	1	0	0	0	0	1	0.03
防城港市	4	7	1	12	12	9	9	54	1.78
贵港市	15	7	15	18	14	25	25	119	3.93
合计	293	380	424	457	457	510	510	3031	

从表一我们可以看出,在广西经济比较发达的南宁市、桂林市、柳州市,由于其医疗资源比较丰富,因此其发生的医疗事故损害赔偿纠纷也比较多,三者各占全区的比例分别达到了 18.51%、17.12%、15.54%。

五是结案方式中调解率先升后降。2008 年至 2014 年,全区法院共审结 2905 件医疗事故损害赔偿纠纷案件,其中,判决 1378 件,判决率为 47.44%;调解 1093 件,调解率为 37.62%;撤诉 321 件,撤诉率为 11.05%。判决率和调撤率基本对半开。

表二 医患纠纷结案方式统计表

年份	结案(件)	其中(件)				结案方式比例(%)		
		判决	撤诉	调解	其他	判决率	撤诉率	调解率
2008 年	292	180	25	83	4	61.64	8.56	28.42
2009 年	366	205	53	107	1	56.01	14.48	29.23
2010 年	415	218	40	152	5	52.53	9.64	36.63
2011 年	409	189	44	175	1	46.21	10.76	42.79
2012 年	427	159	66	201	1	37.24	15.46	47.07
2013 年	442	203	50	186	3	45.93	11.31	42.08
2014 年	554	224	43	189	98	40.43	7.76	34.12
合计	2905	1378	321	1093	113	47.44	11.05	37.62

表三　部分法院案件一审结案方式统计表

单位:件

法院名称	判决	裁定				调解	移送	合计
		驳回起诉	撤诉	终结	其他			
柳州市	107	65	37			112	1	322
桂林市	106		35			85		226
贺州市	54		5			37		96
百色市	60		15			41		116
河池市	47		19			43		109
合计	374	65	111	0	0	318	1	869

表四　部分法院案件一审结案方式比例表

单位:%

法院名称	判决	裁定				调解	移送	合计
		驳回起诉	撤诉	终结	其他			
柳州市	33.23	20.19	11.49	0.00	0.00	34.78	0.31	100.00
桂林市	46.90	0	15.49	0	0	37.61	0	100.00
贺州市	56.25	0	5.21	0	0	38.54	0	100.00
百色市	51.72	0	12.93	0	0	35.34	0	100.00
河池市	43.12	0	17.43	0.00	0.00	39.45	0	100.00
合计	43.04	7.48	12.77	0	0	36.59	0.12	100.00

从地域来看,各地的判决率与调撤率之间的比例不完全相等。

表五　各市法院结案情况统计表

单位	结案(件)	其中(件)				结案方式比例(%)		
		判决	撤诉	调解	其他	判决率	撤诉率	调解率
南宁市	485	238	50	192	5	49.07	10.31	39.59
柳州市	431	242	49	136	4	56.15	11.37	31.55
桂林市	523	222	49	248	4	42.45	9.37	47.42
梧州市	187	111	28	46	2	59.36	14.97	24.60

续表

单位	结案（件）	其中（件）				结案方式比例（%）		
		判决	撤诉	调解	其他	判决率	撤诉率	调解率
北海市	32	23	2	6	1	71.88	6.25	18.75
崇左市	99	43	8	48	0	43.43	8.08	48.48
来宾市	87	62	7	17	1	71.26	8.05	19.54
贺州市	183	75	12	94	2	40.98	6.56	51.37
玉林市	224	100	37	87	0	44.64	16.52	38.84
百色市	162	69	22	70	1	42.59	13.58	43.21
河池市	161	58	24	79	0	36.02	14.91	49.07
钦州市	83	59	7	17	0	71.08	8.43	20.48
宁铁法院	1	1	0	0	0	100.00	0.00	0.00
防城港市	50	21	13	16	0	42.00	26.00	32.00
贵港市	107	55	12	37	3	51.40	11.21	34.58
合计	2815	1379	320	1093	23	48.99	11.37	38.83

从表五来看，案件比较多的法院，其调撤率也相对较高，如南宁市、桂林市；而案件比较少的法院，判决率比较高，如北海市、来宾市、钦州市。

（二）当前医患关系紧张的原因分析

对于造成医患关系紧张的原因，从调查情况看，主要包括以下几个方面：

一是医患之间信任缺失。从某种意义上说，医患之间就像同一战壕的战友。只有信任，病人才能放心将自己的健康甚至生命交到医生手中，配合医生的医疗行为；只有信任，医生才能消除顾虑，运用医术最大限度帮助病人恢复健康，同时，获取体现自己劳动价值的报酬。可以说，信任是医患双方携手共进、共同战胜疾病的基础。然而，从调查情况看，当前医患之间的信任缺失现象较为严重。对医生达到完全信任的只占调查对象的10%左右，其余或多或少存在一定的疑虑。

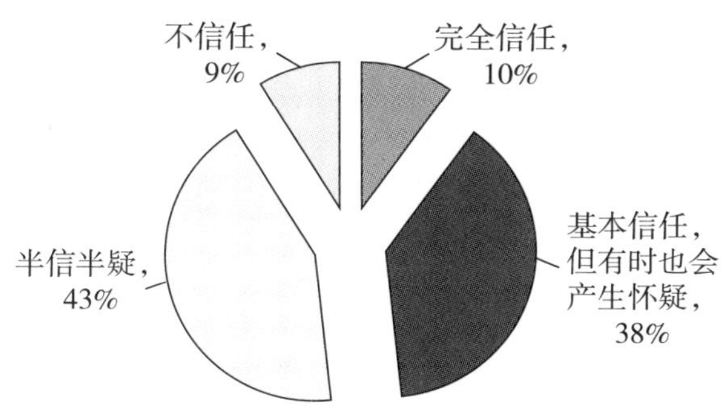

图五　医患之间信任关系调查

二是医患之间信息不平衡，医方对患者知情权重视不够。医患之间对病情发展、转归的信息掌握不对等，导致医患关系恶化，并容易引发医疗纠纷。在整个疾病治疗过程中，医护人员通过其掌握的专业技能，客观地分析和判断病情的转归及选择合适的治疗方法和药物，部分医务人员因沟通能力相对欠缺，对患者及患者家属的知情权和选择权重视不够，难以有效并及时向患者及家属传达病情信息，导致出现信息不对等的现象。即便对于一些重点医疗信息特别是手术风险的告知，也只停留在书面形式上，目的只是让患方签字留作证据用，对于里面的具体内容，例如术中可能出现的并发症、医疗风险以及发生概率未向患者及家属交代清楚，确保患方在充分考虑之后再行使选择权。因此，一旦发生纠纷，患者往往会以该告知书是医方推卸责任的"霸王条款"为由，对签署材料不予认可。患者受社会环境造成的心理暗示习惯性地对医生的诊疗行为进行过度解读，一旦患者未能实现自己所期望的效果时，患者隐忍已久的不满将很容易爆发出来，最终导致纠纷的产生。

三是患者对医疗风险缺乏足够的认知。医学科学是所有科学中最为复杂、最高尖和未知领域最多的一门学科，治疗行为既有治病救人的效果，同时又有致人伤残的风险。据有关资料显示，当前医疗确诊率仅为70%，各种急症抢救的成功率也只在70%～80%。然而，从调查的情况看，公众普遍对医学科学的高难与复杂性缺乏认知，加之部分媒体对于少数医疗机构和药品厂商所谓"包治百病、药到病除"的不负责任的宣传，让公众对医疗效果的期望值过高，无法接受一些正常的医疗风险。由于双方关于疾病的信息不对称，一旦患方达不到期望效果，尤其是当医院回天无术、治疗失败或产生并发症时，他们就会想当然地认为是医务人员过错造成的。此时，医务人员在诊疗过程中的一些行为甚至善意行为往往就会成为其存在"过错"的理由。例如，在我区法院审理的一起因骨科手术引发的医患纠纷案中，由于患者之前在南宁的一家三甲医院已经进行了拍片检查。医生出于为患者节省医疗开支的考虑，在手术之时直接使用之前拍过的片而没有重新拍片。后患者因对手术后腿部残疾的加重不满，认为是因为手术前没有重新拍片造成的，遂以医生手术前没有拍片，违反医疗规程等为由将医院诉至法院要求赔偿。可见，医患之间对于医疗风险认知的差异，往往成为医患纠纷的"导火索"。

四是基本医疗保障机制不完善。虽然基本医疗保障已基本覆盖，但与居高不下的医疗费用相比，个人自费部分医疗费用依旧较高。对大部分参保人员特别新农合参保人员而言，看病依旧是一个非常沉重的负担。在支付了高额的医疗费用之后，一旦出现医疗意外或者医疗效果不尽如人意，很容易让患方产生"人财两空"的心理落差，在生活和疾病的双重压力下，找医院讨个说法也是在情理之中的。

五是缺乏有效的医疗风险分担机制。医疗行业的高风险性、疾病的复杂性以及医疗行为的局限性决定了医疗行业是高风险行业，一定概率的医疗意外、医疗过失甚至医疗事故是不可避免的，也正是这种风险的存在，才能不断推进医疗技术的改善和医学的进步。在一定意义上说，所有社会群体都是医疗风险的受益者，因此，医疗风险也理所当然通过医疗风险分担机制分散于社会。当前，尚无健全的医疗风险分担机制。由于医疗责任保险利润较低，理赔复杂，大部分保险公司也不愿意承保医疗责任险，即便承保，其范围也受到严格限定。医疗风险主要以各医疗机构、患者自身承担为主，保险公司承保为辅，保险公司分担风险的功能未能得到完全的发挥。一旦出现医疗风险，往往就成为医患之间的直接博弈，这是影响医患关系良性发展的重要原因之一。

二、医患双方权利保护的实证分析

（一）医患双方权利诉求的情况

在调研中，课题组发现提起诉讼的案由多是侵权纠纷。从提起诉讼的案由来看，98%以上是侵权之诉，只有个别案件是违约之诉；在《侵权责任法》实施后，基本上全部是侵权之诉。我们从上文中可以看出，以侵犯患者医疗权、身体权为由进行起诉的比例分别达到了39.88%、34.39%。在具体的诉求上，患者多以医疗（照顾）权、身体权、知情同意权受到侵害提起诉讼，医方多以尽到医疗注意义务抗辩；医方则基本上是以患者拖欠医疗费用提出诉讼。

表六　患者起诉案由情况统计(单个权利)表

法院名称	类型	只提及单个权利的							
		医疗权	身体权	知情同意权	隐私权	医疗自主权	医疗文书查阅、复制权	要求提供医学意见权	名誉权
柳州市	判决(件)	89	9	7				2	
	比例(%)	83.18	8.41	6.54	0.00	0.00	0.00	1.87	0.00
	调解(件)	62	9	3				2	
	比例(%)	55.36	8.04	2.68	0.00	0.00	0.00	1.79	0.00
桂林市	判决(件)	20	42				1		
	比例(%)	18.87	39.62	0.00	0.00	0.00	0.94	0.00	0.00
	调解(件)	12	45						
	比例(%)	14.12	52.94	0.00	0.00	0.00	0.00	0.00	0.00
贺州市	判决(件)	54							
	比例(%)	100.00	0.00	0.00	0.00	0.00	0.00	0.00	0.00
	调解(件)	30		2					
	比例(%)	81.08	0.00	5.41	0.00	0.00	0.00	0.00	0.00
百色市	判决(件)	3	38						
	比例(%)	5.00	63.33	0.00	0.00	0.00	0.00	0.00	0.00
	调解(件)	1	27						
	比例(%)	2.44	65.85	0.00	0.00	0.00	0.00	0.00	0.00

续表

法院名称	类型	只提及单个权利的							
		医疗权	身体权	知情同意权	隐私权	医疗自主权	医疗文书查阅、复制权	要求提供医学意见权	名誉权
河池市	判决（件）		35						
	比例（%）	0.00	74.47	0.00	0.00	0.00	0.00	0.00	0.00
	调解（件）	5	33						
	比例（%）	11.63	76.74	0.00	0.00	0.00	0.00	0.00	0.00
合计	判决（件）	166	124	7	0	0	1	2	0
	比例（%）	44.39	33.16	1.87	0.00	0.00	0.27	0.53	0.00
	调解（件）	110	114	5	0	0	0	2	0
	比例（%）	34.59	35.85	1.57	0.00	0.00	0.00	0.63	0.00
总计	绝对数（件）	276	238	12	0	0	1	4	0
	比例（%）	39.88	34.39	1.73	0.00	0.00	0.14	0.58	0.00

表七 患者诉由情况统计（多个权利）表

法院名称	类型	同时提及多个权利的				未知主张何种权利	合计
		医疗权和身体权	医疗权和知情同意权	医疗权、知情同意权、医疗文书查阅、复制权	身体权和知情同意权		
柳州市	判决（件）						107
	比例（%）					0.00	100.00
	调解（件）					36	112
	比例（%）					32.14	100.00

续表

法院名称	类型	同时提及多个权利的				未知主张何种权利	合计
		医疗权和身体权	医疗权和知情同意权	医疗权、知情同意权、医疗文书查阅、复制权	身体权和知情同意权		
桂林市	判决(件)	35	2	1	1	4	106
	比例(%)	33.02	1.89	0.94	0.94	3.77	100.00
	调解(件)	24				4	85
	比例(%)	28.24	0.00	0.00	0.00	4.71	100.00
贺州市	判决(件)						54
	比例(%)					0.00	100.00
	调解(件)	1				4	37
	比例(%)	2.70	0.00	0.00	0.00	10.81	100.00
百色市	判决(件)	19					60
	比例(%)	31.67	0.00	0.00	0.00	0.00	100.00
	调解(件)	12				1	41
	比例(5)	29.27	0.00	0.00	0.00	2.44	100.00
河池市	判决(件)	12					47
	比例(%)	25.53	0.00	0.00	0.00	0.00	100.00
	调解(件)	5					43
	比例(%)	11.63	0.00	0.00	0.00	0.00	100.00

续表

法院名称	类型	同时提及多个权利的				未知主张何种权利	合计
		医疗权和身体权	医疗权和知情同意权	医疗权、知情同意权、医疗文书查阅、复制权	身体权和知情同意权		
合计	判决（件）	66	2	1	1	4	374
	比例（%）	17.65	0.53	0.27	0.27	1.07	100.00
	调解（件）	42	0	0	0	45	318
	比例（%）	13.21	0.00	0.00	0.00	14.15	100.00
总计	绝对数（件）	108	2	1	1	49	692
	比例（%）	15.61	0.29	0.14	0.14	7.08	100.00

（二）患者的权利保护

根据司法实践中患者权利受侵害的情况，重点对患者的医疗权、知情同意权、隐私权等权利进行研究。

1. 侵害患者医疗权

医疗权也称医疗照顾权，是指公民在受到疾病侵袭或者在其他必要时受到及时、合理诊疗的权利。医疗权是患者其他各项权利的基础。《宪法》《民法通则》《医疗机构管理条例》《医疗事故处理条例》等医疗卫生法律法规均从不同方面和角度规定了公民的医疗卫生权利，除宪法系原则性规定外，其他法律对医疗权都没有作出正面的规定，这直接导致基本医疗权尴尬的法律地位。一般认为，医疗权包括以下几个方面：一是得到及时、合理诊断、治疗的权利。在医疗过程中，对于患者的主诉、症状、体征，医生应当详细了解，并进行必要的检查和化验，然后作出正确的诊断，针对病情采取合理的、善意注意义务的治疗护理措施。二是得到平等治疗的权利。医务人员应对患者一视同仁，同样的医疗需要应该得到同等的对待，而且应该体现在医疗过程的各个环节。三是获得周到、细致的医疗护理服务的权利。四是获得医疗保健指导的权利。

为保障患者的医疗权利，医方则需承担相应的义务。主要义务有：一是不得拒诊的义务。对于患者,特别是急重患者,医方不得拒绝收治。二是安全管理的义务。医院是专业的诊疗机构,有义务对其设施、服务进行专业管理,包括制定各项规章规范医疗行为和与之相关的行为活动、定期对设施进行维护、保障各种设施的安全使用等内容。如患者因医院的不严格履行此义务而受到伤害,则医院应承担侵权责任。三是注意义务。包括一般注意义务和特殊注意义务。一般注意义务即善意注意义务、安全注意义务,是指医务人员在医疗服务过程中对患者的高度责任心,用提示语提醒患者应注意的问题,如关于服用药品之方法、饮食禁忌、病情等告知患者,使患者有所了解并遵循等。特殊注意义务,即高度注意的义务,是指在具体的医疗服务过程中,医务人员对每一环节的医疗法律行为所具有的危险性加以注意的具体要求,并对患者所发生的疾病以及疾病诊疗所引起生命健康上的危险性,包括预见医疗行为的结果和预防损害结果发生的义务。四是制作、保管病历等义务。医疗机构及其医务人员应当按照规定填写并妥善保管住院志、医嘱单、检验报告、手术及麻醉记录、病理资料、护理记录、医疗费用等病历资料。五是转诊义务。当医疗机构现有条件不足以救治患者时,应及时转诊。六是附随义务。附随义务是指医患关系发展过程中及医患关系终止后的一定时期,依诚实信用原则当事人所应负担的义务以外的义务。附随义务的理论基础来源于诚实信用原则,确立附随义务有利于平衡各方利益关系、强化对债权人的保护、维护社会秩序稳定及完善合同法立法与理论。为了充分保护患者的利益,医生在实施医疗行为时必须尽到注意义务,也只有这样才有可能保护患者的健康。它要求医生在实施医疗行为的过程中,对患者要有高度的责任心,始终将患者的生命与健康利益放在首位,尊重患者并对医疗工作敬业忠诚,在技能上要追求精益求精,对医疗行为过程中的每一个环节所具有的危险性加以注意,按照最优原则,在疾病的预防、诊断以及治疗的程中,尽自己最大能力去避免诊疗手段所带来的一切不良影响,最大限度地维护患者的健康利益。

在医疗损害赔偿中,医疗行为豁免权与患者医疗(照顾)权的对抗中,医疗过错的认定起着至关重要的作用。一旦认定医疗过错的存在,医方就需承担相应的赔偿责任。医疗过错主要是指医务人员在诊疗过程中违反应尽的注意义务。在法律、法规对注意义务有明确规定的情况下认定医疗过错比较容易,但当法律和规章对具体医疗行为的操作规程没有明确规定时则常常成为医患双方争议的焦点。在医疗实践中,侵犯患者的医疗权乃至生命健康权,最根本的原因就是医方未能尽到注意义务。在患者起诉医疗(照顾)权受到侵害时,医方很难以医疗豁免权得到免责,承担的责任从5% ~100%。患者胜诉率较高,多数案件判医院承担责任。在广西法院以调解或判决结案的案件都是由医院按照一定的比例承担赔偿责任，医院承担责任案件占 85.71%。可见，法院判决医院承担责任的比例较高，既体现了对患者利益的保护，也反映出医院的诊疗行为仍然存在很多不规范之处。主要表现为：

一是医务人员的专业业务不熟练。主要体现在手术时机选择、手术适应证的掌握、手术方式的选择及放置人工材料的选择上存在不当；术中误伤周围脏器、不能及时发现、诊疗操作不规范、注射部位不合理等。如未婚女子莫某在医院进行妇科检查，医生未询问婚史及性生活史，直接使用阴道窥器摘取白带，导致莫某处女膜破裂，给莫某带来精神及心理上的伤害。

二是对疾病认识不足。对疾病的认识不全面；对潜在的医疗风险预后估计不足及重视不够；检查、治疗措施不到位；会诊不及时；不按疾病危险程度进行诊治等。如患者袁某被青蛇咬伤，送至镇卫生院治疗。卫生院将袁某作为一般病人进行消炎、抗破伤风治疗，未及时转送周边具有抗蛇毒血清的医院治疗。司法鉴定认为，镇卫生院对袁某被毒蛇咬伤的后果认识不足，处理力度不够；对患者的病情观察方面未尽到注意义务，存在过错；未及时转院，未尽到转诊义务；医疗过错与袁某的死亡存在一定的因果关系。法院据此判决医院承担 50% 的责任。

三是对病情观察不仔细。主要表现为出现并发症时处理不及时；工作马虎，对异常的检查结果不予重视；产科对孕妇胎心监护不到位，不能适时终止妊娠等。如患者莫某因甲状腺肿瘤到医院治疗，手术后白细胞和中性粒细胞上升，接着发生腹痛，医院都未能引起重视，未做任何检查，后患者因肠系膜动脉出血合并血肿形成并破裂出血导致失血性休克死亡。法院审理认为，医方未及时复查血常规、密切观察病情，缺乏相关的检查及处理措施，未对血色素下降及腹痛做跟踪观察，在医疗过程中存在过错，承担 25% 的责任。

四是过于自信。表现为医疗过程中不按照常规送病理检查，凭经验决定治疗方式等。如孕妇谭某到医院进行引产，医院进行了相应的检查，但未进行肝、肾功能及 B 超检查。引产过程中突发羊水栓塞，最终谭某抢救无效死亡。法院审理认为，医院在已经诊断出患者具有多胎妊娠、疤痕子宫、胎盘低置等高危因素，在引产中并发羊水栓塞的概率更大，但轻信谭某不会并发羊水栓塞，未行肝、肾功能及 B 超检查，违反医疗常规，应对患者的死亡负损害赔偿责任。再如孕妇梁某到医院妇产科待产，后因产后大出血抢救无效死亡。医疗鉴定认为：患者梁某血压持续下降，处于休克状态，医方对宫缩乏力所致的产后出血的严重性估计不足，产后出血量估计不准确，抢救不及时，属于一级甲等医疗事故，医方承担主要责任。在本案中医方未能尽到结果的预防义务。

五是对合并基础疾病认识不足。对患者原有的高血压病、糖尿病等基础性疾病认识不足。

六是误诊或漏诊。表现为入院诊断不明确,检查不全面,误诊漏诊等。如患者丁某因斜疝病到医院治疗,但被医院误诊为直疝病,手术后造成患者病情加重。医学鉴定为四级医疗事故。

七是用药不当。表现为对药物的药理不熟悉、药物使用不规范等。如患者龙某因肠梗阻住院治疗,后医治无效死亡。法院在审理后认为,医院在对左氧氟沙星与茶碱的配伍使用中存在欠谨慎的注意义务,存在过错,承担10%的损害赔偿责任。

2. 侵害患者知情同意权

知情同意权是患者在疾病诊治过程中的一项基本权利,包括知情权与同意权两个方面,二者紧密联系。患者知情权包括的主要内容有:治疗的目的和性质,患者目前的病情和诊断结果,检查的方法和价格,治疗方案,治疗可能带来的危险及不良后果,患者拒绝治疗或做某种检查时可能引起的不良后果,在治疗条件不具备和治疗效果不理想的情况下须告知转诊、转院治疗的建议。同意是基于知情作出的意思表示。《侵权责任法》第55条、第56条对患者知情同意权作出了规定。《医疗事故处理条例》第11条规定:"在医疗活动中,医疗机构及其医务人员应当将患者的病情、医疗措施、医疗风险等如实告知患者,及时解答其咨询;但是,应当避免对患者产生不利后果。"《医疗机构管理条例》第33条规定:"医疗机构施行手术、特殊检查或者特殊治疗时,必须征得患者同意,并应当取得其家属或者关系人同意并签字;无法取得患者意见时,应当取得家属或者关系人同意并签字;无法取得患者意见又无家属或者关系人在场,或者遇到其他特殊情况时,经治医师应当提出医疗处置方案,在取得医疗机构负责人或者被授权负责人员的批准后实施。"《医疗机构管理条例实施细则》第62条规定:"医疗机构应当尊重患者对自己的病情、诊断、治疗的知情权利。在实施手术、特殊检查、特殊治疗时,应当向患者作必要的解释。因实施保护性医疗措施不宜向患者说明情况的,应当将有关情况通知患者家属。"

患者知情权的实现有赖于医方告知义务的履行,告知义务的内容也就是患者知情权的内容。一般来说,医生对患者应履行的告知义务具体包括:一是如实向患者或其亲属告知病情和诊疗计划、方案,以及拟采取的诊疗方法的理由,存在的风险(包括诊疗措施的并发症、药物的毒副作用等),疾病的愈后等,但应该避免对患者产生不利后果;二是向患者告知医院管理制度中与其权益相关的制度;三是详细向患者告知诊疗过程中应当履行的配合方式、方法；四是详细向患者告知手术过程中可能出现的并发症和后遗症，以及拟采取的预防、避免和补救措施；五是实施新的实验性临床治疗方法时，应如实告知该种方法的理论依据、成熟程度、风险概率，以及批准实验的机关和有关法律手续；六是详细向患者告知药物的服用方法和保存方法；七是如实告知患者不能提供约定的医疗服务的原因；八是在患者的病情出现重大变化，或者需要调查诊断、治疗方案时，或患者出现轻生等心理变化时，应当如实告知患者及其亲属；九是详细向患者告知出院后的注意事项及院外治疗方法，以及复诊的时间、需携带的资料，医疗机构在履行告知义务，实现患者知情同意权时，原则上应当尽可能书面化；十是医疗费用的告知。医疗费用问题也是患者关心的一个重点，因此当患者同意接受某医疗方案后，医疗机构应当将可能产生的医疗费用也作为告知义务的一项内容。这样以便患者能够根据自己的经济状况作出合理的选择，另外，医疗机构也能避免患者拖欠医疗费用。同时，医务人员应该及时向患者提供所用药品的价格清单；在相关法律法规的规定下，作为医疗保险定点机构的医疗单位还应当如实地公布其常用药品的价格。

在我国司法实践中，医方由于没有履行相关的告知义务而侵犯患者知情同意权及直接侵犯患者的同意权的案件屡见不鲜，一般可以归结为以下五种类型：

一是未告知或未充分告知。个别医疗机构在对患者进行治疗的过程中未依法尽到说明、告知义务，侵犯了患者对病情、治疗方案、诊疗风险等的知情权。播音员袁女士因声音嘶哑1个多月入住医院进行手术治疗，5天后，袁女士觉得声音更加嘶哑。法院审理认为，医院在为袁女士提供医疗服务过程中存在术前未尽告知义务的不足，侵犯了袁女士的患者知情权，其医疗行为存在过错，应当依法承担相应的民事责任。由于医院的侵权后果未表现为袁女士的身体受到损害，本案没有物质性的损害后果。据此，判决医院赔偿给袁女士精神损害抚慰金5万元。

二是未尽到风险告知义务。如患者焦某到医院就医，医院在治疗时使用了异烟肼、乙胺丁醇等药物，但未将药物的毒副作用告知，后焦某视神经受损。法院审理认为，医院在治疗时，使用具有副作用的药物治疗，没有进行风险告知，侵犯了患者的知情权，存在医疗过失，酌情赔偿患者3000元。

三是知情同意权的实施往往忽视了履行法律法规规定的程序。目前，因知情同意往往是口头告知，除手术之外，进行侵害性检查、诊断活动，检查中发现术前讨论未预想到的疾病情况开具特殊药品、进行实验性、侵害性医疗活动情况时，一般缺乏全面正确的告知，也缺乏能够成为有效法律证据的告知文书，在管理方面存在制度性的漏洞。如患者兰某在医院就诊期间,医院使用糖皮质激素进行治疗,患者也在处方上签字同意。医院据此认为已经尽到了告知义务。法院审理认为,患者有权知晓病情全貌并对医方所采取的诊治措施进行取舍。使用糖皮质激素存在诸多的不良反应。从处方上看,患者虽然签字,但处方仅开具了日期、药名和用量,不能反映医院已经告知了药物使用的风险,存在医疗过失,酌情赔偿患者 5000 元精神抚慰金。

四是未充分告知手术后并发症。1 岁的患儿莫某因先天性尿道下裂并阴茎下曲到医院做矫形手术,手术后出现龟头坏死脱落和尿道狭窄等术后并发症。法院审理认为,医院在诊疗中未明确告知手术的风险中有龟头坏死脱落的风险,侵害了患者的知情权,酌情判定医院给予患者 8000 元精神抚慰金。

五是侵犯患者的同意权。一些医师存在一种思维,即只要是以医疗行善解除患者的疾病痛苦为目的,那么在某些医疗场合下,如进行手术时可以忽视患者的知情同意权,自主作出医疗决定,这种情况最常见于实施手术时,发现手术前讨论与诊断不相吻合的病情时,在完全没有征求患者及家属意见而决定新的手术方案的前提下,擅自实行手术,切除或扩大切除了重要组织器官,给患者造成极大的身心伤害。这种结果患者并不认为是医疗行善,而认为是侵害了自己的利益,成为医疗纠纷的重要原因之一。如医生在为患者杨某做手术时,未告知患者,也未取得其同意的情况下,将腹壁病灶切除手术改为腹壁瘘管扩创引流手术,引发肠瘘。法院审理认为,医院在改变手术方案时,未尽到告知义务,也未经过患者的同意,侵犯了患者的知情同意权,引发了损害后果,承担 20% 的损害赔偿责任。

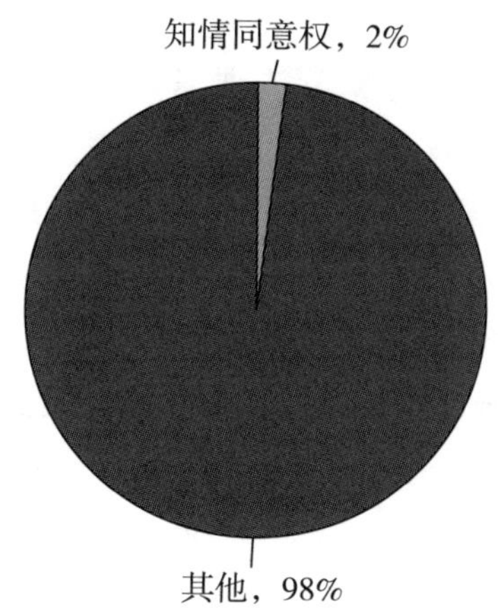

图六　广西法院医患纠纷案件中涉知情同意权的案件比例

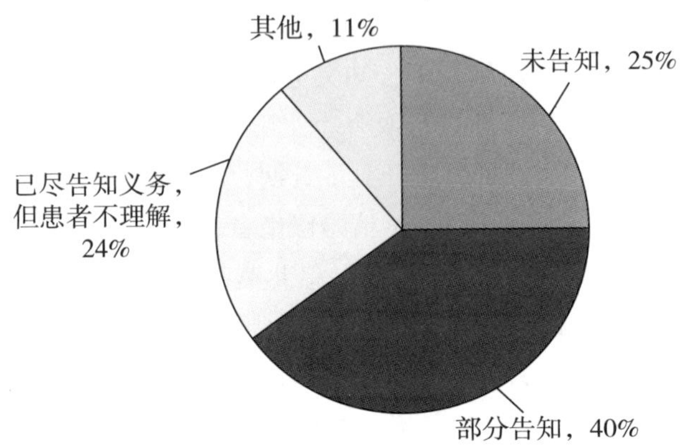

图七　侵犯知情同意权的几种类型所占比例

此外，医方经常强调病人家属的知情同意权，轻视病人本身的知情同意权保护，将家人家属作为知情同意权的主要主体，将病人作为知情同意权的次要主体。虽然实践中因家属行使代理权，而诉侵犯知情同意权的案例并不多，但这确确实实是侵害了患者的知情同意权。

法院认定医院违反知情同意权的过失主要遵循两项原则：一是应说明而未向患者说明，二是虽向患者说明但说明的内容和程度并未达到使患者充分理解的程度，患者不能依据医生的说明作出真实决定。因此，一切可能影响理性患者决定的信息均应予以告知，并以患者易理解的语言和方式进行解释，否则即是信息披露不充分，说明医疗过失的存在。在判定侵权方承担损害赔偿责任时，因知情同意权所保护的客体是患者的决定权，而不是健康利益，其法理基础是尊重患者的自主权和自我决定权，而非生命健康利益，对这种权利的侵害并不会直接产生人身损害的后果。法院在未给患者造成实质性身体伤害时，一般判处赔偿精神抚慰金。如果未经过患者的知情同意，造成实质性的身体伤害，一般结合具体的医疗行为是否有过失确定具体的责任。由于违反知情同意权案件一般不构成医疗事故，属于医疗过失，与一般的医疗损害赔偿案件相比，医院的过错程度相对较轻，损害后果也较小，按照价值判断和利益衡量的方法，患者得到的赔偿会相应较少。

3. 侵犯患者隐私权

患者的隐私权是患者在诊疗过程中，就自己的个人信息不为他人知悉、自己的私人领域不被他人干涉的权利。患者隐私权相对于一般隐私权而言，更加侧重于患者的健康状况、既往病史、病历资料、身体私密部位等方面权利的保护。隐私权的内容一般包括以下三项:(1)隐私隐瞒权,是指在不违反公共利益的前提下,权利主体对于自己的隐私进行隐瞒,不让他人所知悉的权利。(2)隐私支配权,即权利主体在不违背法律和社会公德的情况,有权按照自己的意愿,对其隐私进行支配,包括公开隐私、准许他人对其私人活动或私人领域进行察知、准许他人利用自己的隐私、自己利用隐私等方面的内容。(3)隐私维护权,是指权利主体对于自己的隐私权所享有维护不可侵犯,并在受到非法侵犯时可以寻求司法保护的权利。当发生非法侵犯患者的隐私权时,患者有权要求法律予以救济,维护自己的合法权利。相关法律法规也作了明确规定。如在与医学相关的单行法律中也有对患者隐私权的规定。《执业医师法》首次规定了患者隐私权,第22条第1款第3项规定:“关心、爱护、尊重患者的隐私。”第37条第9项规定,泄露患者的隐私造成严重后果的由县级以上人民政府卫生行政部门给予警告或责令暂停6个月以上1年以下的执业活动,情况严重的吊销其执业证书,构成犯罪的依法追究刑事责任。《侵权责任法》首次明确侵犯患者隐私权民事责任的承担,第62条规定:“医疗机构及其医务人员应当对患者的隐私保密。泄露患者隐私或者未经患者同意公开其病历资料,造成患者损害的,应当承担侵权责任。”《精神卫生法》第36条规定:“病人之人格与合法权益应受尊重及保障,不得予以歧视、虐待或非法利用。”第37条规定:“未经病人及其保护人或病人及其家属同意不得对病人录音、录像或摄影。”第38条规定:“住院病人应享有个人隐私的自由通讯及会客的权利,精神医疗机构非依病人的病情需要不得予以限制。”《医疗机构病历管理规定》第6条规定:“除涉及对患者进行医疗服务活动的诊疗人员及医疗服务质量监控人员外,其他任何机构和个人不得擅自查阅该患者的病历。因科研、教学需要查阅病历的,需经患者就诊的医疗机构有关部门同意后查阅。阅后应当立即归还。不得泄露患者隐私。”《护士条例》第18条规定:“护士应当尊重、关心、爱护患者,保护患者的隐私。”以上规定为患者隐私权的保护提供了必要的法律保障。

患者的隐私权比一般隐私权更容易受到侵害。一般人不容易接触患者的隐私,但由于医患关系的特殊性,患者出于对医护人员的信任和治愈疾病的愿望,会向医护人员透露与自己疾病相关的信息,讲述自己的病史、心理状态,暴露自己的隐私部位等,这就决定了医护人员非常容易了解患者的隐私。在现实中,患者隐私权的侵害常常表现在以下几个方面:

(1)医生在问诊、检查过程中,询问了与诊疗疾病无关的情况,或非法触摸、窥视患者隐私部位。在医疗活动中,医务人员根据患者的病情和诊疗需要,可以通过必要的眼看、手摸等行为以及辅助的医学仪器与患者身体接触,对患者与疾病有关的隐私部位进行合理检查,以便查清病因,对症下药,因此诊疗过程中是最容易发生侵犯患者隐私权的阶段。在医疗实践中,个别医务人员因缺乏必要的道德素质与职业操守,假借身体检查之名或通过故意夸大病情、编造其他不利理由等威胁强迫患者本人同意后,直接窥视或接触患者身体隐私。

(2)在问诊或者检查中有与疾病诊断无关的人在场,患者病情等隐私被他人“旁观”“旁听”。现在许多医院门诊量很大,候诊区域狭小,病人及家属经常拥挤在同一诊室内,有时医生对一个患者问诊、检查时围上来许多候诊的患者,致使候诊的患者也有意或者无意地知道了被问诊、被检查患者的隐私。

(3)未经患者同意,随意公开患者具体资料。如患者吴某因牙龈上火去何某所在诊所就诊,后转至袁某所在医院中医科治疗。吴某到袁某所在医院病案室复印病历,但打开病历,发现病历已被何某复印。为保护自己的隐私权,吴某以隐私权被侵犯为由将何某、袁某起诉到法院。法院审理认为,病历属于病人所有,医务人员私自复印患者病历,侵犯了病人的隐私权。判决何某与袁某共同向吴某赔付 2 万元,并当面道歉。

(4)医学临床教学中和医学科学研究中侵害患者隐私权的行为。大多三级甲等医院承担了一定的医学教学任务,为实习的医学生提供观摩和实习的机会。如果为患者的隐私领域诊疗时有实习人员在场,医院应尽到合理的注意义务,即事先明确告知患者或其家属本医院负有教学科研的任务,在诊疗过程中有可能涉及患者的隐私,患者享有知情同意权。如患者崔某在被做人流手术时,医方未经患者同意,安排实习生观摩手术过程。法院审理认为,被告不经原告同意擅自组织实习学生观摩原告人体流产的行为,侵犯了原告的隐私权,根据法律有关规定,判决被告赔偿原告精神抚慰金人民币 10,000 元。

对患者而言,有些疾病牵涉自己的隐私,出于自尊心,他希望保留自己的隐私,但是为了治愈疾病,他又希望医生能尽可能全面地掌握自己的病情。对于医生而言,全面了解患者病情,他才能对症下药,治疗疾病,这必然会涉及患者的隐私利益。因此协调这两者的矛盾直接影响到医患关系的好坏。处理这对矛盾应当适用必要限度原则,当患者隐私权与医方知情权发生冲突时,如果患者的隐私内容是医生治疗疾病所必须了解的,那么患者应当让渡这部分权利,医生的行为不构成侵犯隐私权。当然,医方获得及行使隐私利益的范围应受到限制,以治疗患者疾病为限度,超出这一限度则构成对患者隐私权的侵害。

(三)医方的权利保护

在实践中,医方的特殊干预权、医疗行为豁免权、受尊重权等权利有时会受到侵害。下面重点对特殊干预权、医疗行为豁免权进行研究。受尊重权虽然在医疗实践中,特别是医疗纠纷时会受到侵害,但这项权利是普通权利,可以依据一般法律进行救济,本文不作过多研究。

1. 特殊干预权

医方的特殊干预权主要是对患者的医疗自主权进行限制,以便更好地维护患者的权利而设定的权利。患者医疗自主权是指患者对自己的身体、生命享有的自己决定权。主要包括以下几个方面的内容:选择医疗机构和医生的权利;选择医疗方案的权利;拒绝治疗的权利;丧失决定能力时的权利。《侵权责任法》第55条规定了患者的自己决定权,《医疗机构管理条例》第33条也有类似规定。

通常而言,医师的一般权利服从于病人权利的基本要求。在医疗实践中,患者自主权有膨胀甚至被滥用的倾向,不仅在个案层面导致患者本人健康、生命的损失,而且在社会层面产生比较负面的影响。由于患者认识能力、情感意志和选择偏好各异,患者的自主决定有可能违背医学合理性、医疗伦理、社会道德甚至法律,医师不能机械地绝对地听从其选择。这时,需要赋予医方特殊权利,以限制病人的自主权利,达到完成医师对病人应尽的义务和对病人根本利益负责的目的,这种权利称为医师的特殊干预权。美国《紧急施救手术法规》规定:"医生有权在病人面临生命威胁,或有导致身体残疾的危险时,在未得到病人同意以及未得到任何其他人准许的情况下,对病人实施救治。"当遇到突发灾难时,病人有可能失去行为能力,此时,医师有权援引《紧急施救手术法规》中的规定,自主决定最佳救护手段。在治病过程中如果出现紧急情况,比如病人出现大出血、休克以及神志不清,病人的手术决定权在医院,而不是家属或其他人。医师首先会马上对病人的病情进行会诊,只要有两名以上的主治医师商讨并签字,就能决定病人是否需要手术。然后医师会把会诊结果和病人的病情以及急救措施告知家属。如果遭到家属的反对,不同意手术,便由医院设立的"道德办公室"作出最后决定,一般该办公室都会采纳医师的意见。

我国《医疗机构管理条例》第33条、《执业医师法》第24条均对医师的特殊干预权以强制义务的形式予以规定。如《执业医师法》第24条规定:"对急危患者,医师应当采取紧急措施进行诊治;不得拒绝急救处置。"但由于缺乏可行的操作细则和执行标准在实施中并未体现其作用。"肖志军拒签案"发生后,《侵权责任法》第56条规定:"因抢救生命垂危的患者等紧急情况,不能取得患者或者其近亲属意见的,经医疗机构负责人或者授权的负责人批准,可以立即实施相应的医疗措施。"特殊干预权首次以权利的形式出现。但是同《医疗机构管理条例》第33条之规定一样,该法条对医师行使特殊干预权的实施细则未加以规定。

在实践中，特殊干预权更多是与家属的代理权发生冲突。“肖志军拒签字孕妇胎儿双亡案”即典型案例。一般情况下，患者家属都能够从最有利于患者的角度行使代理权，但也存在家属因图谋财产、推托赡养义务、不愿承担风险、害怕累赘等原因恶意行使代理权的极端情况，将给患者带来巨大的损失。当出现上述不利于患者的情况时，医师应当运用特殊干预权否定家属的代理权限，为患者作出符合其利益的决定。

2. 医疗行为豁免权

医疗行为豁免权，是指医疗机构和医护人员在对患者实施合法诊疗行为时所造成的难以预防的不良后果不受追究的权利。医疗行为本身具有的伤害性、实验性，这种风险性针对医方来说承担的是职业风险，对患者来说承担的是医疗风险。医疗行为采用的检查方法和治疗的手段及使用的药物，不仅对患者身体具有侵入性和损害性，而且对组织器官具有一定甚至是明显的侵袭性，极易导致对人体造成损害的结果。在临床实践中，医疗行为的高风险性导致医疗损害频繁发生，主要表现为患者的死亡、残疾、组织器官的损伤、健康状况相对于诊疗前有所恶化。在广西法院近年来审理的案件中，大部分患者是以因未受到充分的医疗照顾而受到生命健康损害为由而提起诉讼。医方多以已经尽到注意义务为抗辩理由。在所抽取的案件样本中，患者多以侵犯医疗权和身体权为由向法院提起诉讼，各自所占的总比例分别达到39.88%和34.39%（见图八）。

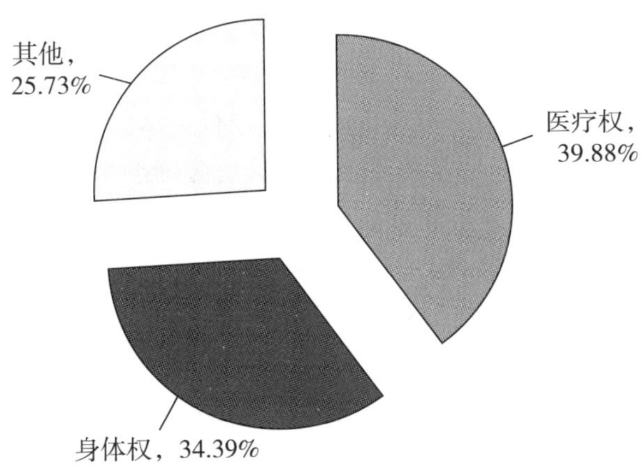

图八　2009年至2014年医疗权/身体权案由所占比例

法律允许医疗行为在一定限度内对个体利益的侵害。医疗过程中对人身明显的侵害行为并非全部都是侵权行为，其原因在于正当的医疗行为具有违法阻却性质。

《医疗事故处理条例》第33条规定,(1)紧急情况下为抢救垂危患者生命而采取紧急医学措施造成不良后果;(2)在医疗活动中由于患者病情异常或者患者体质特殊而发生医疗意外;(3)在现有医学科学技术条件下,发生无法预料或者不能防范的不良后果;(4)无过错输血感染造成不良后果;(5)因患方原因延误诊疗导致不良后果;(6)因不可抗力造成不良后果。以上六条,均属无过失医疗损害范畴。《侵权责任法》第6条也规定了三种法定免责情形。司法审判实践中一般认为,患者因自身疾病原因存在生命健康的风险,选择医院治疗并不意味着生命健康的风险转移到了医院,不能将医学发展的局限、患者个人差异产生的不良后果归责于医院。只要医护人员的医疗行为符合现有的科学知识和操作规程,不违反法律、行政法规、规章和治疗注意义务,即不存在过失,就不承担责任。医疗损害免责事由是医方不存在医疗过失,已经尽到注意义务。患者陆某因患左肾结石、尿路感染,在医院进行了相应的手术,但手后右肾破裂出血,并无法采取有效措施止血,为保命,原告同意由被告实施了右肾切除术。但在出院后,患者身体状况奇差,连轻微体力活都不能负担,造成了终生残疾。陆某认为,医方没有尽到与其医疗水平相应的义务,并要求赔偿。后经司法鉴定,患者出现右肾破裂、出血并发症,是在现有医学科学技术条件下,属于无法防范的不良后果,切除患肾是阻止活动性出血,挽救患者生命的有效救治措施。法院认为,医方所采取的医疗原则、医疗方式,术后采取的医疗措施,均是符合医疗规范的,且对原告的诊疗行为无过错,驳回了陆某的诉讼请求。

(四)司法审判在保护医患双方权利中的难点

虽然《侵权责任法》中就医疗损害责任问题专章作了较为详细的规定,但由于法律规定之间存在的矛盾以及模糊之处,法官在审理医患纠纷案件过程中,不可避免地会出现一些法律适用上的困惑。从司法实践看,主要反映在以下方面:

1. 相关权利立法规定不明确

目前,世界各国医事立法已涉及医疗、卫生、保健等各个方面的问题,如临床医疗,医疗卫生人力、物力、保健措施,疾病控制,口腔卫生,家庭医疗卫生,人类生殖和人口政策、老年人中毒和滥用药物、伦理问题和职业责任、死亡等有关问题,世界医事立法的范围已越来越广泛。与国外相比,我国无论是在医生、医疗机构权利保护还是在患者权利保护的立法上发展都很滞后。《侵权责任法》实施前,我国调整医患关系的法律主要有:《执业医师法》(1999年6月26日通过)、《医疗事故处理条例》(2002年4月4日通过)、《医疗机构管理条例》(1994年2月26日通过)、《护士条例》(2008年1月31日通过)等;实践中,我国医疗纠纷中常用的法律依据还有《民法通则》《消费者权益保护法》《产品质量法》《最高人民法院关于民事诉讼证据的若干规定》等。这些法律法规在一定程度上缓解了医患之间的矛盾,但是这些法律大多只是对医患双方的权利和义务作出了模糊的规范,而对医患关系如何定位,以及具有何种权利并没有明确规定。国务院发布的《医疗事故处理条例》虽然对医患双方的权利和义务作了一些具体规定,但是并没有设专章规定患者的权利,而是散见在各章节之中。随着医疗纠纷的逐渐升级,许多新型的纠纷不断涌现,原来的法律已经远远不能满足解决纠纷的需要。由于立法的不完善,法理探讨方面也存在诸多分歧,各地相继出台了地方规范性法律文件[1]。这些规定不但没有起到专门保护患者权利的作用,反而使立法出现了更为混乱的局面,将非常重要的患者权利规定到了消费者权益保护的法规当中。由于这些地方性法规在所在的省份施行的法规内容不同,范围不一致,使同样的权利受到不同程度的保护,这显然不利于医患双方的权利保护。

《侵权责任法》的实施结束了国内立法和司法领域的混乱局面,专门设立了"医疗损害责任"一章,对医疗损害责任制度进行了成功的改革,统一适用医疗损害责任的案由、对医疗损害责任进行科学分类、确定适合国情的归责原则体系、统一适用人身损害赔偿标准等方面,并且全面规定了新的医疗损害责任的救济规则,建立了一元化的医疗损害救济制度,正确地处理了受害患者、医疗机构和全体患者的利益关系平衡。但在权利义务体系的构建上还是存在不明确的问题。

2. 当前的"二元化"鉴定制度存在较大缺陷

单就医患纠纷案件而言,大部分法官由于缺乏相应的医学知识,其在处理该类问题上无优于常人的专业优势。法官在专业上的劣势表现在过度依赖司法鉴定意见。从法院审理的情况看,除了已经进行医疗事故鉴定的案件外,还有近五成的案件当事人向法院申请司法鉴定。在进行司法鉴定的案件中,有95%的案件部分采用或全部采用鉴定意见。在一定意义上,鉴定权已经部分代替了审判权。与此同时,由于在新修改的民事诉讼法实施之前,法律没有要求鉴定人出庭的强制性规定,在司法实践中,极少有鉴定人出庭接受当事人质询。由于当事人无法与鉴定人对鉴定意见进行直接的言词对质,法官在没有办法作出充分论证的情况下,只能将鉴定意见直接作为

[1] 如1999年广东省人大常委会通过的《广东省实施〈中华人民共和国消费者权益保护法〉办法》第16条中规定:"从事医疗美容的经营者应当确保消费者的身体健康和生命安全。"2000年10月29日浙江省通过的《浙江省实施〈中华人民共和国消费者权益保护法〉办法》,将患者列入消费者行列,规定患者享有知情权、隐私权和获得赔偿权。2005年9月生效的《福建省实施〈中华人民共和国消费者权益保护法〉办法》更是明确把医患纠纷纳入消费者保护法的领域。

定案依据。虽然新修改的民事诉讼法对鉴定人出庭提出了强制要求并规定了拒不出庭作证的后果,从立法层面上解决鉴定人不出庭的问题,但在司法实践中能否真实落实,有待实践检验。

同时,由于我国现行的法律法规没有对医疗事故鉴定和医疗过错鉴定两种鉴定方式的适用先后顺序、证明效力等级等作出规定,也未规定当医患双方就同一纠纷提出不同的鉴定方式时该如何处理,导致实践中的具体操作较为混乱。而在面对不同的鉴定意见时,在法律没有规定效力等级的情况下,法官难以分析采信,这样似乎使整个案件又重新回到初始状态,给法官审理案件造成了极大的困扰。

3. 司法尺度不统一

关于责任比例的认定问题,由于对如何平衡患方与医方的利益存在不同理解,法官在行使自由裁量权时存在较大差别。例如,对于同为医方因未尽告知义务承担次要责任的案件,在案情基本相同的情况下,出现不同法院判决医方承担从 5% 至 60% 不等的责任。

4. 侵害权利未造成身体伤害赔偿难度大

以侵害患者知情同意权为例,在未造成其他损害结果时,普遍按照普通民事侵权案件的标准判定精神损害赔偿金的数额,有的法院则考虑到该类案件的特殊性,少判或者不判精神损害赔偿金。

5. 患方在诉讼中的获赔率过低

从案件的审结情况看,由于患方在诉讼时普遍存在不合理的期望值,导致判决数额与其请求赔偿数额往往有较大的差距。从判决结果看,近 5 年审结的医患纠纷案件患方的胜诉率(判决医院承担全部责任或主要责任)达到 70% 以上,但与此同时,其诉讼请求的平均判赔率只有 35% 左右,远远低于其胜诉率。最典型的是一起因胎检不到位引发的纠纷,患者起诉要求医方赔偿 44 万元,法院经审理后认为,医方在胎检过程中,因临床漏诊造成临床处置不当。虽然最终判决医方承担 60% 的责任,但赔偿额只有 4 万元。

6. 因诊疗行为对损害结果的参与度把握不准

由于判断诊疗过程以及细节是否科学合理超出了法官的认知范围,而有的鉴定意见虽然认定医方存在过错,但对于过错对损害结果的参与度表述较为模糊,如只认定“医方承担相应的过错责任”,导致法官在判断医方责任特别是主次责任时把握不准。对于一些患者先后在多个医院就诊或者因第三人伤害在先等情况引发的医疗损害,对参与度的判断更为复杂。

三、完善医患双方权利法律保护的建议

从司法审判的实践来看,解决医患关系的核心是平衡双方的权利义务。既要尊重维护双方的合法权益,也要强调二者的职责和义务。医患各自的权利应当受到尊重与保护,义务也必须自觉承担和履行。本文从立法、司法等方面提出完善建议。

(一)立法层面:完善医患双方权利义务体系

1. 医患权利义务立法现状

我国赋予病人权利的法律主要有:《民法通则》《护士条例》《医疗机构管理条例》《执业医师法》《母婴保健法》《传染病防治法》《献血法》《医疗事故处理条例》《侵权责任法》等,此外,《消费者权益保护法》《产品质量法》《最高人民法院关于民事诉讼证据的若干规定》等也有一些相关的内容。在赋予病人各项权利的同时,我国颁布《执业医师法》《医疗机构管理条例》《医疗机构管理条例实施细则》《医疗器械监督管理条例》《医院工作人员职责》《医院工作制度》《护士条例》等法律、法规和规章对医疗机构和医护人员在从事医疗活动中的义务作了明确规定。对医师权利的规定仅见于《执业医师法》。

表面上看,我国的医事立法已经很全面,既有规范医生、护理人员以及医疗机构从业规则的法律,也有发生医疗纠纷后所依据的事故处理办法,还有关于举证方面的法律解释。但是随着医疗纠纷的升级,许多新型的纠纷不断涌现,原来的法律已经远远不能满足解决纠纷的需要。我国的立法状况出现了许多亟待解决的问题。与国外相比,我国在医患权利保护的立法上发展较为滞后。

一是没有一部完整的医事法典。我国现行立法中没有一部调整医患关系以及保护患者权利的基本法律,重要内容的法律规制存在空白的现象,而现行有关医患双方权利的规定较分散,缺少统一原则作为立法指导,导致各地区、各医疗单位做法不一,落实的形式和程度存在差异。如部分地方性法规将患者作为消费者,适用消费者权益保护法。[1] 由于这些地方性法规适用范围不同,造成同样的权利因地域不同而受到不同程度的保护,这不仅不利于患者的权利保护,也会使人们对法律的权威和公平

〔1〕 1999 年广东省人大常委会通过的《广东省实施〈中华人民共和国消费者权益保护法〉办法》,其第 16 条中规定:“从事医学美容的经营者应当确保消费者的身体健康和生命安全。”2000 年《浙江省实施〈中华人民共和国消费者权益保护法〉办法》,将患者列入消费者行列,规定患者享有知情权、隐私权和获得赔偿权。2005 年《福建省实施〈中华人民共和国消费者权益保护法〉办法》更是明确把医患纠纷纳入消费者保护法的领域。

性产生怀疑，从而失去对法律的信仰。由此，通过司法途径所得到的处理结果也存在相同类别的案件判决结果差异较大，难以定分止争，导致司法的权威性不足。《侵权责任法》专门设立了“医疗损害责任”一章，对医疗损害责任制度进行了成功的改革，统一适用医疗损害责任的案由、对医疗损害责任进行科学分类、确定适合国情的归责原则体系、统一适用人身损害赔偿标准等方面，并且全面规定了新的医疗损害责任的救济规则，对由“医疗事故责任”与“医疗过错责任”等三个双轨制构成的二元化的医疗损害救济制度进行了根本性的改革，建立了一元化的医疗损害救济制度，正确地处理了受害患者、医疗机构和全体患者的利益关系平衡。《侵权责任法》的实施结束了国内立法和司法领域的混乱局面，但该法主要是事后责任的承担与分配，对医患双方的权利并没有太多的涉及。这种立法上缺失的状态不利于对医患双方权利的保护。

二是立法混乱且层级较低。综观我国现有的有关医患双方权利义务的法律法规，他们大多是散见于立法层次较低的行政法规、部门规章中，如各种“条例”“办法”等，缺乏效力层级较高的专门性法律规定。

三是权利义务规定模糊。这些法律法规大多只对权利和义务作出了模糊的规范。国务院发布的《医疗事故处理条例》虽然对医患双方的权利和义务作了一些具体规定，但是并没有设专章规定医患双方的权利，而是散见在各章节之中。这些权利规定既不系统也不完善。

博登海默指出，法律的主要作用之一就是调整及调和种种相互冲突的权利，如果没有某些具有规范性质的一般性标准，那么有组织的社会就会在作决定时把握不住标准而出差错。权利应当是明确的，只有彼此在各自的权利的范围内行使，利益的冲突也就必然减少。当前医患关系的紧张充分说明了权利的模糊和不确定化带来了问题的严重。因此，对医患双方的权利界限进行明确的、适时的划分，澄清彼此法定权利的边界，既可以对社会秩序进行一种事前的规划，减少出现法定权利界限模糊的可能；又可以在法定界限模糊出现之后在正常的程序范围之内通过合理的分析将冲突解决。明晰医患双方权利义务是解决医患矛盾的根本途径。

2. 国外立法

目前，世界各国医事立法已涉及医疗、卫生、保健等各个方面的问题，以患者权利保护为例，国外对患者权利方面的立法，呈现出患者权利立法规范的精细化和扩大化的特点。许多国家不仅对患者的总体权利进行了宏观的立法规范，还对患者的具体权利进行了专门的立法，并逐渐成为一种新的潮流和趋势。德国宪法、医疗保险法、社会法典、刑法、医师执业规则等法律中对患者的生命权、身体权、隐私权等都有规定,其中患者权利宪章对患者的权利进行系统化立法,集中详细对患者的权利及其保护作出规定。法国《关于患者权利和保健系统质量的法律》,全面包括了患者获得医疗的权利、获得信息的权利、同意权、隐私权以及提出申诉的权利,获得损害赔偿的权利等。日本《患者的权利章程》明确规定了患者的权利与义务:知情权、自我决定权、保护隐私权、学习的权利、接受医疗的权利、参与和合作的义务。英国患者宪章,对患者的权利作了集中规定,除了规定患者有获得知情同意的权利、获得说明的权利、接触到保健记录的权利、提出意见的权利等权利外,还规定了在等待者名册上记载后两年之内获得治疗的权利等英国特有的权利。美国《患者权利法案》明确规定了患者所拥有的权利,涉及医疗、护理、康复、转院、知情、同意、资料、保密、试验、查账等众多方面。患者权利立法的精细化和扩大化为患者权利获得更充分的保护、医疗纠纷的预防和有效解决提供了更可靠、更具可操作性的制度支撑。

3. 完善立法的总体建议

我国目前虽有《侵权责任法》《执业医师法》《医疗机构管理条例》《医疗事故处理条例》等一系列调整医疗活动中社会关系的法律法规行政规章,但尚未形成一个完整的调整医患关系的法律规范体系,且这些法律条例在实践中仍有不完善之处。借鉴世界发达国家经验,我国有必要制定一部完善的医事法典,在这部法典中对医患双方的权利义务作出全面具体的规定,并且明确保障这些权利得以实现的程序,全面调整医事法律关系,使医患双方能够依法保障患者的生命健康和医学事业的健康发展。

医事法典应是一部公法与私法、实体法与程序法合体的综合性法律,内容要涵括医疗行业的行政管理,又同时能调整医疗机构与患者之间的关系。特别是明确医患关系的法律性质,完善医师与患者的权利和义务,设立医疗行为的规范标准,完善医疗争议的处理机制、法律救济渠道和侵权责任,明确医疗损害的赔偿项目和标准,使得医患双方的权利保护的范围更加精细化、扩大化。

4. 立法原则

立法原则,是指在一国立法活动中起指导作用的思想和具有基础或本源意义的稳定的法律原理和准则。在医事法典立法过程中,在坚持一般的立法原则的同时,需要考虑到医疗行业和医患关系的特殊性。

(1)生命价值原则。人存在的首要要求就是生命的鲜活,无论是观念层面,还是制度构建层面,医患双方关系的设定必须尊重这样一个基本事实,即人的生命价值具有至上性、不可或缺。所有的权利或义务的设定,都必须围绕保护患者的生命价值这一最高原则,无论是患者的医疗自主权、知情同意权还是医方的特殊干预权,目的都是维护患者生命健康。

(2)权利和义务相统一原则。医患之间的权利义务关系是医患法律关系的核心内容。医患双方权利义务密不可分,双方的权利义务互相包含,互相作用,互为界限,互为参照系。患者对权利的享有和行使意味着医师对义务的承担和履行,患者的医疗权利也就是医师治疗的义务。患者有权获得医疗服务,有权自主决定是否接受治疗和接受何种治疗,有权知情诊疗信息,有权要求医务人员维护自己的隐私。与之相对,对于医师来说,有提供医疗保健服务、尊重患者的决定、提供必要诊疗信息和取得患者自愿同意、保守秘密和保护隐私的义务。同时,患者履行义务保障了医师行医权的实现。患者有接受检查、配合治疗、支付费用、遵守医疗机构相关规定的义务。医疗过程中,只有患者履行了上述义务,医师才能进行诊断治疗。

医患双方的权利具有平等性,不存在优先保护那方权利的前提设定。作为民事法律关系调整的对象,医患双方都平等的享有权利和履行义务,没有无权利的义务,也没有无义务的权利。如果只强调一方,必然导致另一方的偏废。对医师而言,只讲义务不讲权利,医师的积极性就会受到压制。尊重医师的权利,特别是重视医师正当的物质利益,是对医师辛勤工作的尊重与肯定。只有使医师的权利得到真正的保证,才能充分发挥医师的聪明才智和主观能动性,更好地为患者服务。对患者而言,如果只谈权利而不讲义务,患者的权利也难以得到保证。患者在享有权利的同时,须履行应尽的义务。患方义务的缺失必然会引发对权利理解的片面性和患方诉求的绝对化,在对患方权利肯定的同时也应当促进其相关义务意识的觉醒。义务的履行是获得权利的对价,这样才能够缓和医患矛盾,构建和谐的医患关系。在医患关系中,相对于医方应尽的义务,对患方的义务也应当予以明确,保证医疗活动的有序进行。权利和义务的划分应该是针对医患双方的、均衡的,是统一的,这样才有利于一个正常医患关系的形成和建立。

(3)平衡原则。在医患关系中,医方所具有的高度专业知识使其天然具有相对强势的地位,患者治病求医这一特殊需求使其具有弱势地位。在双方信息的高度不对称性的前提下,需要从实质公平角度向患方予以一定倾斜。在早期,将医患关系定位为行政法律关系倾向于医方利益保护,后来实行举证责任倒置倾向于对患方的弱者地位保护,立法在医患双方的利益间进行了一定的利益衡平,希望通过这种衡平实现双方实质上的平等。但这种倾斜如果不当很容易导致医疗诉讼增多,医患之间的对立度加大,迫使医方进行过度保守医疗,不利于医学科学的发展和双方合法利益的保护。“法律概念的形成,乃基于利益衡量和价值判断,赋予不同的法律效果,以满足社会生活的需要"。[1] 在医患法律关系中,一方面,明确患方权利的同时也要考虑到医疗行为的专业性特征,对患方在诊疗过程中的行为予以相应制约,赋予患方一定的义务以保障正当医疗工作的顺利有序进行;另一方面,赋予医方法定各项义务的同时也要肯定医疗行为的主动性,应当赋予医方合法的相关医疗权利,保证其医疗行为正确顺利地实施,行为实施的结果最终仍是为患者谋取福利。

(二)患者权利义务的立法完善

综上,对于患者权利义务的立法可以从以下几个方面进行考虑:一是明确界定患者权利义务的内涵、外延、权利主体及保护范围等具体内容,这部分应当作为立法的核心内容;二是进一步明确规定医患关系中侵犯患者所拥有的各种权利时侵权行为人所应承担的法律责任的种类,详细列明承担责任的方式及其行使。根据本文的研究重点,下面重点对患者医疗权、知情同意权、医疗自主权、隐私权和患者的义务进行阐述。

1. 医疗权的立法完善

医疗权包括患者在患病时能够得到及时、有效、平等、合理的治疗。当公民在受到疾病的威胁与危害时,有得到相应的医疗治疗、护理以及相关服务的权利:得到合理的检查和检验、接受合乎客观规律的科学诊断和治疗、享有周到、细致的医疗护理服务。在医事法典中,应明确规定,任何公民都有权利得到及时、合理的医学治疗,医疗机构不得无正当理由拒不收治患者。各级政府应合理配置医疗资源,加大对城乡基层医疗机构的投入,提高基层医疗卫生机构服务水平和质量,使之能够胜任与其级别相一致的诊断治疗,以便公民能够得到及时有效的医疗服务。

2. 知情同意权的立法完善

目前的立法存在知情同意权内涵外延不明确、实现程序不明确、法律责任不明确等问题,应从以下几个方面予以完善:

(1)进一步明确病患知情同意权利的含义。知情并不等于同意,同意必须以知情为前提。在医疗过程中,有的医务人员为使病患接受治疗,在向病患交代情况时,不够真实、不够全面,甚至有意隐瞒或回避可能出现的不良后果,影响了病患及其家属作出自己的选择和判断。但医师往往以病患本人已同意或者已经签字为由,认为已履行告知义务,病患肯定应该知情,这种简单将知情权的范围与同意权的内容相混淆的想法与做法是不可取的。

---

[1] 王泽鉴:《民法物权》(第 2 册),中国政法大学出版社 2001 年版,第 164 页。

(2)完善患者知情同意权的内容和范围。实践中,因知情同意权引发的医疗纠纷中,多是由于医患双方之间对告知和知情的范围、内容存在认识上的分歧。《执业医师法》第26条仅规定医师应当如实向病患或者家属介绍病情,《医疗事故处理条例》在《执业医师法》的基础上,增加了病患对医疗措施、医疗风险、病历资料和医疗事故的知情权。但由于该条例主要是从医疗事故预防角度对病患知情权的保护,对违反上述内容的,也只是从行政处理的角度去解决,实际操作中更多的是依赖《医疗机构管理条例》以及《医疗机构管理条例实施细则》中的规定,即在实施手术、特殊检查、特殊治疗时,病患才享有知情权,这显然不利于对病患知情权的保护。因此在立法中应借鉴国外立法手段,通过概括性规定和列举性规定相结合的方法,对患者知情同意权的内容和范围作出统一的规定。患者的知情权应当包括七个方面内容:病情的诊疗信息;拟采取的医疗方案、医疗措施及其利弊;拟采取医疗方案的医疗风险;有无其他可替代的治疗方法;医疗机构和医师的有关情况;作为实验性临床治疗及医学科学试验对象的情况;医疗费用等。

(3)完善知情同意权利的实现程序。法律应该为知情同意权的实现提供一个合理、合法、高效的途径。病患知情权是病患人身权的一种延伸,应专属于病患本人,由病患本人行使。有同意能力的患者所作的同意表示,具有知情同意的法律效力。在特殊的情形下,家属也有权替代行使知情同意权,这主要包括三种情形:一是有同意能力的患者明确委托某一家属代理行使知情同意权;二是当向患者告知相关信息将会对其造成伤害(在医生得以援用"保护性医疗"的情形)时,家属有权替代其行使知情同意权;三是当患者不具有同意能力(包括永久的和暂时的丧失同意能力)时,按照《民法通则》的规定,特定家属以法定代理人的身份行使知情同意权。

应该修改《执业医师法》等关于对病患家属的告知义务,明确地规定:有同意能力的患者,必须由患者本人来行使知情同意的权利。在保护性医疗制度或在病患本人因疾病状况不能行使病患知情权,或病人明确授权的情形下,病患知情权可由其法定代理人或者委托代理人行使。在法定代理人意见不统一时,应适用病人最佳利益原则来选择合适的代理人或制约代理行使患者知情同意权的过程中可能引发的道德风险。

(4)明确侵权责任。《侵权责任法》第55条第2款规定的"损害"的性质,主要有"实际损害说"和"知情同意权受损说"两种不同的认识。本文认为,侵害患者的知情同意权并不必然导致患者的人身伤害,也有可能因医方的过度医疗或检查造成的不必要的经济支出,或选择权的丧失造成的经济或精神上的伤害,违反告知义务的医疗伦理损害责任侵害的是患者的知情权和自我决定权,损害事实主要不是人身损害事实(尽管也有人身损害事实),而是知情同意权、自我决定权等民事权利的损害。虽然未造成人身实质伤害,或者伤害的结果与知情同意权的受侵犯之间没有因果关系,医方也应承担民事责任或行政责任。毕竟,没有救济的权利只是纸面上的权利,权利要落到实处,必须有侵害就有责任。

3. 患者医疗自主权的立法完善

各国关于病人权利的立法文件中,都有对病人自主权的规定。美国《联邦病人自己决定法案》对病人的自主权予以立法化,美国《医院法》也规定:“病人在法律允许的范围内可拒绝治疗。当病人或其法定代表拒绝治疗而影响到按职业标准开展合理医疗时,医院在合理地通过病人后. 可以中止与病人的关系。”我国《医疗机构管理条例》第 33 条规定,医疗机构施行手术、特殊检查或者特殊治疗时,必须征得患者同意。《执业医师法》更明确规定,患者对医生的诊治手段(包括人体实验)有权知道其作用、成功率或可能发生的并发症等危险,在患者同意后方可实施。患者也有权拒绝某一诊治手段和人体实验,不管是否有益于患者。这些规定都是对病人自主权利的肯定和保护。

对于医疗自主权本身并没有什么特别的问题,在司法实践中主要是对患者医疗自主权的限制上,如自主能力、强制治疗、家属的代理权、医方的特殊干预权。

(1)完善对民事行为能力的规定。患者有无自主能力,是患者能否有效行使自主权的前提。判断病人的自主能力可以以判断民法上的行为能力的标准为准:年满 18 周岁神志清楚的病人,以及 16 周岁以上未满 18 周岁、以自己的劳动收入为主要生活来源的、具有完全民事行为能力的病人,具有完全的自主能力,是自主权的主体。年满 8 周岁的未成年人和不能完全辨认自己行为的精神病人为限制自主能力人,根据其智力与精神状况只能对一般性的简单的医疗行为独立作出自主决定,而对于手术、特殊检查、特殊治疗等对病人生命健康影响较大或对身体外观产生较大改变的医疗行为无自主决定能力,由其法定代理人代为行使或征得其法定代理人的同意。不满 8 周岁的未成年人和完全不能辨认自己行为的精神病人为无自主能力人,由其法定代理人代为行使自主权

(2)完善患者自主权的代理。在一些特殊情况下,具有完全自主能力的病人客观上不能行使其自主权,例如病人处于昏迷状态而暂时失去意识,这时可以由病人的家属或者关系人作为其代理人代为行使自主权。在我国的医疗制度和实践中,患者近亲属在患者的医疗事务中扮演着重要的角色,很大一部分的医疗决定是由患者近亲

属来参与或代行的。我国《医疗机构管理条例》第33条规定:“医疗机构实施手术、特殊检查或者特殊治疗时,必须征得患者同意,并应当取得其家属或者关系人同意并签字;无法取得患者意见时,应当取得其家属或者关系人同意并签字。”《侵权责任法》第55条第1款规定:“医务人员在诊疗活动中应当向患者说明病情和医疗措施,需要实施手术、特殊检查、特殊治疗的,医务人员应当及时向患者说明医疗风险、替代医疗方案等情况,并取得其书面同意;不宜向患者说明的,应当向患者的近亲属说明,并取得其书面同意。”这使我国的医疗实践陷入一个误区:病人无法单独行使自主权,手术前不仅需要病人本人的同意,还要求病人的家属或关系人也同意。医疗机构在病人具备完全自主能力的情况下,只要求病人的家属或关系人同意而不取得病人本人的同意,明显违反了法律的规定。

代理人在代为行使自主权时,必须出于病人最佳利益的考虑。如果代理人由于认识上的局限性,或者不是出于病人利益的考虑,而作出了不符合病人最佳利益的决定,那么他所作的决定应该受到限制或否定。此时医方应行使特殊干预权,在尽其最大善意注意义务的基础上实施对病人有利的医疗行为,不认为是专断治疗和对病人自主权的侵害。

(3)明确患者自主权的限制条件。一是当患者自主权与公共利益发生冲突时。对于病人患有严重的精神疾病和严重的传染病,因存在对他人和社会构成的危害,为防止出现暴力行为和疾病的蔓延,法律规定病人必须接受强制治疗。为了疾病的控制与预防,对于可疑患有严重传染病的人或人群,也规定有接受强制检查、诊断与治疗的义务。二是当患者自主权与本人的生命权发生冲突时。病人行使自主权意味着病人不仅有接受治疗、选择治疗方式等权利,还有拒绝治疗的权利。但当病人拒绝治疗将导致其死亡时,病人自主权的行使就面临着与之最根本的权利——生命权的保障之间的矛盾。如果病人的疾病本可以治愈,但因病人拒绝治疗而将导致急性死亡,医生应依法定程序给予强制治疗。

综上,关于患者自主权建议如此规定:具有完全民事行为能力的患者,有接受或拒绝治疗、选择治疗机构、医师和治疗方案的权利。无法取得患者的意见或患者不具有完全民事行为能力时,应取得其法定代理人或委托代理人的同意。法定代理人或委托代理人应作出最有利于患者的决定。当患者有严重的精神疾病和严重的传染病或其他法律规定的情形时,应当接受强制治疗。

4. 隐私权的立法完善

隐私权被作为一项国际人权而被得到确认,纳入了《欧洲人权公约》《美洲人权公约》等区域性公约以及《公民权利和政治权利国际公约》和《世界人权宣言》等国际公约。美国是当今保护患者隐私权最完善的国家,1974 年《隐私权法》规定患者在教学医院进行就医活动时,如果出现医院方要对临床医学的学生进行实习教学的情况,患者有权选择接受或者不接受,并且在诊疗过程中可以随时变更自己的选择或者转到非教学医院进行治疗活动。1996 年《有关健康保险的转移和责任的法律》(简称 HIPPA)要求境内各州、医疗服务系统、社会组织、公民个人共同努力,在全国范围内建立起一个保护患者隐私权利的体系,适用于保护公众以及私人属性的电子健康资讯、记录。1997 年《患者权利法案》规定患者享有隐私权等一系列权利,2002 年(美国)健康与人类服务部(United States Department of Health and Human Services,HHS)对病人隐私进行全面保护。根据该法规,任何单位和组织在非常规情形下使用或者公开病人健康信息都要获得病人的授权;通常情况下,病人有权接触自己的医疗档案并要求修改其中有错误的记录;如果某一单位要使用病人的医疗信息,需要书面通知当事人,得到病人的签名答复;限制受到保护的病人隐私随意用于市场营销,药物公司、卫生保健项目和其他单位需要获得病人授权才能将他们的资料信息用于市场营销。

我国的法律规定和司法解释对隐私权作了相关规定。目前我国法律对隐私权的保护仍比较零散,没有一个比较系统的全面保护公民隐私权的立法,甚至在民法这样的部门法中没有提出隐私权的概念以及有关的原则性规定。隐私权在我国法律体系中还没有成为一个独立的人格权,对隐私权的保护以及侵害隐私权的诉讼也没有形成专门的法律制度。关于我国的患者隐私权保护主要就是体现在以上的部门法及医事法律法规中,但是这些法律事实上存在诸多不一致的情况,因为统一立法的缺失,导致了公民在维权实践中缺少法律法规作为依据。这给隐私受侵害的患者维护自身的利益带来很大困难。

完善患者的隐私权保护,首先,确立隐私权的法律地位,有必要把隐私权作为一项区别于名誉权的独立权利加以确定。其次,对患者隐私权的概念、范围、侵权责任、归责原则等作出具体的规定,明确医疗服务机构及相关人员在侵犯患者隐私权时所应当承担的法律责任,使患者在采取救济措施时有明确的目的和维权方向,在其权利被侵犯时能更好地保护自己的合法权益。再次,明确侵犯患者隐私权责任的赔偿标准,使在患者受到非法侵犯时能够得到有效的司法救济。最后,应同时出台予以配合上述法律的配套性规定。如加强对临床实习教学操作规章制度的制定,健全医疗机构实习的法律规制,在立法上严格规定有权进行实习活动的医疗机构的资质;加强对侵犯患者隐私权的惩戒力度,对恶性的侵权人加以重罚;全面规定诊疗人员、实习人员的法律义务等。

5. 患者义务的立法完善

权利与义务是一个统一的整体,患者在享受权利的同时也需承担应尽的义务。国际上有关患者的义务也都有法律条文加以规定。如新西兰病人权利与守则中就列出了九条义务:不能如约就诊必须事先通知有关医务人员;遵守医院各项规章制度;坦率真诚地回答医务人员的提问;讲清和进一步解释任何未清楚的问题;对自己同意的治疗要真诚合作;尊重其他病人隐私,对所了解的情况保守秘密;尊重其他病人的宗教信仰、文化和伦理道德实践;关心其他病人,注意音响、灯光、吸烟及探视接待;向有关领导提出意见和建议等。结合我国实际,应对以下义务作出明确规定:

(1)患方应如实提供与自身疾病有关的资料。患者的既往病史、用药史、生活习惯等资料,会影响医方对患者病情的诊断,患方如果隐瞒相关资料可能会影响疾病的治疗。此外,在医疗过程中,患者自身的病情变化情况也需要及时向医生报告,方便医方掌握病情,对诊疗方案及时调整。

(2)患方应遵从医嘱。疾病的治愈需要医患双方在协作的基础上共同努力,患方在知情的前提下有权对治疗作出自主决定,一旦其决定接受治疗,就应当遵从医嘱。一方面,患方应配合医方确定、并由患方同意的治疗方案,接受各项医学检查和诊疗手段;另一方面,患方的日常行为应遵从医嘱,如医方对患者饮食的限制、行动的限制等要求,患方应当遵从,以达到治疗的预期效果。

(3)患方应遵守医方相关规定,保证医疗秩序的稳定。

(4)尊重医务人员及其劳动。病人及其家属对医务人员应表示应有的尊重。

(5)及时交纳医疗费。

(三)医方权利义务的立法设想

医方虽然在医疗活动中处于相对强势的地位,相对患者需要履行更多的义务,但医方的权利也应得到保障。随着近年来医患矛盾的持续激化,尤其是随着恶性暴力伤医、杀医事件的频繁发生,医护人员工作和执业环境不断恶化,合法权益也不断遭受侵害,重视和保护医方的合法利益对医疗事业的发展起着决定性作用。应当承认和保护医务人员合理的权利,充分考虑到医务工作高技术、高风险的职业特征,并在立法上进行明确的规定。只有如此,才能保证医学事业的健康发展,更有利于患者权利的长远保护。我国对医务人员权利的保障,除《执业医师法》中的规定外,尚无同一位阶的法律对医务人员的各项权利予以保护,也未形成与医疗事业公益性相匹配的社会保障制度。相对于患者的权利,医方的权利保护更不完善。因此,需要在医事法典中针对医方权利作出专章规定。本文主要对医方的特殊干预权、医疗行为豁免权、医疗裁量权和医方的主要义务进行重点阐述。

1. 医师的特殊干预权

特殊干预权只在《执业医师法》第24条中作出了规定,但是该条规定并没有清楚界定特殊干预权的内涵与外延,也未赋予医师明确的职权及免责条款,以至于出现患者或其关系人拒绝救治时,医师无论在医学实践上还是司法实践上均无从行使特殊干预权。《侵权责任法》规定了因抢救生命垂危的患者等紧急情况时,如果不能取得患者或者其近亲属意见,医生可以在医院或授权的负责人同意后,立即开展救治行为。但是同《医疗机构管理条例》第33条之规定一样,该法条对医师行使特殊干预权的实施细则未作规定。特殊干预权作为医师的基本权利之一,应立法明确作出规定。在法律有明确规定的情况下,特殊干预权与知情同意权、医疗自主权才能保持合理的张力,才能更好地保障患者的权利。

(1)完善特殊干预权的实施程序。建立切实可行的操作细则和程序规范是保障医方特殊干预权的重要手段。应立法明确启动医方特殊干预权的主体、审批程序、审批的时间要求、明确行使此权的不同阶段的告知义务的程序要求等。

(2)明确特殊干预权的行使范围、行使依据、对行使权利后产生结果的责任分配等要件。临床实践中,医师面对的病情复杂多变,因此应立法设定启动特殊干预权的最低标准。最低标准应包括:一是明确行使此权的法定情况;二是明确行使此权的依据、理由、后果、责任。

(3)建立司法监督评判机构。在英美法系国家,法庭是一个重要的缓冲机构,如发生类似“肖志军事件”,医院无须请示卫生行政部门,医师可以直接申请法院裁定,法院也会及时地给予明确意见。在我国香港特区,医疗伦理委员会和医院管理局是解决医疗纠纷的中立机构,负责裁定涉及特殊干预权的医疗纠纷诉讼。我国可设立一个独立于医疗机构和患者的第三方机构,由医学、法学、心理学、伦理等学科的专家组成,裁定医师行使特殊干预权的复杂情况,在有效时限内快速地审查具体案情,衡量患者最佳利益,作出决定。

(4)界定代理制度中的特殊干预权。如前所述,家属的代理权在医疗活动中大量存在。家属行使代理权一般情况下确实是最大程度地维护了患者的利益,发挥着积极有益的作用;但也大量存在家属为了减轻负担或推托责任而恶意行使家属代理权的情形。《里斯本病人权利宣言》明确提到:“如果病人的代理人做出违反病人最佳利益的决定时,医师有义务在相关的法律机构挑战这项决定;如果在危急时则以病人的最佳利益从事医疗行为。”应立法明确家属行使代理权时的如违反患者“最佳利益原则”,医师依法有权行使特殊干预权,保障患者权益。

2. 医师的医疗行为豁免权

《侵权责任法》第 60 条规定了三种法定免责事由,即患者遭受损害,但有下列情形之一的,医疗机构不承担赔偿责任:患者或者其近亲属不配合医疗机构进行符合诊疗规范的诊疗;医务人员在抢救生命垂危的患者等紧急情况下已经尽到合理诊疗义务;限于当时的医疗水平难以诊疗。《医疗事故处理条例》第 33 条规定,在诊疗护理工作中,有下列情形之一的,不属于医疗事故:在紧急情况下为抢救垂危患者生命而采取紧急医学措施造成不良后果的;在医疗活动中由于患者病情异常或者患者体质特殊而发生医疗意外的;在现有医学科学技术条件下,发生无法预料或者不能防范的不良后果的;无过错输血感染造成不良后果的;因患方原因延误诊疗导致不良后果的;因不可抗力造成不良后果的。另外,按照《民法通则》和《医疗机构管理条例》第 33 条规定,患者或其家属签字同意,以及医方行使特殊干预权的,也属于免责情形。

(1)完善免责条款。在实践中,医方通常与患者签订书面协议,对一些免责事由进行事先约定。书面协议通常是格式合同,患者一般只能选择签字同意或者不同意。在立法体例上,可将属于医疗合同关系的医疗免责条款纳入医事法典中,对医疗免责条款作出有关的规制。专章制定医疗合同,并在其中对医疗免责条款的效力判定作出详细的规制,既要有利于保护患者的合法权利,又要有利于医学科学的发展;既要考虑患者的弱势地位,又要考虑医疗事业的特殊性。禁止任何人利用医疗免责条款来排除医方应负的责任和义务,对于那些滥用医疗免责条款来规避侵权责任、行政责任甚至刑事责任的条款应将其认定为绝对无效。

(2)科学设定医疗过失的认定标准。《侵权责任法》规定“限于当时的医疗水平难以诊疗”不承担责任,但当时的医疗水平即医疗水准如何判断是一个问题。医疗水准可分为两种:一是“学术上的医疗水准”,是指研究水准或学界水准;二是“实践中的医疗水准”,是指经验水准或技术水准,是医疗界普遍施行的技术。医疗水准不同于医学水准,它们是两个不同概念。医学水准也称学问水准,是指某种医疗行为在将来应予一般化的目标下,现在不断出现的基本研究水准,它不能成为判断医疗过失的标准。而医疗水准是某种医疗行为现在业已一般化和普遍化,并在医疗上正在加以施行的实践水准。一般认为,在对某种医疗行为的后果是否存在医疗过失作出公正、合理的法律评价时,要考虑医疗的专门性因素、医疗的地域性因素和医疗的紧急性因素。法律对某一领域内的专门医生所要求的注意义务的程度是相同的。它以该领域的一般医疗水准为基础,即以作为该类专门医生所通常应具备的医学知识和医疗技术为一般标准,如果医生因医学知识和医疗技术低于该一般标准而给患者造成损害时,就可以认定其存在医疗过失。医疗的地域性因素要考虑综合医院与小医院的差别、发达地区与落后地区的差别。同时,在紧急情况下,医疗的判断时间紧促,对患者的病症无法作出详细的检查和诊断,也很难要求医生与平时的注意程度相同的情况。

3. 医师的医疗裁量权

《执业医师法》第 21 条赋予了医生诊断权、处方权和对病人的治疗(处置)权,可以说是医师裁量权的法律(制)化,使其不仅仅停留在诊疗活动的事实层面,而且是医生依法享有的权利。随着患者来医院就诊而形成医疗服务合同法律关系,医师在对患者的诊疗过程中就享有相当裁量权。医疗行为受客观医疗环境的限制和病患个体差异的影响,医疗结果具有不确定性,医师在治疗过程中往往需要根据病情变化随时修正治疗方案,所以必须赋予医师在一定范围内自治的权利。在现代医疗活动中,医疗裁量权受到患者知情同意权、医疗自主权的限制,医师被要求履行告知义务,医师的治疗方案需经患者知情并同意后实施,医疗裁量权限大为缩小,甚至有学者认为医疗裁量权只是在告知尺度上的裁量。

但医疗是高度专业的活动,患者的治疗依赖于医师的专业知识,医师有根据病情的变化决定治疗方案并随时调整治疗方案的权利,包括治疗方法或投药的选择,治疗或手术的适当性的判断,以及手术的技术和方式的选择等内容。我国台湾地区学者黄丁全认为:“医师的治疗,基本上虽应具备相当高度的医学专门知识和技术,但在患者诊断及治疗方法的认定上,各医师间有微妙的见解差异是无法避免的,如果不认为医师对医疗实施有或多或少自由裁量的余地,将不能期待得到具有相当适宜的医疗处置。”因此,本文认为,应该赋予医师一定的裁量权,但应充分履行告知义务,尊重患者的知情同意权和医疗自主权。

(四)医方义务的完善及医疗过失标准的设定

作为医疗活动的主导者,医方的义务对患者的权利保障有着至关重要的作用。在医疗纠纷中,双方争议的焦点往往集中在是否存在医疗过失。判断是否存在医疗过失,关键是看是否违反了义务。医方主要有注意义务、告知义务、保密患者隐私义务、转诊义务、诊疗义务、制作保管病历义务等。下面重点对司法实践中争议大的注意义务、告知义务进行阐述。

1. 医疗过失标准的设定

传统侵权法认为,侵权法的主要功能是补偿事故中受害人的财产损失和人身损失。法经济学认为,侵权法的主要任务是如何避免侵权事故的发生。根据汉德公式,行为主体的义务受三个因素的影响:事故发生的概率、事故造成的损害结果、进行事故预防的成本。当损害成本大于预防成本时,行为人有动力进行预防;当损害成本小于预防成本时,行为人更倾向于让事故发生。因此,为了减少侵害事故的发生,从经济学的视角,有必要加大损害的成本。对于医疗行为来说,就是为了保障患者的权利,应加大损害赔偿的力度,也就是说,降低医疗过失的认定标准。表现在医方的义务设置上,就是增加医方的义务。当增加医方的责任时,在一定的限度内会减少医疗损害的发生,节约社会成本,增加患者的权利保护;随着边际效益的减少,但当达到一个临界点后,增加医方的责任,并不能减少医疗损害的发生,随着医方预防成本的增加,医方会倾向于采取保守治疗等降低自己的责任,这时患者的权利反而会得到损害,社会的整体成本上升。

因此,为了使社会成本最小化和社会福利(患者权利)最大化,有必要合理设定医疗过失认定标准,使医患双方得到适当的激励使其在行为上避免事故的发生。

2. 完善医方告知义务

在我国现行法中,对医师告知义务的立法上存在一定问题,缺乏对告知内容和告知方式的具体规定,法律用语表述含糊,概念界定不明确。这显然不利于患者知情权的保护和自主权的实现。因此建议:

(1)进一步明确医方履行告知义务的形式及各种告知适用的范围。对此,立法中对告知的具体方式,应根据告知的内容作出具体规定,而不能仅作概括性的规定。

(2)完善告知程序。现行立法中欠缺对告知行为的明确规定,使告知行为在很大程度上流于形式,不完善的告知程序也引发了大量医疗纠纷。除在“知情同意授权委托书”中规定告知范围和内容外,还应对不同告知内容的告知方式加以明确规定。如哪些内容可以口头告知,哪些内容必须采取书面告知的方式等。

(3)完善告知内容。具体应包括:以病人或病人家属陈述的病情及医师的初步检查为依据,告知病人所患疾病的发展概况及现时所处的进程;应当立即采取的诊断措施和方法;这些诊断措施和方法可能发生的意外;病人所患疾病的诊断或暂时不能确定的诊断;确定某种诊断或暂时不能作出诊断的根据;拟采取的治疗措施(包括药物治疗、手术治疗及其他治疗)的近期和远期后果,即包括可能出现的理想效果、某种程度的好转、可能出现的副作用及并发症;能够预测的后果;如存在有多种可能的治疗措施时,应同时向病人说明几种不同措施的不同效果;诊断和治疗所要付出的费用,特别要告知哪些是医疗保险的付费项目,哪些是自费项目;病人或家属应予配合及注意的事项;遇本院难以诊断、治疗的情况,应及时向病人或家属说明,并提供转院诊治或邀请外院医师来院会诊、治疗的建议。

(4)明确医师告知的裁量权。当向患者进行说明后可能会对患者造成生理、心理或情感上潜在的严重伤害,或对治疗带来不良后果,而允许医师出于医学上的考虑,可以不必对患者进行说明病情。医师的医疗裁量权在对癌症等不治之症或晚期病症是否告知时最为突出。如果医师认为某种病情如实告知后可能产生不利后果的,则医师有自由裁量的权利,而不是有义务不告知。医师根据自己的裁量,认为如实告知可能产生不利后果,则可以构成免除医师告知义务的法定事由。对因告知而产生不利后果的,一般也不构成对注意义务的违反,不承担法律责任。

3. 注意义务

《民法通则》《侵权责任法》《合同法》《执业医师法》《药品管理法》《传染病防治法》《献血法》《职业病防治法》《医疗事故处理条例》《医疗机构管理条例》《医疗机构管理条例实施细则》《眼科医院基本标准(试行)》《消毒管理办法》等法律法规规章中都有关于医师注意义务的规定。从表面来看,我国法律关于医师注意义务的规定很齐全,但在司法实践中还存在一些问题:一是立法零散混乱。医师注意义务自身的体系性比较强,内容也比较明确,但分散于众多的法律、法规、行政规章、地方性法规、司法解释甚至行业规范中。由于制定的主体、目的性和时间都各不相同,必然会出现法律法规之间效力的冲突。缺乏系统性也使得在立法的过程中容易出现漏洞,给患者保护自身权利带来困难,也不利于医务人员及医疗机构规范自身所应遵守的注意义务。二是法律规定模糊,原则性太强,特别是司法实践中最常适用的《侵权责任法》。主要是《侵权责任法》规定的过于笼统,并未作详细和更具可操作性的规定。从内容上来说,仅明确规定了几种医师的注意义务,不足以充分规制医师的行为,保障患者的权利。还有关于过度医疗问题,只规定了过度检查,更为重要的过度医疗则遗漏了。法律规定的笼统造成在司法实践中医疗过失的认定高度甚至是完全依赖医学鉴定和司法鉴定,是否构成医疗过失,损害的参与度是多少等问题法官无法根据法律来确定。

针对我国医师注意义务现状存在的问题,本文拟提出以下建议:

(1)系统体系化规定医师的注意义务。在医事法典中,将零散规定于多部法律中的医师义务进行系统地整理。

(2)完善医师注意义务内容,为医疗过失的判断提供明确的依据。特别是明确医疗过失的判断标准,确定医务人员的诊疗行为是否尽到注意义务,判断当时的医疗水平,可以适当考虑地区、医疗机构资质、医务人员资质等因素。

(五)在司法审判中平衡保护医患双方的权益

司法审判作为重要的医患纠纷解决渠道,以其高度的权威性对医疗纠纷的解决及医患关系的发展具有导向意义。因此,司法审判中需要妥善平衡双方的权利冲突,既要保护患者的合法权益,也要促进医学科学事业的健康发展。

一是充分认识构建和谐医患关系的重要性,高度重视医疗纠纷案件审理工作。医患关系是医患双方在医疗过程中产生的特定社会关系。医疗行为作用于患者身体,直接影响患者的健康权、身体权、生命权,技术性强,风险性大。和谐医患关系的建立有助于最大限度地保障患者及时通过医疗行为减轻、消除疾病痛苦,促进医德医风建设和医疗卫生事业的良性发展。全省各级人民法院要坚持从审判服务大局的理念出发,努力践行司法为民,高度重视医疗纠纷案件的审理工作,努力促进医患关系的和谐。

二是积极树立促进和谐医患关系的审判理念,最大限度平衡医患双方利益。当前,部分法官在处理医患纠纷案件时,为了体现对弱势群体的保护,同时也为防止患方上访缠诉,在判决时存在倾向保护患方的利益,加重医方赔偿责任的现象。我们应当认识到,医疗行为是医方根据患者要求,帮助患者恢复健康的行为。其本身具有公益性、善意性、义务性、风险性与补救性等复合特征,这也决定了在医疗活动中发生的损害行为与纯粹破坏型的一般侵权行为应当有区别。因此,我们在审理医患纠纷案件时,应当将医疗行为本身的特性作为重要的裁量因素,尽可能在判决中体现司法权对于医疗行为“行善”一面的尊重,尽量避免因判决责任过重而对医方积极性造成打击,最终导致“医生不敢看病、医院不愿治疗”的不利后果。

三是建立公正、权威的专业化审判模式,提高医疗损害赔偿案件审理水平。近年来,医疗损害赔偿纠纷逐年增多,新类型案件不断出现,此类纠纷逐渐成为人民法院民事审判中的一个难点。针对当前医患纠纷案件总量不多,法官很难形成专业优势的特点,当前和今后一个时期,各级人民法院应该分别采取:(1)集中管辖,可将某一地区的医患案件指定某一法院集中管辖。(2)成立医患纠纷案件专业合议庭。成立医患纠纷案件专业合议庭,专门受理本院的医患纠纷案件。通过专业化的管理,让合议庭法官能够集中精力对医患纠纷相关理论及案例进行深入研究,使其能够更准确地理解、把握相关法律条文的含义及立法本义。同时,长期致力于同类案件的审理既可以提高法官对该类案件审理的熟练度，积累宝贵的审判经验，又可以保证法官在审理同类案件时裁判尺度的统一性和延续性，避免同案不同判的情况发生。(3)增强审判过程的专业性。其一是有针对性地选择一些具有丰富医学知识的人民陪审员作为合议庭成员，参加医患纠纷案件的审理，以弥补法官在专业上的不足；其二是严格落实鉴定人出庭作证制度。积极督促鉴定人出庭接受当事人的质证，让鉴定意见能够得到充分辩论，确保鉴定意见的科学性和专业性；其三是充分发挥专家辅助人的作用。根据查明案件事实的需要，积极引导当事人申请专家辅助人出庭，协助其对鉴定意见以及涉及医学的专门性问题发表意见，在提高其质证能力的同时，增加其对鉴定意见以及审判过程的认同感，提高判决的公信力；加强与医患纠纷人民调解专家咨询委员会的沟通，就审判过程中遇到的医学专业问题向专家进行咨询。

四是尊重医疗诊治规律，准确认定医疗损害责任。人民法院应根据诊疗行为是否违反诊疗规范及是否违背医护职业所要求的注意义务等，准确认定医疗过错以及医疗过错与损害后果之间的因果关系，明确医疗损害责任。对虽然具有损害后果但损害后果是由医疗意外、难以逆转的病情转归或者是由于难以避免的并发症导致的，医疗机构不承担民事赔偿责任。

五是严厉打击医闹行为，维护医疗机构正常工作秩序。倡导依法理性维权，对于发生医疗纠纷后，患方聚众冲击哄闹医疗场所，或围攻、殴打、侮辱、谩骂、威胁、纠缠医务人员或医方管理人员，严重妨害医疗机构正常的工作秩序，或出现伤害、杀害医务人员、毁坏医疗机构财物、设备等行为的，应依法进行惩处，触犯刑法的，应坚决追究其刑事责任；给医疗机构或医务人员等造成财产及人身损害的，可同时请求民事赔偿。审理中应注意识别职业“医闹”和司法“黄牛”，对于专门捏造、寻找、介入他人医患矛盾，故意扩大事态，向医疗机构敲诈勒索，甚至引导当事人信访、上访等干扰纠纷调处的行为，要加强与公安机关的协作，依法予以严惩。

(六)完善调节医患关系的配套措施

医患关系从广义上讲是一种综合的社会关系，要实现其和谐发展不仅要在双方权利义务上进行实体的立法规范，还需要其他方面的配套措施共同完善。

一是健全医疗保障机制，妥善化解医疗风险。鉴于医疗行为的风险性高，医疗行为在我国具有公共福利性质的特点，如果片面加大医疗机构的赔偿标准，势必会造成医疗机构不堪重负，社会就医成本增加，既损害了包括患者在内的社会公众利益，也不利于医学科学和医疗技术的发展进步。国外关于解决医院治疗义务与患者权利保障的矛盾有诸多经验，如对医疗事故进行界定、区分医疗事故、误诊、并发症等概念、设立医患纠纷解决的仲裁机制、建立医疗事故责任保险制度、建立医疗事故危险控制系统、转变对医患关系的认识(既关注患者权利也考虑医学的特性和发展性),最终通过社会保障体制从根本上保护患者权利。因此,国家应从完善对医疗行为的社会保障机制出发,把医疗卫生体制改革、医疗保障体制改革纳入中长期规划,逐步完善医疗风险化解机制。医患关系的和谐根本还在于医疗资源的合理分配与医疗风险的合理分担。政府增加对全民医疗保障的投入,从源头上增加医疗服务,以缓解医患供求的紧张关系。此外,政府应推进建立医疗责任保险和非医疗过错造成的医疗损害的社会救济机制或保障机制,使患者的医疗损害能够得到一定的赔偿或补偿,以降低或弥补患者的损失,缓解医患矛盾。

二是加强医患之间的沟通。医生与患者之间的有效沟通,更有利于双方共享医疗信息,增进彼此之间的信任感,减少一些不必要的误解。第一,医生在病人就诊过程中,要切实以诚相待,主动了解患者的需求,努力消除他们心里的紧张和疑虑,减少医患双方由于信息严重不对称造成的不信任。第二,要尊重患者的知情权,实时与患者共享医疗信息。对于一些重点医疗信息特别是手术风险的告知,不能停留在书面形式上,对于里面的具体内容,例如术中可能出现的并发症、医疗风险以及发生概率要向患者及家属交代清楚,确保患方能够在权衡利弊后作出反映其真实意思的选择。第三,不断提高医疗技术水平。许多纠纷是因医疗效果不如意甚至病情更加恶化乃至伤残死亡的情况下产生的。精湛的医疗技术是患者对于医生寄予信任的基础,医务人员只有认真钻研医术,不断更新知识,努力提高专业技术水平,使病人能够在最短的时间,以最低的费用,取得最好的疗效,才能赢得患者的满意。第四,加强风险防范意识。在诊疗过程中要强化程序意识和细节意识,严格遵守各种医疗管理制度,避免因诊疗程序存在缺陷而引发的医患纠纷。第五,通过医学科普知识宣传栏、疾病宣传册、医疗咨询台等方式,建立常态化的医患沟通渠道,向患方普及一些最基本的医学常识,让他们对于医学行业的高技术性、高风险性有一定的了解,从而对自身所患疾病的情况有个合理的预期。同时,也可以通过这些方式,向患方普及一些基本法律知识,告知其对自身权益的救济途径,避免其在纠纷发生后采取非理性的手段维护自己的权益。

三是积极构建医疗纠纷多元化解机制,形成化解医疗矛盾纠纷的合力。《医疗事故处理条例》仅确定了协商、行政调解和诉讼三种医患纠纷解决途径,而实践中医患纠纷的多样性与解决途径的单一性产生了矛盾,现有解决机制无法适应患方对纠纷解决效率及公正性的要求。因此,有必要在立法上确立医患纠纷的多元解决机制,引入专业调解组织、仲裁、医疗责任保险等社会解决机制。应将医疗纠纷案件的审理纳入社会矛盾纠纷化解的大调解体系中,积极探索医疗纠纷多元化解决机制的构建,激发社会力量参与纠纷化解的优势和活力。重视委托医疗纠纷调解委员会等人民调解组织进行诉前和诉中调解,或邀请其协助开展诉讼调解工作。建立法院与卫生行政主管部门、医疗行业协会、医疗责任保险机构之间的沟通和联络机制。加强对医疗纠纷调解委员会的业务指导和培训,探索在医疗纠纷调解委员会设立巡回审判点,便捷处理医疗纠纷人民调解确认案件和其他事实清楚的医疗纠纷案件。

少数民族刑事习惯法的现代化路径研究

田　海*

一、少数民族习惯法概述

由于本调研需要对少数民族习惯法在刑事解纷领域的生存状态及其与国家制定法的关系进行研究，故关于少数民族习惯法的内涵与外延，必须先定义清晰。对于这个问题，古今中外的学者学人均多有论述，但对其内涵和外延的认定却都有一定偏差，或将一时一地的长期习惯定为民族习惯法，或认为是作为法律本源的、影响立法的民族习惯，或认为是制定法中的民族关系的相关规定，故在展开论述前，需厘清本调研想要论述的“少数民族习惯法”概念。

首先，少数民族习惯法起源是各民族的长期生活实践而非国家统一制定，是该民族在共同生活中逐渐形成的民族习惯，并进而以多种形式成为不可或缺的民族成员均需遵循的规范。因此，少数民族习惯法的规范力并非由上而下产生的而是内生的，由集体认可的社会力量、礼俗力量保障实施的共同行为规范，是人们在生产生活中为应对生活问题和稳定族群关系而不得不达成的妥协，是一民族因一时一地制宜的实践产物，是非官方的“活法”，也是由基层民众在不受强制的前提下达成的共识，体现了“民族为了共同的合理信念而确立起了客观世界的同一性及

* 防城港市中级人民法院。

其生活语境的主体间性”[1]。但其与卢梭“铭刻在公民们内心里”[2]的经验主义的习惯法，以及康德所谓“智思世界”中的类似自然法的习惯、“理性的习惯法”等哲学意义上的民族习惯法语出同源但又不完全相同，本调研所要讨论的少数民族习惯法应当是在现实感官世界的实有自在之“法”。

其次，少数民族习惯法在外延上其应当介于法律和习惯之间。一方面，少数民族习惯法应当是非正式的法律渊源。一些学者对民族习惯法采取宏观的理解，认为其应定义为“指国家或其授权机关制定和认可的，调整民族之间以及国家与民族地区之间的权利义务关系的法律规范的总和”。[3] 这一定义将民族习惯法与制定法中关于民族之间关系等问题的规定和制度混同起来而使其失去了独立于制定法的探讨价值。另一方面，少数民族习惯法也不能等同于习惯或者由习惯派生出来的制定法，其不能与一地的风俗习惯（如蒙古族婚宴通常要摆三天酒的习惯或某少数民族的穿衣习惯等）等同，其首先应当是一民族作为长期生活、生产而形成的具有持久性效力的，且族群中人均有义务遵守的规定（如四川人喜吃辣虽然也是长期习惯，但是并非人人都有义务吃辣），且这些规定本身与制定法的相关规定有所交集，甚至冲突，否则没有在法律上探讨的必要（如广西龙胜的壮族婚礼需要“过三关”“闯十门”，或许在比较注重这些习俗的地区，该习俗本身也有一定的强制性，但这些问题并不构成对法律关系尤其是本调研希望探讨的刑事法律关系的直接影响，其比起“法”更适合称为“礼”）。

最后，虽然在社会法学、历史法学甚至是实证法学的研究中，习惯法都是立法的重要渊源，如孟德斯鸠在《论法的精神》中认为“法律应与国家的自然状态有关”[4]，而萨维尼也认为法律就应像语言、风俗等一样，具有民族特性，是民族精神的体现，其确实在生活中也起到悄无声息地调整民间社会秩序的作用，并间接影响立法活动等。但作为这一法理学或哲学意义上的抽象习惯法同样不是本调研主要讨论的重点，因本调研主要旨在探讨既有的少数民族习惯法与制定法之间的运作、磨合方式和其引入刑事解纷领域的理论进路，以及少数民族习惯法在刑事解纷实践中是否应当谋得一席之地等刑事解纷中的实际争议，本意在于回答绪论中提及的两个问题。故对于

---

〔1〕［德］哈贝马斯：《交往行为理论：行为合理性和社会合理性》，曹卫东译，上海人民出版社2004年版，第4页。

〔2〕［法］卢梭：《社会契约论》，何兆武译，商务印书馆1980年版，第72～74页。

〔3〕转引自廖敏文：《关于我国民族法与民族法学的几个基本问题》，载《民族研究》2007年第3期。

〔4〕［法］孟德斯鸠：《论法的精神》（上），张雁深译，商务印书馆1982年版，第4～7页。

作为法律形成渊源意义上的抽象"习惯法",本调研或在法理探讨时约略提及,不作深究;另外,这种"自然状态"或"民族精神"更多地体现在习惯、习俗甚至心理习性等方面,而非实在的"民族习惯法",故探讨其与制定法的冲突、补充情况,只有哲学思辨的意义,却无法完成具体的机制建构。

如图一所示,A 点为自然法语境下的习惯法,或为民族习惯法与制定法的共同根源,其处于康德所谓的智识世界,其哲学位阶在感官世界中的下二者之上,也即萨维尼所谓"民族精神"和卢梭所谓"人民心中的习惯";B 点则为制定法中的民族习惯法,即通过的自治条例或特别规定,于制定法中所赋予法律效力的民族习惯法,这二者均不能包括本调研所希望探讨的民族习惯法之外延,即 A 与 B 之外的左侧部分。

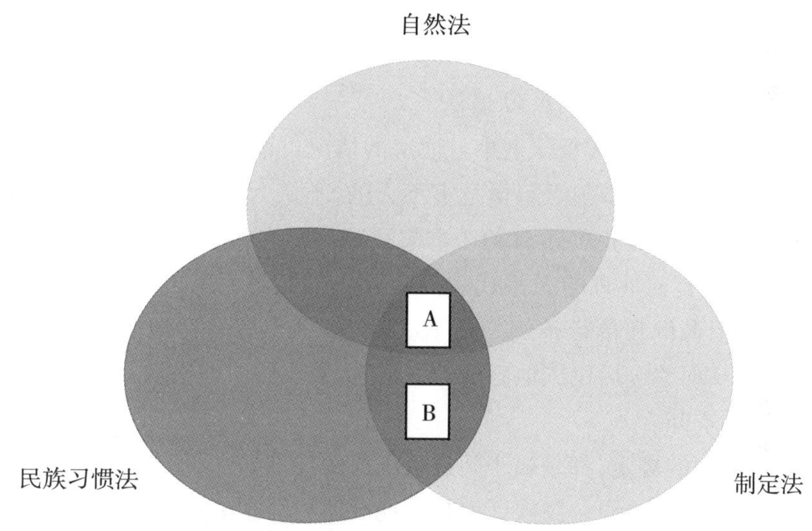

图一　三种法的内涵与外延关系图

综上,少数民族习惯法是指在该少数民族内部经过长期生活实践而自发形成、长期反复适用且对民族成员具有强制性,以该少数民族全体成员意志和利益为出发点,并由其内在的共同认同感为保障力的行为规范,既是人们在生产生活中为应对生活问题和稳定族群关系而不得不达成的协议,也是民族成员集体因一时一地制宜的实践产物,是体现本民族"为了共同的合理信念而确立起了客观世界的同一性及其生活语境的主体间性"和非官方性的"活法"。

二、少数民族习惯法与当前刑事解纷机制的现状与冲突

虽然少数民族习惯法具有引入、补充当前刑事解纷等社会管理领域的趋势，但由于少数民族习惯法与国家刑事制定法无论在产生缘由、调处逻辑及其效力基础均存在一定程度的脱节与分歧，故至今二者无法在刑事解纷领域形成互补的“合力”，也从未在这一方面形成真正的少数民族习惯法多元化刑事解纷机制，现代化路径道阻且长。

在此，通过对少数民族习惯法在刑事解纷领域的立法情况分析，涉少数民族的刑事案件中司法审判实务中该民族习惯法的适用情况，及二者的法理的冲突等进行三层次的考察，来为挖掘少数民族习惯法与当前刑事司法体系冲突的实质，探讨其引入刑事解纷中的必要性，解决本调研第一个问题做铺垫，并寻找其难以引入、补充传统刑事解纷的原因。

（一）作为直接法源的民族习惯法在刑事解纷领域中的立法现状

我国以直接法源的形式承认刑事习惯法的情况可谓少之又少，仅在我国《刑法》第 13 条中规定：“但是情节显著轻微危害不大的，不认为是犯罪”为刑事民族习惯法开了一个小口。此外，在我国还有关于刑事民族区域自治制度的规定，如《宪法》第 116 条规定：“民族自治地方的人民代表大会有权依照当地民族的政治、经济和文化的特点，制定自治条例和单行条例。”《刑法》第 90 条也有自治地区可变通或者补充制定法的条款，从而为今后民族地区变通立法、少数民族习惯法从立法层面参与刑事解纷留出了制度空间。

以上法律层面的规定，都是属于间接引入式的规定，关于民族习惯法在刑事解纷领域的直接立法，仍系空白。民族区域自治地区的特别立法，尤其是刑事习惯特别立法的现状也是乏善可陈的。如表一所示：

表一 自治地区刑事立法情况

序号	地方法规或自治条例	自治地方	是否仍有效
1	《关于在交通十分不便的边远旗延长对重大复杂的刑事案件办案期限的决定》	内蒙古	是
2	《关于在交通十分不便的边远旗实施刑事诉讼法问题的决定》	内蒙古	否
3	《关于实施刑事诉讼法延长办案期限的决定》	内蒙古	否

续表

序号	地方法规或自治条例	自治地方	是否仍有效
4	《关于可以延长刑事案件办案期限的交通十分不便的边远地区的决定》	广西	是
5	《关于延长在“文化大革命”期间发生的重大刑事案件办案期限的决定》	广西	是
6	《关于刑事案件办案期限问题的决定》	广西	否
7	《关于延长办理刑事案件期限的决定》	广西	否
8	《关于严厉打击“赔命金”违法犯罪行为的决定》	西藏	是
9	《关于延长严惩严重破坏经济的罪犯投案自首期限的决定》	西藏	否
10	《关于确定刑事案件可以延长办案期限的边远地区的决定》	新疆	是
11	《关于刑事案件办案期限问题的决定》	新疆	是
12	《关于实施刑事诉讼法规划问题的决议》	新疆	是
13	《刑事被害人困难救助条例》	宁夏	是
14	《关于确定我区可以延长刑事案件办案期限的边远地区的决定》	宁夏	否
15	《关于打击经济领域中严重犯罪活动的决议》	宁夏	是
16	《关于批准〈全区公安机关实施刑事诉讼法的规划〉的决定》	宁夏	否

经考察，1980 年至今，5 个民族自治区关于刑事或刑事诉讼的地方性立法共计 16 次，其中现在仍然有效的立法仅有 9 项；而其中就有 5 项是关于延长办案期限的规定，是针对《全国人民代表大会常务委员会关于刑事案件办案期限的补充规定》第 2 条第 2 款规定的细化措施；剩下 4 次立法中，仅有西藏自治区《关于严厉打击“赔命金”违法犯罪行为的决定》中关于“赔命金”问题的决定涉及民族习惯法的适用，但也是对该习惯法的否定性评价和“严厉打击”为重心的否定性立法；而起积极作用的立法，除了之前的 5 件对边远地方或历史遗留问题的办案期限的特别规定外，仅有宁夏 2009 年《刑事被害人困难救助条例》，但其虽然对困难的被害人特别救助标准进行了规定，却又缺乏民族地方的特色，更遑论民族习惯法的引入。

可见，现在我国的自治地方刑事立法存在两方面的问题：一方面，许多自治地区的自治立法仅作一般性条文立法，缺乏民族性和地方特色；另一方面，立法权行使的不充分也造成了在碰到差异性明显的少数民族案件的时候，可动用的法律、法规和政策捉襟见肘。

（二）刑事司法审判中的少数民族习惯法要素分析

刑事审判是最主要的刑事解纷方式，在这一领域，少数民族习惯法似乎基本没有引入的空间。其原因在于，历经几千年的演进，民族习惯法已具有高度的稳定性，在本民族有着高度权威且对许多犯罪情况形成了完成度较高的出入罪规范，甚至还形成了各具特色的刑罚，如缴纳各种名目的补偿金、逐除出部族、囚禁、肉刑、抄家、死刑等。这种纠纷处理体系化、传统性和民族性，导致其在运行中难免与刑事制定法的刚性原则产生冲突。

但是，一些法官在刑事司法实践中对制定法进行运用或确定量刑幅度时，出于保持当地稳定、促进民族团结、化解民族矛盾等目的，会更多地倾向于适用目的解释，即直接对该刑法所保护的法益为原点对刑事案件进一步确定其定罪、量刑的范围和幅度，或者即便无法将刑事习惯法作为判决的直接依据，也借量刑情节的名义来实质运用一部分习惯法，将刑事习惯法作为酌定量刑情节。当然，这些“柔软”的变通，需要主办法官具有更多的司法经验和司法技巧。而这种影响在多大程度上是合法的、是符合司法正义和民族感情两方面需要的，也都值得商榷。例如，在前述案件中，对是否可以采用农历对当事人的年龄进行计算的问题即使在实践中已有相关判例，但也仅仅体现了该司法机关在刑事司法操作中对于该习惯的认同和变通，若回到立法者本意中去，则此变通未免有“鸡毛令箭”之嫌。而我国刑事制定法本身、对习惯法的准入门槛过高、涉及条款过少的现实均对民族习惯法作为正式法源增加了难度。总之，运用民族习惯进行自由裁量的做法，缺乏系统的评估与详细的探讨，对于民族习惯在司法者心中应处于什么位置等问题缺乏量化标准，随意性较大，许多习惯法认定事实的程序结构、实体标准也十分抽象，因此若主办人经验不足或者缺乏自信，则往往不敢冒此风险。

为了更直观地考察刑事司法实践中对民族习惯法的运用和尊重程度，通过对实际案例筛选、统计、分析的方式，进行实证分析，特考证如下。

本次大数据检索系通过广西法院内网的“中国法院裁判文书库”（总计各类法律文书165,585篇）和北大法律数据库V5（共计各类法律文书749,726篇）中，在刑法条目下进行全文关键词检索收集的。其中筛选的各类相关关键词结果如下：“民族习惯”6篇、“礼俗”1篇、“民俗”67篇、“习俗”96篇、“良俗”65篇、“风俗”214篇。当然，通过关键词筛选而出的法律文书中，有相当一部分文书与本调研考察的论题无关，如“风俗”一词，即包含了许多案发地点中带有“风俗”字样的地名，而案情与风俗习惯并无关联。

从筛查结果来看，与习惯法相关联的案件在刑事判决中确实总量不占大多数，究其原因，一则许多案件带有普遍性色彩，很难想象在司法一线仅有数起该类情况出现，许多同类民族习俗的影响或因审判人员的顾虑未能出现在判决书中；二则关键词筛选只能起“一孔之窥”的作用，毕竟不能穷尽全部。但是，即便这种考察本身不能穷尽数据的实际情况，却可以发现司法实践中普遍性地承认、适用民族习惯的领域，并从中抽象出刑事相关的民族习惯在当今实际生活中仍存在极大影响力的部分。

1. 民族婚姻家庭礼俗对国家刑事法制的越界问题

在此次检索中，发现涉及婚姻礼俗相关刑事案件有 10 件，涉及礼俗婚姻的有 52 件，涉及性暴力的风俗习惯案件检索出来有 5 件，对于这几类涉及民间习俗的案件，司法裁判中评价褒贬不一，一般来说，对普遍认可的善良习俗或常用风俗都会予以采纳，并作为定罪量刑的考量标准，而对于陋习恶俗，则一般不予考虑，摘录较为典型的案例如下：

案例 1：婚姻礼俗的不明显越界——非法经营罪

2014 年 8 月 22 日 7 时许，武汉被告人邱某的表弟年底要结婚，按习俗应由男方家给客人回礼送香烟，结婚风俗是摆三天的“流水席”，基本上一次是 20 桌左右，因浙江的习俗是关系好的亲戚都要出烟，故要邱某帮其弄 100 条中华香烟。清明节后，邱某回武汉就开始买烟。其做生意的仓库在东西湖，有时开车去的路上碰到有商店邱某就收购一些中华香烟，这样慢慢积攒起来，前后花了十几万元。其后，因邱某在不具备运输卷烟制品资格的情况下，携带 93 条软盒中华牌香烟和 294 条硬盒中华牌香烟驾驶车欲回其浙江省台州市老家。当行至本区武东收费站时，被公安机关查获。经鉴定，93 条软盒中华牌香烟价值人民币 60,450 元；294 条硬盒中华牌香烟价值人民币 132,300 元，共计价值人民币 192,750 元，均为真品卷烟。其中，被告人邱某欲出售牟利的软盒中华牌香烟 80 条，价值人民币 52,000 元。当地法院经审理认定，邱某行为已构成非法经营罪。根据被告人邱某的犯罪事实、情节和当庭认罪的认罪态度，结合公诉机关当庭发表的量刑建议，本着教育、挽救的目的，适用缓刑，没有再犯罪的危险，对社区没有重大不良影响，宣告缓刑。

分析：本案在审理过程中，多位被告人的族老、乡里邻舍出庭作证，其证言内容均表明当地结婚要摆三天“流水席”的习惯、所摆酒的桌数、由男方家给客人回礼送烟的习俗等，这些近似专家证人的证言，从效果来看，也确实对最后轻缓量刑起到了关键作用。

而本案更衍生出对当地婚姻礼俗是否“越界”的思考，也即按照当地婚姻习俗，无论如何对香烟的需求量已经达到了定罪标准，而被告人由于不明法理，采取了一次运货的方式导致了违法犯罪行为，除了运气不佳和法律意识淡薄外，也不得不说是当地习俗的“公信力”给予其运货的“底气”，许多农村习俗引发的“越界”不明显，加之普通百姓的法律意识淡薄，可能已经触碰犯罪而不自知，除了需要制定法在司法实践中起到引导、教育的作用，对一些主观恶性不强的犯罪行为，也可考虑在尊重当地风俗习惯的情况下从轻处理。

案例2：礼与法的交界——对礼俗婚的制定法确认问题

被告人郑某某与被害人颜某某于2007年按农村习俗举办了婚礼，于2009年共同生育一子。后颜某某上网聊天认识被害人李某权，并于2011年7月到李某权经营的饭店务工，其间与李某权同居。2011年8月2日凌晨3时许，一直反对颜某某外出务工的被告人郑某某到饭店寻找颜某某，看见颜某某与李某权一起在店内，遂当即掏出随身携带的折叠刀先朝颜某某腹部连捅二三刀，后又持刀捅伤李某权胸部等处，见二人受伤倒地后，驾驶摩托车逃离现场。福建省厦门市某区法院在认定从轻情节时认为，本案系婚姻矛盾激化引发，二名被害人存在主观过错且对矛盾激化负有责任，故酌情对被告人郑某某从轻处罚。

除了本案外，李新杀害张某乙案（作为死刑不立即执行情节依据）、李争杀害杨荣芹案、陆永祥杀害陆某案等刑事案件中，均将礼俗婚姻予以认定，并作为定罪情节（重婚罪）或从轻量刑情节之一，案件类型主要有重婚罪、故意伤害罪、故意杀人罪等。

在这些案件的判决书中，大多对礼俗婚姻作如下表述：经查，被告人与被害人虽然未领取结婚证，不属法律意义上夫妻关系，但根据当地风俗习惯，双方举行了婚礼仪式，且以夫妻名义共同居住多年，已被当地群众所认可，故可比照婚姻家庭矛盾激化引发案件处理，社会危害性相对较小（被害人存在过错）。被告人在归案后及庭审中，均能如实供述其犯罪事实，认罪态度较好，可从轻处罚。

分析：本次调研也证实了在实践中，民间早婚、不领取结婚证的礼俗婚姻等情况仍普遍存在，而司法实践中一般将其作为“事实婚姻”予以承认，并将这些“婚姻”作为相关定罪、量刑的情节加以考虑，如本案即是将两被害人通奸行为作为其不符合一般公序良俗的主观过错加以考虑。

但是，也发现了一些反例，对事实婚姻未加以直接肯定。如马某强奸案中，被告人马某与张某同样是礼俗婚姻且生有一女。2013年年底二人因家务琐事生气分居。2014年11月11日12时许，被告人马某将张某约至息县万祥宾馆306房间，采取殴打和不让其见小孩相要挟的方法,强行与其发生性关系。最后法院认为,被告人马某采用胁迫、暴力等方式强行与妇女发生性关系,已构成强奸罪。被告人马某与被害人原系同居关系,其犯罪的主观恶性较小,认罪态度较好,有悔罪表现,系初犯、偶犯,社会危害性不大,予以从轻处罚。

从这几个案件可做一孔之窥,即刑事司法仍然对实践中大量存在的礼俗婚姻持暧昧态度,如礼俗婚姻仅是引发实际犯罪的原因而不是定罪的要件,那么司法实践大多对其"婚姻"的性质予以认可,并作为量刑判定的主要依据之一,但如礼俗婚姻本身就是定罪要件,则刑事司法仍可能对其性质不予认可,以维护形式法制的稳定性,实际上造成了司法实践中对其存在两种截然不同的定性这一矛盾。

上述涉及性暴力的风俗习惯案件检索出来有5件。事实上,司法实务中大多对这些恶劣风俗持否定评价。但法治实践中的问题在于,许多民间风俗本身带有一定的强迫、暴力色彩,在实践中如何对这些风俗进行查明,如何划定这些风俗的法律界限和道德界限,如何让这些界限深入当地人的民心,在判决之外的工作显得非常重要。

2. 民族殡葬礼俗对国家刑事法制的越界问题

在本次筛选中,因殡葬习俗私藏枪支的案例在数据检索中发现了11起,也是司法实践中较常碰到民族习惯,对这些案件,几乎所有的司法实例都将殡葬习俗作为从轻量刑情节予以处理。

案例1:民族殡葬礼俗中的火器使用问题(江苏省溧水县人民法院审理李某木私藏枪支案)

2005年至2010年三四月,被告人李某木(瑶族)多次用硝酸钾、硫黄、木炭按比例非法配制黑火药共22千克,并将上述配制的黑火药销售给了溧水县和凤镇前西瑶村、戏墩村等地的村民用于村里"出菩萨"放铳。2010年10月14日,江苏省溧水县人民检察院以非法制造、买卖爆炸物罪对被告人李某木提起公诉。江苏省溧水县人民法院审理后认为,李某木违反爆炸物的相关管理法规,非法制造、买卖黑火药22千克,构成非法制造、买卖爆炸物罪,应依法追究其刑事责任。但经查,"出菩萨"是一种在高淳县、溧水县等地流传多年的民间风俗活动,是当地居民日常精神生活的重要组成部分,放铳或燃放烟花爆竹乃是该活动仪式的一部分,因此,李某木制造、出售黑火药用于"出菩萨"活动应认定为因正常生活需要,虽然数量较大,但不应认定为情节严重。鉴于被告人的犯罪行为未造成严重社会危害,且悔罪态度诚恳,故对其予以从轻处罚。

分析:本案中,李某木制造、买卖的黑火药皆用于民间“出菩萨”活动,且从未因此造成任何事故或安全隐患。在当地群众看来,李某木的行为是方便乡邻之举,据案例编撰人称在其案发被捕后,多村居民联名上书请求对其予以从轻处罚。因此,尽管李某木所制造、买卖的爆炸物数量较大,但刑罚裁量时难以作出社会危害性较大和“情节严重”的评价。

该案例编撰法官在法官后语中写道:“片面地强调报应或预防都具有明显的缺陷:片面追求报应会导致对犯罪人科处不必要的刑罚,片面地追求预防目的会导致刑罚的畸轻畸重。因此,刑罚的目的应是报应与预防的辩证统一。从特殊预防的需要而言,李某木系初犯,并在庭审时深表忏悔,痛哭流涕。同时其平时为人也较为勤劳本分,因此,其人身危险性相对较小,理应量刑从轻。而由于周边村民在李某木庭审前普遍认为其行为最多不当或违法,很少有人认为其行为会构成犯罪,因此,在得知其将因此而判刑,皆大为震惊,因此,对李某木判处轻刑即可达到一般预防的目的。”

案例 2(反向):成都市温江区人民法院审理税某忠私藏枪支案

并非所有的判决均对这类民间殡葬习俗持完全肯定的态度,如税某忠私藏枪支案中,主办法院即认为“当地农村办丧事放‘铁铳子’是一种习俗,且源远流长,即使这种习俗属于陋习,要予以破除也必须经过漫长的过程。”但其同意,“法律的规定应考虑民情风俗,从被告人税某忠的犯罪动机和目的来看,其之所以生产黑火药也是为了自己能在当地村民办丧事时使用,其主观恶性相对于其他非法制造爆炸物的行为人要小得多”,最后对其免予刑事处罚。

分析:如果单纯从字面理解,此类案件判处从轻、减轻或免予刑事处罚存在相当大的法律障碍。因为按照《刑法》的规定,非法制造爆炸物、私藏枪支的,均系社会危害性较大的罪行,如非法制造爆炸物所涉“情节严重”的,量刑幅度为 10 年以上有期徒刑直至死刑,即便依《最高人民法院对执行〈关于审理非法制造、买卖、运输枪支、弹药、爆炸物等刑事案件具体应用法律若干问题的解释〉有关问题的通知》规定,“从轻处罚”亦应在量刑幅度内从轻,即应在 10 年以上量刑。

故这里面涉及《刑法》分则中关于此类案件的具体量刑幅度的量刑规定与《刑法》总则中关于“情节轻微”从轻、减轻、免除处罚规定的博弈。其实质正是法官内心裁量的选择问题,具体而言,刑法总则的规定中,“情节”是酌定的,可随情势而变,而分则中的“情节”更具体、更规范,是法定的,不因势而改。而令人欣慰的是,在此类案件中,主审法院均在本次统计的类似案件中选择了总则式解读,这一解读符合刑法谦抑原则,更体现出对我国殡葬习俗现状的尊重。

案例3:殡葬礼俗对附带民事诉讼中的丧葬费如何计算的影响

(1)关于合理的民俗丧葬费用的支持。如宁夏回族自治区中卫市中级人民法院审理中卫市人民检察院指控原审被告人吴某东犯故意杀人罪、原审附带民事诉讼原告人李某某、柯某某提起附带民事诉讼一案,该判决中体现了对回族的土葬传统的尊重。“根据附带民事诉讼原告人在法庭上出示的户口本证实原告人与被害人均是农村户口,此外,户口本还证实他们均是回族。按照回族的风俗习惯是土葬,所以原告人提出他们租车将被害人的遗体运回家乡青海省安葬以及因此造成误工损失应当是客观存在的,为此,本院酌计原告人为了处理被害人的丧葬事宜误工时间一个月”。

(2)对封建迷信费用不予支持。如四川省木里藏族自治县人民法院判决原告人吉克木支诉被告人刘高故意伤害罪中述明,“附带民事诉讼原告人吉克木支以被告人刘高的故意伤害行为造成其经济损失为由,提起刑事附带民事诉讼。诉请本院依法判决被告人刘高赔偿吉克木支……按照彝族风俗习惯作迷信5次费用3400元、残疾鉴定费600元,以上费用总计为136,008元”,对附带民事诉讼原告人做迷信花去3400元的诉讼请求于法无据,本院不予支持”。

分析:此类案件在检索中发现了14件,但司法实例中对于何种殡葬费用属于封建迷信,何种费用属于传统民俗的正常开支,并未有统一标准,故是否支持这一费用的计算,或者计算多少天、多少钱合适,各法院在定性和判决结果上也都不尽相同。

3. 以农历计年对民族地区被告人刑事责任年龄进行认定

对于该问题,司法大都采取了理解、宽容的态度,如河南省平顶山市中级人民法院审理薛朝丰故意杀人案中,法院对其刑事责任年龄认定时阐述:“薛朝丰出生于1987年7~9月,公诉机关认定的户籍证明缺少基本书证证明,且与提取在案的多份书证相矛盾,不能认定。通过综合审查证据,并结合我国农村普遍存在的以农历记忆生日的习俗,根据有利于被告人的原则,应认定被告人薛朝丰出生于1987年9月5日。”在检索中发现此类认定的案件共有6件。在这些判例中均从有利于被告人的原则考虑,尊重了农村以农历计算生日的风俗。

4. 对刑事案件中所涉及民间刑事调停机制的认定与评价问题

案例1:未成年人强奸案后的私下调解

2002年4月11日晚,被告人赵某将下晚自习回家的王某(1988年10月2日出生)挟持到马谷田街南园其家的住房内,脱光衣服,将王某强奸。2002年4月14日晚9点左右,当下晚自习回家的王某路过马谷田老街口时,又被在此等候的被告人赵某强行挟持到其家的住房内强奸。案发后,经人说和,双方订立了婚约。被害人王某和父母也都同意。后来按农村的风俗,被告人赵某家里拿过来2000元礼金,一个礼条及四色礼。

主审法院认为,被告人赵某以挟持的手段强奸幼女王某的事实清楚,证据充分,其行为已构成强奸罪。被告人赵某作案时未满16周岁,且在案发后及庭审中能如实供述自己的犯罪事实,认罪态度较好,有悔罪表现。案发后被告人与被害人又定下婚约,且被害人要求对被告人从轻处理。被告人赵某具有法定从轻、减轻处罚情节,量刑时予以考虑。结合庭审查明的未成年被告人之所以走上犯罪道路的原因,客观上是其父母管教不严,方法不当,加之学校法制教育不到位及社会上不健康因素的影响;主观上是被告人不好好学习,上进心不强,不严格要求自己,自控能力差,做事不计后果等原因,希望法庭能给其一次重新做人的机会。主办法院以"教育、感化、挽救"为方针,本着"教育为主、惩罚为辅"的原则,判决赵某犯强奸罪,判处有期徒刑一年。

分析:本案也是一类典型的民间"私了"刑事案件,其意义更多在于对这种"私了"的尺度与界限的探讨,对于强奸等案件,民间一直有自己的内部消化传统,多数是为了自己的面子,被害人家庭予以妥协,并按照民间习俗处理,这种内化方式一方面与现代文明对保护妇女性自由的精神相背离,不宜加以宣扬;另一方面也确确实实化解了许多矛盾。但实效性不宜代替婚姻自主的权利和对性侵犯行为的救济,且婚后的生活是否和谐也是另一层隐忧。反过来说,如本案完全不考虑被告人方与被害人方的"私了"情节,则一方面会造成司法与民俗的紧张,另一方面也可能对被害人造成隐性的二次伤害。司法实务中或许这种情况是大量存在的(但未必如本案这样写入判决书中),如何处理有待进一步探讨和研究。

案例2:以民俗传统得到他人帮助赔偿获轻判(四川省甘孜藏族自治州中级人民法院审理洛桑某某故意杀人、非法持有枪支、掩饰、隐瞒、犯罪所得案)

2010年,被告人洛桑某某在担任色达县然充乡拉加村村主任期间因发放政府补助款时与被害人康某产生矛盾。2011年8月13日上午,洛桑某某与刘麦某某(在逃)在然充乡然充沟内所麦神山山路上,看见康某经过,洛桑某某便用随身携带的枪支向康某连开3枪,致其死亡。后洛桑某某、刘麦某某逃离现场。其后,康某家属和洛桑某某、秋某、刘麦等案犯在色达县委调解的主持下,对康某的民事赔偿进行了调解,洛桑某某的好友李某、秋某(均没有参与杀康某),根据地方风俗习惯,以打赌的形式,共出了20多万元给洛桑某某赔偿了康某家属,合计赔偿60万元给康某的家属,取得被害人家属谅解。

主审法院认为,辩护人所提被告人认罪态度好,系初犯、偶犯,可酌情从轻处罚及被告人对被害人家属进行了积极赔偿的意见,经查属实,予以采纳,依法可以从轻处罚。

分析:在此次检索中此类由案外人或被告人按照民间习俗对被害人及其家属进行赔偿的案件共4件,虽然在判决书中体现并不多,但是在司法实务中,尤其是交通肇事案件引发的附带民事诉讼案件中,刑事和解或有刑事和解成分的占了绝大多数,其中不乏本案这样采用"打赌"或"挂红"等民间习俗进行赔偿的情况。

案例3:广西的"挂红钱"习俗

1996年2月,被告人沈某大经他人介绍认识了新棠镇屯王村的女青年归某鲜(归已怀有身孕),双方有意结为夫妻。同年5月17日,归某鲜未办理结婚登记手续,便搬到沈家与沈某大同居。5月22日,归某鲜在沈家产了一男婴。在产月中,双方发生矛盾以致不和。6月15日早上,归某鲜的母亲到沈家看望,归某鲜认为难以继续在被告人家里生活,便先骑自行车离开沈家,并叫其母随后把婴儿抱回娘家。沈某大则认为归某鲜不愿和他结婚,只是到他家"借窝生仔",是不吉利,且败坏了村风民俗,要归某鲜给其家"挂红"费,归某鲜的母亲拿出100元钱给被告家人买"挂红"的物品,便抱着婴儿离开沈家。沈某大却以要赔偿为名,追出村外从归母手中夺回婴儿,并提出要赔偿3.6万元才交还婴儿。后经当地公安机关及双方亲属多次调解,加上婴儿身体越来越差,会出现生命危险,被告人最后向归某鲜索要1600元后,才把婴儿交给归某鲜。婴儿因患支气管肺炎,经多次医治无效,于1997年1月16日死亡。最终沈某大被依法定罪量刑。

综上调查,对少数民族习惯法在刑事司法实践中的存在状态有了比较直观的了解:首先,民族习惯在礼俗领域仍然发挥着重要的作用,尤其在涉及婚姻礼俗、丧葬礼俗方面,其仍具有较大的认同力,也由此可能引发刑事矛盾。其次,一些传统和解机制仍然在刑事解纷领域起作用,如一旦该刑事案件涉及所谓"有伤面子"的问题,许多当事人仍会倾向于选择用民俗调停的方式"私了"解决,从消极意义上来解读这种民俗认同力,则有可能会对司法的权威造成实质挑战;另外,从积极意义上来看,刑事解纷中也可对这种民俗认同力加以利用,如"私了"从长远来看实质上是对被害人的合法权益和公共利益造成更大的损害,法制当然应对其予以否定性评价,如民间对强奸案件处理容易采取的"将错就错"的方式,即反而与强奸者结为夫妻的"私了",就不应当提倡而应予以完全否定;但如这种民俗"私了"实质上是能对破损的社会关系起到很好的弥补作用,能对“刚性”、缺乏变通的刑事法制起到很好的“柔性”补充的,那么应予作为多元解纷机制加以考虑,如及时支付“挂红钱”“眼泪钱”“面子钱”等。

三、广西乡规民约中的刑事解纷机制调查

本调研已初步考究了少数民族习惯法与国家制定法之间的博弈、演化历史,也考察了少数民族习惯法在当今立法、司法实践中的存续状态,并在此基础上分析了国家制定法在刑事领域与少数民族习惯法存在冲突的原因及未来趋势,但仅仅是这样还不能完全回答两个基本问题,即少数民族习惯法是否有必要在刑事解纷领域存续以及如何存续。因为即便确认了少数民族习惯法源远流长且是制定法的本源之一,但其未来存续的必要性仍有待考证,且根据上文的考证,其现今的存续状态仅仅有赖于国家刑事法制的“灰色地带”,虽有政策与学术的呼声,但其与国家刑事法制的冲突与矛盾仍有待调和。

故,一方面为了更明确少数民族习惯法在刑事解纷领域的生命力和认同感,以进一步明确其存续的必要性和不可替代性;另一方面为了寻求少数民族习惯法中的恢复性司法内核和其内生性解纷机制的地区优越性,以为构建与国家刑事制定法冲突的解决方案做“药引”,选择了广西人口最多的壮族、民族自治习性浓厚的瑶族和相对更崇尚“德治”的京族为切入点,进行广西三地市的实证调研,以起到“窥豹”的作用。

(一)广西京族刑事习惯法解纷机制运行现状调查

1. 京族概述

历史上自称为“京”“越”或“安南”,是中国少数民族中唯一生活在海边的民族。京族文化兼具海洋文化、边境文化和少数民族文化的多重特色,同时具有海洋文化的外向包容性和民俗文化的本土传统性。

京族主要聚居在素有“京族三岛”之称的防城港市江平乡澫尾、巫头、山心三岛之上,其余分布于红坎、恒望、谭吉及钦县等村寨。依照2010年第六次全国人口普查的统计,京族人口为2.8万,其中广西有2.33万京族人,占总人数的83.2%。京族有自己的语言,但没有完整独立的文字符号体系,绝大多数京族人使用粤语,部分也能使用普通话进行交流。京族以渔业生产为主,兼顾盐业、边境贸易、海水养殖和旅游等。京族在长期的历史变迁中,逐渐形成了有本民族特色的文化形式和风俗习惯,如独具特色的“京哈节”即是其独有的民俗文化节日。

2. 广西京族乡规民约中刑事解纷机制的梳理

(1)独立的自治机构

京族有自己的自治运作机构,即"翁村"。"翁村"是从越南语发展而来,其为"乡正"之意,也可以看作京族的里长。但是除了一般的乡正、里长的职责,包括处理乡内争端、外交等工作外,其最主要的任务就是筹办"哈节",进行京族特有的每年一度的海神祭祀,在祭祀中负责组织"唱哈"迎海神,召集乡土大会,宣读乡规民约等事宜。

在"翁村"之下,又设有越语"翁记"即文书(v[n┤33kiΛ33)、"翁祝"即总管(uN┤33kuEnΛ35)各一人。"翁记"负责协助"翁村"处理具体事务,如"唱哈"时做"喊礼"(司仪),登记"人家"(Noi┤22moi┤33)的名单,整理账目等。"翁祝"负责管理山林、渔业,监督、执行习惯法,阻止偷盗、偷伐等。由此,这三种职级形成了较有威望的三人一组的自治组织,即"哈亭"(j[N┤22kuEn┤33),或"那钧座"。

"哈亭"组成人员大多由群众推选,三年一换,任期一般为两任,当然,与其他村民自治组织相似的是,认同力也是监督权力组织的关键,如"那钧座"人员处事不公,群众也可随时罢免。由于京族系海洋文化,因此对出海的禁忌较多,"哈亭"又负责每年祭祀的要务,故如犯了忌讳,做了不吉利的事情,也有"下野"(下台)的风险。

(2)明确但不森严的等级制度

京族聚居的万尾、巫头、山心、红坎等村,均有"唱哈"的习俗,"唱哈"作为京"哈节"最重要的祭祀项目,具有高度的组织性和等级性。按规定本方的男子凡满一定岁数,即有资格登记"入席"听"哈",但"入席"时须按各人在"哈亭"记录的档次高低分别就座。

"哈亭"的等级计分:高、中、低、白丁、伕力五等,高级之上还有余级的特级(j－n┤22ku[n┤33),以特级为最高。等级的确定,大多是以修建"哈亭"与"唱哈"的筹款多寡来确认,捐献多则级位高,据说在解放前每级价值谷子76斤(约3块银元)。形成这种等级制的原因,大抵是因为过去京族聚居区生活较为贫乏,而又有较强的海神信仰,为了维持祭祀的隆重性和神圣性,又不能在"唱哈"时过分节俭;另外,全族辛苦了一年,也需要热闹地庆祝祭祀活动,故形成了特有的等级激励机制,与其他的等级制度相比,其鼓励性更高,相对上级对下级的压迫性并不严重。比如生活困苦、无力捐献的,则称为"白丁"(tēG┤22he┤22kon┤33),或更低一等的叫"伕力",他们由于平时少出或者不出钱,故必须负责出殡抬棺等脏累活,"唱哈"时则负责抬香案、挑水、烧饭或对上位人的一些必要服侍、招待。据说解放前山心村122个入席的男子中,当"伕力"的就有69人。等级可以在未到"入席"年龄前预先购买,也可出卖等级。每年到了“哈节”时期，没有钱缴纳祭祀费用，就要把自己的级位出卖或抵押，抵押限期一年，如有到期不赎，即于次年“唱哈”时宣布注销。可见，划分等级的筹款作用，甚至成了京族特有的交易抵价品——今年我服侍你，或许明年你就要服侍我，其人身依附关系愈见稀薄，反而成为对个人致富的一种奖励。

当然，等级越高也是越有特权的，具体的有：

①“唱哈”时享有坐在高位；

②祭品优先获得；

③若村中有人“百年归老”（去世），其祭品或遗留物品，要送给参与祭奠的等级最高者，作为“寿礼”；

④与一般的村内调解不同，如翁村调解了村内重大矛盾，并进行了罚款，则需将所得罚款的一半请最高等级者吃喝，其余一半收入哈亭，做祭祀基金。

当然，有奖就有罚，如已登记“入席”的，无故缺席，则由“翁村”提出，“唱哈”后讨论，定以开除出席与罚款的处分。

（3）京族习惯法中的调整机制

京族为保护自然资源、维持社会秩序，在其自治历史中，形成了完整的有多至百余条的《乡约》，主要有封山育林、保护资源的禁令和规约；团结御匪、严禁偷盗的规约；红白喜事的规约；有关祭祀、捕鱼、风俗习惯等各项乡规民约。此外，有的京族还有天主教信仰，如江龙乡恒望村35户全部信仰天主教，因此，他们的习惯法是根据天主教的教规拟定，与其他各村的规约略有不同，具有浓厚的宗教色彩。

中华人民共和国成立后，乡规民约仍在为京族人信奉，除了禁忌、祭祀、红白喜事等之外，一些涉刑事的乡规民约也仍然得以奉行，如万尾村自1949年至1952年内，因砍伐山林，违犯《乡约》而被罚款的就有63人。

3. 广西京族习惯法中的刑事解纷现状调查

（1）调研对象：①满尾：龚进亭长苏维生主任（武明志南文化继承人）；②巫头：巫头村支书。

（2）调研目标：①京族民族村落是否还实际存在自我刑事纠纷解决机制；②村民自治的主要内容，是否包括一定意义上的刑事自治；③村民自治权的历史沿革和变迁及曾经存在的民族习惯法。

（3）调研提纲

问题①：发生矛盾后，族老（瓮村、瓮巫、瓮祝等）是否会进行调解？村内调处纠纷制度是怎么样的，有没有类似石牌律那样的成文规定，有没有固定的调处程序或者仪式。所查论文中对于澫尾京哈节的介绍里有“在哈节唱哈、送神仪式上，借助神灵的力量宣扬习惯法并进行‘神明裁判’”[1]。具体的调停程序是怎么样的，一般一年处理多少件各类案件?

澫尾答:以前(20 世纪八九十年代)族老会进到互相争执的农户家里调解。如果不能解决问题就组织全村人集中在哈亭进行大讨论，万东、澫尾、万西三个村大家来裁定纠纷。以前发生矛盾没有“公家”引入，都是自己解决。

“唱哈”是进行德育教育的一种传统习俗，主要是强调和谐团结，早前是有神明裁判的，现在回来的人少了，也主要以打官司为主。

巫头答:现在一般的邻里调解还是由亭长主持，如果不能解决就告知村委。形成队长、村老了解情况—初步调解—村委处理—镇政府、综治办处理的程序。如果有伤人等重大案情出现就马上报案，各村都有警区。现在普通的调解一般都会找村老来帮忙调和，但是他们是协助，不再是主导了，1949 年前都是村老组织调解的，村里都是自己管理，自己解决、处理纠纷矛盾的。现在瓮村、瓮巫、瓮祝们主要是处理亭务，筹备亭会等，但是也要向村委报备，村委再向上报。如果是比较轻微的刑事矛盾，江平派出法庭也会主动过来帮忙协调，一般都在哈亭那里，也不是正式开庭，就是作为主持、组织双方调解的方式来帮忙。

问题②:村里对犯罪行为的处罚有哪些? 除了法院判决赔偿之外，还有没有罚款罚物、开除村寨籍、肉刑、抄家等方式? 或者由错者负责大葬死者，并供养其家属等转处方式，处罚人的时候会不会有家人受牵连?

澫尾答:偷盗的处罚一般就是罚钱，如果没钱，有种替代方法，就是偷盗人扛着偷来的东西在哈亭站一天(示众，重整羞耻)，或者开大会听大家讨论如何处罚。

问题③:是不是还有赔命钱(杀人后赔偿一部分给全村或村民组织)、眼泪钱(杀人后赔偿给被害人)或者洗面钱(强奸后赔偿给被害人家里)，具体数额计算是如何规定的? 偷盗牛、马怎么处罚，罚款是怎么罚的，有没有“偷一罚三”等土办法?

答:听说其他地方是有的，但是我们这里以前很穷，所以自己人偷了，也不会偷一罚十，而是罚多少都可以讲价的，有时候就是看别人对你印象怎么样，你口才怎么样，还有你悔过的程度怎么样? 如果真的知错了，甚至不一定要罚钱，如你偷鱼、偷农作物了，你也悔过了，可能让你帮忙养鱼，分担农活也可以。

---

[1] 王小龙:《民族宗教活动中形成的习惯法及其在和谐社会建设中的作用——以广西京族哈节习惯法为例》，载《原生态民族文化学刊》2011 年第 3 期。

问题④:村里人犯罪受到处罚后,回到村里,村里怎么对待他?村里会不会协助法院执行或积极帮助社区矫正?有没有特定的仪式?

满尾答:村里瓮村、族老会组织协助村委进行调解,或者帮忙去找法律援助,找到对方(受害人)到现场坐下来谈怎么矫正。

巫头答:有村老帮忙监督,其他对待坐牢回来的,我们的提倡和态度都是和普通村民一视同仁对待的。不过现在(犯罪的)年轻人都不听讲了,去年有两个刑事案件:一个走私的一个贩毒的,都是年轻人、未成年人,他们已经和外面的人混坏了,回来怎么讲也不听,有个已经是"几进宫"了,另一个估计以后可能还会犯罪。

问题⑤:如果在外面犯罪了,村里觉得犯罪人十分可怜,或者这种情况不严重不值得蹲监狱,村里会不会帮忙向法院法官求情,或者帮助出资补偿受害人?

均答:会的,有时候还会主动去找主办法官打听情况,如果要赔钱的,小的、少的也有可能会帮忙,要看具体情况,但是对法院的判决我们都是支持的。

问题⑥:族老(瓮村、瓮巫、瓮祝等)怎么分工?多久换届,怎么选出新族老(瓮村、瓮巫、瓮祝等)?平时学不学刑法,是不是具有一定的法律知识?

满尾答:老村老的懂法的少一点,年轻的大都懂得一些法律知识。

巫头答:每年培训、讲座都要叫村老来参加的,而且现在每年哈节也有普法内容。

问题⑦:寨老、族老发现正在处理的问题涉及犯罪了怎么办,是否移交司法,会不会有调处记录、移交记录和档案?

巫头答:现在大事情都是由公家解决了,有群众发现犯罪了,举报到生产队,严重的就由派出所处理,我们这里有分所。

问题⑧:村里还有什么忌讳(迷信)没有?

满尾答:还是有的,比如哈庭出白事的时候一些人是不能参加的,要计算年岁和生肖,这些不对时辰的,坐月子的或者家里有拉大网的(出海的男人)都是不能入哈亭的。

问题⑨:你们如何看待打官司、坐监狱这些事情?

满尾答:以前是以德治村,现在是依法治村了,一些小事情其实没必要打官司。

巫头答:各有利弊,现在一些年轻人一旦犯罪了,和外面的坏朋友处久了,我感觉很难让他们回头了,他们对老一辈的东西有些缺乏信仰。

(二)广西瑶族刑事习惯法解纷机制运行现状调查

1.广西瑶族习惯法概述

瑶谚云:"石牌大过天。""石牌"不可违背,习惯法必须遵守是瑶族社会普遍的共识。

这种遵从习惯法的自觉意识，其内因主要来源于守法意识的长期熏陶与培育，使得瑶族习惯法不仅仅是一项民间法，更升华为一种法文化，每个瑶族个体，从懂事即长期接受习惯法的宣讲、执行、参与、感受，瑶族山区具有天然的法信仰土壤。

首先，尊老传统给予了老人们以极高的社会职能和地位。在瑶族社会，老人们主要包括“村老”“社老”和“石牌老”等，他们除了是知识、经验的代表，也是民间的“议员”和“法官”，习惯法主要由他们订立，“有事须请老”是瑶族习惯法的调处机制，最后的调处结果也由瑶老、头人监督执行，此外，瑶老们还负责进行民族历史、风俗习惯和劳动技能的教授，以及英雄故事、谚语格言、宗教意识的传诵等工作。

其次，在日常生活中，在劳动、节庆或宗教、婚丧等民俗仪式之中，瑶族人民都注重对遵从法的意识的潜移默化。如婚俗中，《迎亲歌》有云：“一生不做赌，宁可卖柴过生涯；一生不做盗，宁可卖水把日度。”葬礼中的《促卓歌》唱：“你不跨入盗人之行，你莫踏进赌鬼之窝，不跟恶棍胡为，不被妖女诱惑。”

再次，一些重要祭典中，会进行讲法宣传。如广西金秀瑶族每年二月、八月进行的春、秋“祭社”“吃社”时，瑶老要面对众人进行“料话”。春社“料话”的内容一般有：山上的竹笋不许乱取；田边的犁耙不许乱拿；用鱼笱装泥鳅，各被各得，不许乱拿等。秋社“料话”的内容一般有：不许放鸡、鸭、猪下田吃禾；不许私摘他人苞米，不许偷盗扁担、桐子、茶子等。其实是习惯法的宣示与教育。

最后，在瑶族文献中，处处强调守法意识。如瑶族文献《盘王遗训》长诗，第五部分专写守法，既讲到了法的威权，也从正反两方面说明了守法的好处和不守法的恶果：“王法天规断是非，铁面无私不可违；言语谨慎依道理，莫要横道犯法规”；“为人若把王法守，晴天霹雳不动心；行善莫怕夜敲门，守法莫怕国不宁”；“铁牢黑黑惩罪人，轻者惩戒重则杀；犯罪受惩人财空，杀人抵命后人骂。”此外，瑶族文献《瑶律》也要求人们“必须遵守法律，必须执行法律”。

广西瑶族习惯法的运作，从议订、执法、处罚措施、裁判到执行，大体上采用了“原始民主制”的方式。瑶民对其习惯法具有内在的认同，与此种运作方式有很大关系。

瑶族订立习惯法大多以“石牌”作为其形式，石牌的内容必须经过全族石牌成员一致通过。[1] 一般程序为：在召开石牌会议之前，首先由“石牌头人”拟定草案；之后举行石牌会议，与该石牌律有关的群众或其代表均与会；会上，首先由石牌头人“料

〔1〕 黄海：《瑶族传统道德的现代化探索》，载张有隽主编：《瑶学研究第 4 辑——现代化与瑶族：发展前景》，广西民族出版社 1997 年版。

话”,而后逐条宣读、解释“料令”,旁听族人对宣读内容有不同看法也可即时提出,族人一并商讨后依照最终讨论结果对草案进行完善;最后形成的石牌律,由全场与会人员一致以默认或欢呼的形式通过。这种立法方式,实际上已经相当先进和民主,制定出来的法令由于得到了族人代表的背书,故也会得到全体族人的遵守。

在法度的执行方面,一般由全体族人集体参与执行,尤其是重大的违法行为,更是全村出动。此种执行方式,能够起到很好的威慑作用,同时也能得到各方当事人及其亲族的认同,可起到根除事端和世仇的效果。当然,这种集体执行的方式,也是由于极度封闭的社会环境才能形成的。具体的执行、处罚措施与其他广西少数民族大致相同,主要有罚酒肉、游村喊寨、逐出村寨、革除族籍等。

综合来看,广西瑶族社会较为封闭、保守,高度自治,习惯法在瑶族人民心中具有极高的地位,并历经长年的发展、演化,从具体规定到相应的法律机制,都具有相当的先进性、独特性和逻辑自洽性。

2. 对广西瑶族乡规民约中刑事解纷机制的文献梳理

(1)广西瑶族习惯法的调处机制

广西瑶族的调处机制主要即是“请老”。广西瑶族以农耕为主,兼顾渔猎,基本是个经验型社会,春耕夏耘,秋收冬藏,需要老人传授耕作经验知识,故瑶族社会讲究敬老,这除了是伦理教养外,也是一种客观的生产需求。“竹老不易裂,人老见识多”是普遍的社会心态,故瑶族的头人一般均由瑶老担当,也即“瑶老制”。

广西瑶族习惯法的“请老”,即是从“瑶老制”衍生出来的调处方式。其原则主要有二:一是“有事须请老”,即不可私自处理,以免事态失控;二是“不得外出请老”,即必须请本族、本村、本石牌的老人、寨老来解决,以免遗害自身。

顺治十一年(1654 年)立的《上秀、歌赦二村石牌》确立了“瑶老断案制”,其“八料”规定,上秀、歌赦二村,何人大事小事,不用锁薄(缚),改(解)老人孙(审)断。此后,这一机制成为瑶族地区石牌律的原则;如同治六年(1867 年)立的《坪免石牌》规定“一料,不论(何)人有事,经过老人,(正)才得锁人也”“九料,不论(何)人有事,请启(起)老人,不得反悔可也”;1914 年立的《六十村石牌》“二料,众石牌人有小事大事,不得打,杀人挖屋,千祈要请老讲理”;《罗香七村石牌》“若械斗,即请村上父老并外村父老调处,若不解决,不准捉拿”。

依习惯法,若未经请老调处,自行打杀、捆人锁人,便是违反石牌,要受惩罚。如清光绪末年,六巷村蓝公安到浪冲(地名)偷盗同村蓝公顶的苞谷,蓝公顶约齐同族兄弟,待蓝公安挑担回来时,将其抓获,并关在家中,请族老来调处时,被提请石牌公断,经过激烈辩论后，结果认定其未报石牌，私自抓人，罚银30元给石牌。

“外出请老”也称为“过村请老”，是瑶族习惯法禁止之事，立于大瑶山1822年的《门头、下灵、黄桑三村石牌》规定“三村有事，不许过介（界）请（老）；若过介（界）请老，众罚银六十两”[1]；中华民国七年立的《三十六瑶七十二村大石牌》规定“石牌有事，不得请别人”；广西龙胜杨梅屯瑶族1891年的乡规约定“地方遇有大小事务，准请头甲及公举之老人，再三理论或判不清，方可兴松。倘有刁顽之辈，不由分论而擅词讼控者，地方合具公呈不得推诿”[2]。

禁止出外“请老”，也即意味着禁止径自“词讼”，不得过村请老的原因，瑶山学者莫金山认为有三：其一，亲缘关系，瑶族山寨建立之初，多以同宗共祖为基础，过村请老无异于不认祖宗、无视亲族；其二，名誉原因，外出请老，意味着本村族老和习惯法的水平不佳，无法解决本村纠纷，实质是示弱于外、家丑外扬；其三，效果因素，外出请老，证明本村人心涣散，力量削弱，外人不仅会乘机提出高昂的诉讼费，且有可能趁机分割本村山林、田地等。

高其才认为，除了上述理由外，还有以下几个原因：①本村就近解决，节省成本，方便当事人；②在较小空间内，方便查明案情；③有利于村寨内部解决矛盾，不激化矛盾，外出请老容易横生枝节，不利于内部化解；④瑶族大群体意识薄弱也是一个原因。

对于请本村族老不能解决问题的情况和后续程序，石牌也有详细规定，如中华民国七年（1918年）立的《罗香七村石牌》规定“第六条：无论何人争执田土山场，先请父老调解不下，又请小石牌调解不下，再请大石牌调解，不得擅自开武”[3]颇有调处层级规定之意味。

（2）广西瑶族习惯法刑事调处的受案范围和处理原则

瑶族的纠纷调处机制受案范围极广。在习惯法上，除了民事性质的纠纷，如山林、土地、水利、借贷等，也包括刑事性质的案件，如人身伤害、盗窃等。

调处的原则主要有两个，即“入理不入亲”和“大事化小，小事化无”。所谓“入理不入亲”，即要求在调处时依（习惯）法进行，秉公处理、以理为先，不问亲疏。瑶族习惯法有明文规定，如中华民国三年（1914年）广西金秀《六十村石牌》规定：“二料众石牌人有小事大事，不得打，杀人（空缺）屋。千祈（千万）要请老讲理；先小村判不得，

---

〔1〕 广西壮族自治区编辑组：《广西瑶族社会历史调查》（第1册），广西民族出版社1984年版，第74页。

〔2〕 广西壮族自治区编辑组：《广西瑶族社会历史调查》（第1册），广西民族出版社1984年版，第74页。

〔3〕 广西壮族自治区编辑组：《广西瑶族社会历史调查》（第1册），广西民族出版社1984年版，第74页。

到大村大石牌作(着)老人所判;入理不入亲。三料众石牌人,不得乱交(搞)赖事锁人,犯石牌。乱作生事害石牌地方。小村有小事大事,作(着)老照道理判平。入亲害石牌地方,究治"[1]"十五料众石牌人,如有违法背规条,不遵法律,大众石牌,秉公办理。"[2]中华民国二十五年(1936年)的《金秀白沙领导下的五十一村石牌》也规定:"第十一条料:我瑶山石排(牌),有小大事,听村团判,大事要听石排公审公办,入理不得入亲,不得包办何人。"[3]对于违反"入理不入亲"原则来公平调处者,则依习惯法予以处罚。

"大事化小,小事化无"原则要求调处、判案要追求社会效果,息事宁人,不能在处理案件后节外生枝,持续引发族内外矛盾。这一原则在瑶族社会的特殊的意义在于,瑶族村寨是由多个不同宗族、家族集团组成,以血缘关系为根基,村民之间共祖同根,彼此间的亲缘关系更甚于现实利益,因此,对出现的社会矛盾、轻微刑事纠纷,只要把问题解决,把道理讲透,处理结果与实质公平不太遥远即可。

相反,如调处者调处不力,引起事态恶化,也必须受到一定处罚。如1916年,大瑶山门头村人蓝公光与六巷村的蓝公法因争水利打架,请石牌头人蓝公旺调解未果,蓝公法抓了蓝公光家的两个小孩作人质。蓝公光怒不可遏,带领两个儿子,用火枪打死蓝公法并抢回两个小孩。两村石牌头人出面调停,判决蓝公光打死人要抵命;石牌头人蓝公旺调解不力,罚款白银50两;水利平分使用,不得一家独占。[4]

(3)瑶族民族习惯法刑事调处的程序

瑶族习惯法一般将调处纠纷的地点放在受害人家中,或者设在"社"里,故瑶俗有云"有相讼者,集于社"。[5] 在调处过程中,如当事人拙于言辞,也可请人代讲。代讲者不仅需熟悉习惯法,且须为当事者的亲族(不限于近亲属),不可为外人,否则即属"包事",而"包事"为习惯法所禁止。调处时,可以面对面调处,也可由族老(调处人)居中转达。

瑶族"请老"有其规矩。大瑶山石牌规定,但凡发生争端,受害人将石牌族老请到家里来。族老住在本村的,以口头通知;路途较远的,就用禾秆草一根,一头串铜钱8枚,另一头串铜钱16枚,或分别用两根禾秆草串上,瑶语叫"八文十六",请人送到族

[1] 广西壮族自治区编辑组:《广西瑶族社会历史调查》(第1册),广西民族出版社1984年版,第74页。

[2] 广西壮族自治区编辑组:《广西瑶族社会历史调查》(第1册),广西民族出版社1984年版,第75页。

[3] 广西壮族自治区编辑组:《广西瑶族社会历史调查》(第1册),广西民族出版社1984年版,第47页。

[4] 高其才:《瑶族的习惯法观念探析》,载《民族法学评论》2009年第6期。

[5] 广西壮族自治区编辑组:《广西瑶族社会历史调查》(第1册),广西民族出版社1984年版,第67页。

老家。当族老收到“八文十六”的邀请后，便来到原告方家里，族老到家后，事主先请族老吃一顿便饭，如果双方的矛盾已转化为“对抗性”矛盾，如发生捆人、开打等，主人就得杀“二十四猪”[1]来款待石牌族老。

具体的调处程序也有相应规定。一般是族老进餐完毕后，事主摆八仙桌于房屋正中，主人和族老们依次坐好后，主人开始申诉争执原委、理由。《粤西诸蛮图记》中有记载：“每讲一事，举一筹，筹多者胜，盖理诎（拙）则筹弃，理真则筹存也！”瑶语谓之“论理”“讲件”。这种“论理”要从自家传承说起，来自何方，现住哪里，在哪个村寨等，每提出一条理由，拗一节（约3寸）的禾苗杆以做标记。每讲一条理由的首句和末句都唱：“我们这样论来，我们这样摆由，你们众石牌人听啊！”当事主把理由陈述完毕，族老将筹接过，按主人陈述的理由逐条重述一遍，即“压话”，如主人无异议，再交“码”给族老。这种“码”，是用禾秆草串铜钱一枚，或串手镯一只。族老将“码”连同原告陈述的理由一起传给被告方，叫“度话”。被告的一方听完族老传达原告一方的道理后，可以“答辩”，谈谈自家的理由，同样以禾秆为标记，互相发表“辩论意见”数次后，如没有新的“道理”，族老根据各方的意见和道理，结合自己的查证（如向当事人的邻居核实等）作出裁决，谓之“判案”。

与调处相对的，判案的程序一般是，族老分头向双方讲解，而不传齐双方对审。判案之后，如双方都服判，则由族老向双方约定履行方式，即“做料”。如有一方不服，可请更大的石牌族老再来讲理，这时要请原来调处“初审”的小族老将其判案经过向大族老详细讲解，案子对于小族老才算了结。大族老听过小族老的说明，与原、被告查证后方能决定。如果一方仍不服，其请大族老吃喝一顿，再次将“八文十六”交给该族老，表示争执陷入僵局，其要与对面“做大事”（可能互相仇斗了）。“八文十六”交出后，他要先交给该族老一个铜钱，叫作“交码”。不服的一方交码后，族老将“八文十六”交给对方，并将不服者的理由告知对方。如对方也不服，也交“八文十六”和“码”给族老，再由族老传递辩解理由和该“码”。数次“交码”后，仍不能调停成功，此时石牌头人不能自己解决纠纷，则应将“八文十六”和手镯等物退还，名为“退码”，双方接到退码后，可立即诉诸以武力解决。不经头人“退码”，双方不得私自仇斗、“犯石牌”，如有“犯石牌”者，石牌组织有权进行干预。[2]

---

〔1〕 指双方矛盾严重，可能引发械斗，调处前由主人杀猪一头，定价24元银币招待参与人，调处结束，由失败方承担该花费。

〔2〕 广西壮族自治区编辑组：《广西瑶族社会历史调查》（第1册），广西民族出版社1984年版，第67页。

此外,如果调解头人在为人排难解纷中索要“台底钱”(贿赂),或虚报罚款数额,私相贪污罚款,除了前述的重罚之外,也可能被石牌出“花红”买人暗杀。例如,在广西大瑶山,石牌头人龚道岸等7人在调处金秀村苏扶砚与陶胜现争山场一案中,处理不当,结果各石牌头人被罚,每人出17元赔偿事主;容洞村石牌头人苏玉龙、金秀村石牌头人苏扶有,则因隐瞒罚款意欲吞没肥己,被石牌群众买人杀死。头人违法则被严惩,颇有一番“石牌面前人人平等”的意味。

(4)解纷结果

调处头人宣告结果常以口头形式作出,较少采用书面形式。但在清末及民国时期,在一些瑶族地区如广西金秀、广东乳源等地,较多地采用书面形式,称为“和息帖”“劝息帖”“了事帖”“石牌判书”等。

如广西金秀瑶族的“石牌判书”,其原文为:

“启者,今因苏扶品、扶南山主,根向坊田地批,赵如成、[如]富烧地,火烧木以上段。苏扶友老者,办事不公平,胜勿三村众石排(牌)到办(判)扶友律,发(罚)三千六百钱正。以旧老律坊田,田几年年放火烧不犯过。三村石排(牌)头目苏胜泉、[苏]扶禁、[苏]扶文在场,和事不得多言,天灵地镇(准)。

请笔:苏道运

民国十四年(1925年)乙丑岁四月初八日,石排(牌)办(判)书。”[1]

由于处于熟人社会、血亲宗族的力量很大,故调处结果一般都能够得到执行,但如果有一方最后仍不服调处结果,事态就演变为双方的“械斗”,以私人武力解决。由此可见,瑶族习惯法的强制效力也不是绝对的。

3.广西瑶族习惯法中的刑事解纷现状调查

调研时间和地点:2016年2月29日,于百色市田林县法制办、调处办和百色市田林县司法局人民调解委员会。

对象和目的:调处办班主任(本柄瑶族)、赵副主任(汉族);人调办王股长(本地瑶族)、矫正办刘股长(汉族)。

问题①:目前民间自行处理矛盾纠纷的情况多吗,是否有成熟的调停机制?

赵主任:改革开放后,利用民间处理矛盾的很少,重大矛盾更多依赖于法院,小的矛盾也开始依赖法院了,前几天有一个案子,总共双方就50元左右的纠纷,两边一斗气,都非要雇请5000元的律师打官司。

---

[1] 高其才:《瑶族调解和审理习惯法初探》,载《中华法系国际学术研讨会文集》2006年。

班主任:以前基本都是族内自己解决的,有些小偷小摸、打架伤人的,也都是寨老出面调停,现在就少了。但是家庭纠纷、小纠纷,寨老说话、处理也还是管用的。比如之前有个村修沼气池时,村支书和上面领导喊破嗓子都没有人来理会、动工,但是做通该村寨老工作,他一叫就都来了。下面举例说明。

案例1:2014年前潞城乡三瑶村(本柄瑶)有一家偷村里山上的玉米,系惯犯,虽然最多一次偷500棵左右,但是偷得多了,大家说加起来可能是够犯罪了,当时司法所采取请村里寨老调解的方式解决,最后因为他家里实在是穷一些,要他只赔了1000元,他也服了,村里也没再说什么。

王股长:进瑶族、彝族地区调解,一般的纠纷基本都要找寨老,一般的内部矛盾也基本是寨老们解决的。实在摆不平才找我们,一些特色案件,我们的话反而不怎么管用,如坟山、风水纠纷,一般找到我们,我们也只是给指导性意见,很少出面。

刑事调解大部分是交通肇事罪的调解,也是村民内部调处的占绝大多数。

班主任:特色机制方面。"和面酒"是仍然在发挥着作用,也有一定的步骤和程序。

王股长:"和面酒"有很多时候我们调解员也得去参加,去吃酒,不是我们不遵守纪律,而是如果他邀请你不参加,下次你调解说话他也不会听了。

刘股长:现在我们也在尝试一些传统和现代法制衔接的特色机制。比如本地法院立案庭,已经形成机制,将一些小的刑事自诉案件一定先转交人民调解委员会调解,人民调解委员会再吸收部分寨老来帮忙调处,实在不行再转回法院。

问题②:现在还有什么案例能说明传统的纠纷调停机制仍然管用的么?

班主任:也还是有的。

案例2:2015年,村里一个姑娘去医院看病,与主治医生产生了婚外情(双方都有家室),寨老进行调解后,男方按照习俗封了360元的红包,并放火炮(鞭炮)、吃一餐饭后即告了结。根据我们的村中习俗,一般两性不正当关系,如野合被撞见即需要"挂红"(3.6~360元不等,但钱数一定要是36的倍数)

(从以上案例和表述来看,当地习俗的形式本身就能解决一些两性、风俗争端,且赔付的钱多少反而不是绝对的,许多时候确实没钱了,诚意"挂红"也可能获得原谅。)

问题③:村里现在有什么禁忌之类的能影响当地法制、政策吗?

王股长:有些禁忌对当地社会影响很大,一些政策、法律的实施也要顾及村民感情,可以举例说明。

案例3:潞城乡324国道旁的千年古树是当地的重要信仰,为了不伤害古树,使国道被迫改线,并在正月十七摆了百家宴才算完。神树不能动不能砍,以前有人在附近小便,被迫花钱做了祭祀才算回运,所以如果真有人要砍树什么的,估计全地界的村民都会出来阻拦、打架。

问题④:有什么本地的习俗与国家法制冲突的情况?

班主任:我们这里结婚早,少年通婚的情况严重,尤其是苗族、瑶族大范围存在十四五岁结婚的情况。

王股长:私藏枪支现象严重,因为我们这靠山吃山,有靠山打猎的习惯。

(二人谈及的例子为案例4、5)

案例4:2015年有一个案子,因两村不和,对面村举报这边,一查私藏猎枪的情况,结果整个村寨被抓了二三十人,村寨劳力基本为之一空,大家都觉得这种处罚方式十分不合理,是选择性执法。

还有根据当地习俗,近亲结婚、未成年结婚的情况很多,我们发现了也基本不会去处理,也很难处理。

案例5:2014年有一起重婚案件,由于当时是族老调解离婚(财产也分完了),但是没去民政局办理离婚登记,大家就都当他们离婚了,结果后来男方又结婚,一查离婚没登记,被判重婚罪,这个案件该村的许多人现在说起来也不是很服气。

问题⑤:寨老如何产生、传承?

班主任:一般选取有威望、肯为村民做事、调解纠纷得力、有号召力、能说会道的人来担任。比如潞城乡三瑶村的寨老现在是"铜鼓舞"传人,但是这种寨老也不是世袭的,他准备把"铜鼓舞"传给他儿子,但是他儿子现在不够有威望,以后可能可以传承,但现在需要村里大会选出新寨老。

(三)广西壮族刑事习惯法解纷机制运行现状调查

1.对广西壮族乡规民约中刑事解纷机制的文献梳理

(1)非正式的处理方式

历经千年的演进,广西壮族社会自发地形成了从轻到重、从民间到官方的解纷体系,演化出"私力救济—头人调停或保苏、把士仲裁(半官方仲裁机构)—血亲复仇或官府处理"的独特"审级"。进一步调查可知,官府的处理因其成本过大,往往放在了最后,而民间的"自净化"解纷机制处理了绝大部分,甚至包括刑事纠纷在内的民间纠纷,可见我国百姓"厌讼"心理自有其原因。如在清朝时期,群众到官府告状,先要耗费10~50元光洋的"笔资",找人书写状文,并向来收状文的官差交3~5元的"孝敬"

方能将其呈递。待审期间，每次传讯还需另外打点5～10元“草鞋钱”，而被告所需的花费甚至倍于原告。即便交由官办的“保苏”“把士”进行仲裁，除了一席酒席外，仍要交1元“见面礼”、最后还要将标的的10%作为所谓的“诉讼费”。以上这些还只是明面上的费用，由于对官方受贿情况缺乏制约机制，因此官司的结果往往由双方行贿数额决定。

事实上，乡规民约的以其低消耗性、浓浓的“人情味”和根除纠纷的彻底性等优势极大地适应了我国的礼俗社会的解纷之需，根据记载，广西壮族聚居的村规民约直到1933年国民政府镇压瑶、壮动乱后，才大部分在形式上失效，但仍在很长一段时间内约束着人们生活，甚至在解放初期，仍有用鞭挞刑来处理偷窃案件的记录。

(2)社会认同力为效力保障

通过考察，我们发现由于缺乏文明化、理性化的设计，壮乡的乡规民约有其原始性、小传统性和极端性，对于一般侵权或轻罪而言，这些特性表现为“大事化小”“和稀泥”式的“私了”，而对于重罪而言，往往表现为“杀一儆百”的“极刑”。虽然这些极刑不值得沿用和提倡，然而通过对其考察，也可以发现其中存在强调社会参与、社会认同力的内在逻辑。详述如下：

①悔过书与除绝书

悔过书是一般对于累犯采取的做法，即由犯罪人当头人面亲笔写悔过书，本人、房族及头人均在悔过书上签字，并由头人收执，日后再犯则按照悔过书上犯罪人的承诺处理。

除绝书则是一般在对重犯进行淹死或活埋前，断绝其社会关系的做法，即由其亲族以书面形式“除绝”，经此程序后方可处死。通常以此方式来平复处死其可能造成的社会负面影响，而凶手亲族为免树敌于公，一般也都会签字同意。

②革逐制度

这种制度与处死一样，是适用于犯罪情节极其重大、民愤极高的犯罪，也可以说是仅次于处死的刑罚。所谓革除出村，即先经由犯罪人房族开会讨论，作出革除决定，再由房族出钱宴请各村头人前来，杀猪宰羊招待后，当众写好革逐通告，在通告中要详细说明其罪状，并表明与犯罪人脱离一切关系、再无任何往来、不许和族人共扫祖坟、对其生死完全不予过问等相关事项，即以此形式公开表态：犯罪人不容于亲属，己方愿意剥夺其所有族群认同和生活生产资料，己方也定然不会再为其进行复仇。被革除的犯罪人，由于失去可耕田地、无家可归、无路可走也不容于族人，很快即会悲惨地死去。

③以被害人为重心的补偿措施

与刑事制定法相似的是，民族习惯法中的罚金刑也仅适用于误伤、小偷小摸类轻微刑事案件。但与制定法不同的是，其罚金大小按照犯罪类型的不同，或以加害人大部分财产为赔偿数额，或仅以受害人的医疗费用为赔偿限额；对于罚金的处理也与制定法多有不同。壮乡习惯法一般将罚金抽1成交由乡老或保苏，一部分做相关出力解决案件人员聚餐之用，剩余则交由团练，做其平时开支花销；若犯罪人无法负担罚金，则由其亲属分担。这种特别的分摊方式，既体现了壮乡习惯法的小民族性，也与恢复性司法中将社区作为第二受害者获赔的理念不谋而合。

④强调宽容的道德礼教

壮族道德长诗“传扬歌”的德育思想研究，是教育思想史研究的重要内容。诗中不仅揭露了“矛盾”，还深入进行了深层次的思索，《传扬歌》提出了劳动者“做人应具的志气、勤劳、借鉴、真诚、睦邻、择婿、尊老爱幼、和睦的道德规范”。

其中即有专章讲宽容、善良的品行的重要性：牛是农家之宝，所以农村特别怕人偷牛，有意思的是，《传扬歌》一方面劝贼不要偷牛：“同是受苦人，出门莫贪财。牵得大牛走，引出阎王来。偷遍众乡邻，临死谁不快?!”另一方面又叮嘱道：“劝你做贼人，摸黑要学乖。偷得牛到手，近处你莫卖”，“上峒下峒牛，卖他方免灾。”对穷急而行偷者却给予规劝和原谅，这看似与壮人憎恨偷盗的性格相矛盾，却也正是壮乡民族良知中宽容善良品性的体现。

2. 强调重整羞耻理念的惩处制度

调研中发现，在广西壮族习惯法中，自古以来即有许多针对犯罪行为的协商惩处机制，如议团制、和面酒制等。

(1)议团制

“议团”本是民约立法制度，而非单独的案件调处制度。每年春秋两季，附近乡、寨主要头人集中开会，一般来说按照耕作时令，春季议团主要为保护禾苗，防止牲畜践踏；秋天则是为了预防盗窃讨论、修改、补充以往乡约条款。也会另外举行“议众”会议，即对侵犯财产、偷窃生产资料等与生产生活相关的重刑情况进行讨论，在会议上，任何与会人员均对被告人的日常行止和案发当时的情况发表意见，此时的发言并不限于案情相关联的事实，而有许多都是针对被告人在熟人社会中整体印象进行的评判，最后决定相应的处理办法，针对一些最近类似的多发刑事事件也会制定特别规约，之后的决议由各村头人回村后向村人转达，并将其书写于木板挂于村内要道之处，起到公示作用。

(2)和面酒

主要适用小额偷窃等较轻微案件,犯罪人请乡老或保苏、把士及受害人共进一餐,当面谢罪并返还受害人损失即可了结。这种制度在广西乡村中被普遍采纳,一些基层法院也多有借鉴以起“案结事了”之效果。

(3)喊村

这是一种特殊的刑事和解方式,如被害人家中被盗而无线索查明盗窃者,则失主报告村老,由其通告村人并指定一地点,要求盗窃者将原物在晚间放置该地点,若次晨失主在该地点寻回原物,则该案了结。若喊村三天仍无人送还原物,村老则召集全村,各户用联保法互相保证,如日后调查查出盗窃人,则需加倍惩罚其保证人,盗窃人反而无罪。如村中有人无人替他保证,失主即可向其要求追赃和罚金。

上述协商惩处机制虽然在壮乡的漫长历史中发挥了不可替代的作用,但随着现代化、城市化进程也正在逐渐失去其市场和生命力。

3. 壮族刑事民族习惯法中的刑事和解机制——头人调停

壮族主要以不同形式的“头人调停”机制作为调和机制,这一调停机制在历史上曾经是解决民族刑事纠纷的主要方式。具体的调停机制各地有所差异,以两个样本进行简述。

(1)天峨县

天峨县仪式较为简单,一般乡老出面没有特别讲究,也不收专门费用,除非在处理时发现依据村规需要对一方罚款,那么乡老得以抽一成。调停流程一般是采用“背对背”的方式进行,以减少争执双方的冲突激化空间,具体形式一般采用席谈的方式,即正面意义上的“吃了原告吃被告”,在调停过程中,当事人双方应负责请其吃饭。一旦调停成功,当事人双方应再请其吃一次“和面酒”,席间过错一方在其主持下向对方承认错误,则此嫌隙得以化解。

(2)龙脊乡

在龙脊若要请头人调停纠纷,先要用红纸包裹一粒槟榔,当面交与受请头人,以此仪式表示尊重,由于此乡头人完全由民间产生,均对自己威信极其看重,故其既不会随意推脱调停职责,一般为分担风险,也会互相推荐,与其他头人共同处理纠纷。

龙脊乡头人调停一般采取背对背的方式,当地流传民谚“请中不对面,对面不请中”,原告请到头人处理纠纷,就要准备酒宴款待,头人可以在酒席上商讨处理对策、询问原告事情经过和他的请求,之后到被告家去,同样由被告设置酒席款待,由头人们在酒席上调停或决定是否处罚以及罚金多少等问题,之后头人们将意见反馈给原告,同样需要原告摆酒以报,一般整个流程由头人们商定,所以一个纠纷可以将上述程序来回多次,当然,头人们若滥用职权骗吃骗喝,那么他们最好也找好可服众的理由,否则自己的威信很可能受损。

调停结束后,如有罚金,则从罚金中抽成10% ~20%作为"水礼"以答谢头人,如果没有罚金,则原告得由家中拿出一定金额作为"工价钱"以答谢。而有时理亏一方会暗地里行贿头人,即"背手钱",这无疑会大大减损头人们的威信。如民国初年,毛呈寨萧鸿兴告邻居偷猪一案,头人廖锦盛即收了原告背手钱,后两被告因不服调停结果,即敲锣纠集全村评理,经大众讨论后查清事实,一致决定廖锦盛不义裁断,并勒令其赔偿两吊钱给两被告,以补偿其名誉损失。如一方不服调停结果,则头人们还要对其进行反复劝说以使其心服,若还是无法解决纠纷,才可能另请其他头人或告于官府。

当然,对于这种制度并无相关的限制机制,那么当头人的威信极大的时候,也会造成"吃了原告吃被告的情况"。如县志中记载,清光绪八年时头人廖桂元调停的一起叔嫂争山头的纠纷,被告即有叹息"我们叔嫂都输了,只有廖桂元赢了"。

总之,头人调停机制具有化解纷争、睦邻友好等明显的优点,然而,随着刑事制定法对刑事纠纷的全面"接管",在实质上否认了头人们在刑事纠纷的"话语权",这种有较好效果的解纷机制也随之失去了市场。

(四)对上述调研的分析

通过对广西三个少数民族的初步调研,对于广西少数民族中是否存在恢复性理念因子,是否有作为刑事解纷的补充的机制等问题予以分析。

1. 广西少数民族具有独特的礼俗习惯和解纷传统。自古以来,我国行政、司法合一的县郡体制导致了畸高的官司花费,结合广西地方经济落后的历史和现状,国家制定法在过去更多的作为行政命令而存在,"打官司"成了老百姓万不得已的选择,这是我国乡规民约在中华人民共和国成立之前都能够取代制定法在绝大多数民间纠纷中获得裁决权的原因之一。及至当下,虽然随着法治化进程,民族习惯法的影响力和权威受到剧烈的动摇,但这种"休克性"的法制推进方式,造成了广西两代人对诉讼行为本身存在截然相反的评价。由于文明现代化和法制现代化普及面的不均衡,在相对落后的广西,在部分礼俗、法制的灰色地带,形成了现代法制评价与民俗习惯的对立、冲突,演变为恶性循环。

2. 广西少数民族的刑事解纷以其独特的民族认同力作为效力保障。首先,小农经济、山区地形演化出了广西少数民族地区熟人社会、差序社会的生活状态,而这些生活状态一方面极度避免内部矛盾的发生和激化，另一方面也赋予“族群认同”以实质的柔性力量，上述的很多乡规民约中都体现了这种社会的力量。此外，儒家礼治思想和纲纪的强调，也同样间接影响了广西的底层百姓，使得“以和为贵”的思想生根发芽，形成了“礼制”“纲常”等道德层面的制度。

其次，这种社会认同产生的民族自治权威与西方的恢复性司法传统有着同质性差异，西方的海洋经济使其产生了强调契约而不是人身依附的社区文化、城邦文明，其社会的自净能力也更多依赖于社团、行业规范等社会组织和交易规则；土著居民们则由于仍停留在原始社会的生产、生活方式，其社会自净能力除了宗族认同的力量之外，还依赖于对自然、神灵的敬畏之心，或来自对宗教和神秘等先验伦理的信仰，其强调“宽恕”“赎罪”的宗教文化，更强调出自信者的本心使然，更强调对不可知的信仰力量的崇拜。

虽然广西的民族认同力中也有部分从神秘而来，但更多体现为禁忌，或补救性质的“神判”，均并不成为宗教，其更多在于事实确实难以查明的情况下才会使用，头人的权威取决于其以往的裁断是否公允，是一种经验的哲学观。相较之下，广西的民族习惯的自净能力更强调依靠家族认同、村集体认同，即源自该民族地区中“人与社会”的普遍认同。相比而言，在科学主义盛行的当下，即便先验论并未绝迹，但是诉诸神秘的宗教性仪式必将受到其冲击，信仰的动摇不可避免，然而，宗教情结在广西本就不具有根本的影响力，广西的恢复性理念复兴，其面临的难题更多是原子化社会后，熟人社会的乡土认同被削弱，如何树立市民社会的新社会道德的问题。故在与新时代的法制相适应这一问题上，广西的民族习惯法相较于西方的土著居民法来说，甚至更有优势。

3. 广西民族习惯法具有恢复性司法生发的传统。由于广西自古依靠的是农耕经济，交通条件极差，生活圈子较为封闭，故中央权力难以对广西的社会生活进行实质干预。国家强制力长期在民间矛盾调处过程中的弱化和缺位，一方面，使强调社区认同力量的民族习惯法体现了（以现代法制标准来说）处罚过轻的“私了”和处罚过重的“复仇”两个极端；另一方面，大多数缺乏系统的神灵信仰的民族，并没形成一个抽象的责任主体，“犯罪”仍被视为严重的“犯错”行为，注重双方当事人的利益、注重社会和谐、注重消弭影响的思想也直接反映到了地方的民族习惯法之中。这些特质正与生成孕育恢复性司法理念的土壤的要求相一致。

4. 刑事解纷形式上。壮乡的调停一般选择“背对背”式，以族老调停为主要方式，结合本地民族传统有着各具特色的仪式和习俗。但是疑难或者重大案件，也会通过各自的族人会议进行大调解。与之相比,西方的恢复性司法传统更多倾向于采取“面对面”式的调停方式,其原因或许在于恢复性司法的调停方式更多的是一种“象征”性仪式,参与者本身能够更多的受仪式、程序的影响而暂时平复对对方的怨恨,平复自己的感情,通过复杂而庄严的程序更能达到对“犯罪行为”和“犯罪人”的视点分离。相较之下,广西的族老调停—族人会议模式,甚至更符合现代调解习惯,改造难度更小。

综上,广西的民族习惯法中具有恢复性理念的土壤,其也有极具民族特色和小传统性的解纷机制,通过借镜西方恢复性司法复兴的成功经验,具有极高的法治现代化改造价值,可以成为我国建构少数民族刑事多元化解纷机制的“试验田”。

四、少数民族刑事习惯法现代化路径的构建

根据前述总结,少数民族习惯法虽然具有内生性、高认同性以及关涉范围广泛等优点,但其因传统性和模糊性等可能带来习惯法本身良莠不济、不具有普适性的缺陷,此外,还与国家刑事制定法在法理、法律、实务等多层次存在“错位”与冲突。故要引入少数民族习惯法,首先要厘清如何对其筛选习惯法的疑难,以收扬长避短之效;其次需要解决如何协调观念、如何引入民族习惯法以及如何设计运作机制等问题,以解决实然的“错位”与冲突。

(一)法理破局

要破解少数民族习惯法不适宜引入刑事解纷领域的法理疑难问题,主要需要从两个方面入手:一方面,需要传统刑事理论的自我革新和进化,响应国际刑事法治趋势,从报应性司法向恢复性司法转变,重拾被前者舍弃的民族习惯中的恢复性理念;另一方面,则需要使用合适的法理工具,对少数民族习惯法中过度小传统性、模糊性以及不文明的部分进行剔除,而后少数民族刑事解纷习惯中公序良俗的部分才能够真正得以借鉴、融合或在民族地区适用。

恢复性司法核心理念与传统的刑事司法理念迥然有别,比起刚性的报应性刑事司法,其更像介乎国家追诉与私力救济之间的解纷机制和理念。其独特的创新性观点有:

1. 强调优先考虑受害人权益。其认为犯罪在本质上是对人的侵犯,而非对法律规则的侵犯,以往的刑事司法,往往以体现理性报应的国家追责来取代原始社会非理性的“同态复仇”,以更有效率也更少代价的方式达到惩罚犯罪的目的。然而,恢复性司法认为,这样一来,虽然以国家暴力之“恶”惩治了犯罪之“恶”,但是国家取代被害

人成为被侵害的一方，被害人的权益和被破坏的社会关系本身却未必得到报偿，犯罪本身是犯罪人对被害人的一种不公对待和伤害。在“冰冷”的庭审过程中，社会公众的注意力被转移到抽象的“犯罪与否”的问题上，被害人被侵害的事实也变成了简单的、形式化的“定罪依据”，致使其反而遭受到“二次侵害”。故报应性刑事司法仍是一种以“恶”治“恶”的制度，其不仅对被破坏的社会关系起到消极作用，而且由于对犯罪人的一味惩处，也会产生新的社会问题。

2. 强调落实犯罪人的修复责任。相对于传统刑事司法的以“报应”对被害人“法感情”进行精神补偿，恢复性司法更讲究实质性补偿，也即不仅在物质上实际弥补被害人损失，更深层次地使其受伤的内心得以慰藉。

3. 强调社区参与。其认为修复过程应由犯罪人、被害人及社区成员共同参与，致力于改善犯罪人和被害人的关系，使犯罪人重新融入社区。

4. 倾向于采用非正式处理措施。与以往的刑事司法不同，在交流方式上，恢复性司法更强调营造自愿、平等、相互尊重的纠纷处理氛围，采取的是平面的沟通模式而不是传统刑事司法的金字塔式的惩处模式，更多地采用直接口头沟通而非间接的书面审理。[1]

总之，恢复性司法并不仅仅是一种缓和的刑事技巧，而是看待和回应犯罪、对待犯罪人和受害人方式的根本性转变，是一种增感理论。传统的报应性司法理念向恢复性司法理念转变，是社会越发文明的大势所趋，也是重拾民族传统法治理念中柔性的自愈力的多元化解纷思路，恢复性司法理念在刑事解纷领域的复兴和视角转变，也必将是打破传统刑事理论和少数民族习惯法中恢复性调处机制阻隔的关键一步。

（二）机制构建：构建三层次的民族刑事法制体系

在解决了上述理念与法理的疑难，将因小传统性、模糊性等“先天缺陷”创设出的民族习惯陋习予以过滤，并在达成了互相补充、互相参考、共同进步等共识后，在刑事解纷领域引入民族习惯法、构建多元化解纷机制，仍需要解决如何勾连、耦合好民族习惯法与刑事法制长久形成的对立“错层”的问题。关于这个问题，可从吸收并特别立法，以刑事和解机制作为桥梁，以及多种补充机制的方式，从法律、制度、机制等多个维度进行设计，形成一个合适的引入体制。

---

〔1〕［美］P. 诺内特、［美］P. 塞尔兹尼克：《转变中的法律与社会：迈向回应型司法》，中国政法大学出版社2004年版，第15页。

1. 吸收、提炼民族习惯法中的合理因素以改进未来的民族地区刑事特别立法

在已有的民族地区特别立法中，许多单行条例和特别条例是以少数民族习惯法为参照直接进行变通的，如一些民族自治地方对《婚姻法》中关于结婚年龄的规定作了符合本地区实际的变通，贵州《松桃苗族自治县执行婚姻法变通规定》即将男女婚龄的规定均确定为男不得早于20周岁、女不得早于18周岁。西藏、四川等具有重婚习俗的民族自治地区在确定实行一夫一妻废除多夫多妻制的大前提下，规定对《婚姻法》颁布前的多夫多妻家庭，凡愿意维持的准予维持等。

在刑事诉讼领域，我国虽然尚无以直接法源的形式承认民族习惯法的成例，但在规范上也并非完全杜绝这种可能。首先，我国宪法规定“民族自治地方的人民代表大会有权依照当地民族的政治、经济和文化的特点，制定自治条例和单行条例”，《刑法》第90条关于自治地区可变通或者补充制定法规定的条款，这既为民族习惯法引入刑事解纷领域的特别立法，以直接引入刑事纠纷解决预留了很大的“生存空间”，也正是间接引入的“突破口”之一。

其次，我国《刑法》第13条的“但书”中即规定：“但是情节显著轻微危害不大的，不认为是犯罪。”这一规定是对“罪刑法定”原则的合理拓展，也是在法律中以“社会危害性”这一动态概念对静态的“刑事违法性”的补充，增强了刑事法律的“出罪”功能，不仅限缩了我国刑法犯罪圈的范围，更符合刑法谦抑精神的要求，这一规定也可作为民族习惯法间接参与刑事解纷的“突破口”。

宪法规定的民族区域自治立法权和刑法“但书”相结合，可作为未来将刑事习惯法引入特别立法的法制依据，为二者在立法层面的合作提供了切实可行的方向和依据。

另外，在刑事程序方面，可以考虑灵活运用刑事合法抗辩事由作为直接确认刑事民族法的思路。所谓合法抗辩事由，是英美刑法采取的二元犯罪论体系的产物，与传统刑事司法强调犯罪行为、动机的所谓“本体论”不同，合法抗辩事由是建立在刑事判例法制度下的另一种辩护方式，当犯罪嫌疑人被指控犯罪时，可以运用其为自己辩护。可以在民族自治地区首先借鉴这一做法，当刑事习惯法有利于犯罪嫌疑人或被告人时，可以允许其在充分举证、查明该习惯法，且运用“三阶层”刑事逻辑确认该习惯法符合该地区法治文化要求的前提下，利用其作为自己的抗辩理由，进行无罪、从轻、减轻或免于刑事处罚的辩护。当然，这也就需要前述的田野研究和将良性习惯法加以特别立法确认，并列出可以作为合法抗辩事由的习惯法目录。

“法律唯有通过解释方能生效”，除了特别立法之外，也可以通过对法律的合理解

释，将一些各地都有类似的风俗、习惯，且符合理性意识所累积的习惯通过特别解释的方式，予以采纳进入刑事领域，可以通过解释的方式，为依据习惯法作有利于被告认定的判决提供司法依据。由此，刑事习惯法可在刑事立法、刑事司法中，作为构成要件解释、违法性判断、责任判断和刑罚量定的重要参照而发挥应有的影响。

2. 民族习惯法参与刑事和解的程序设计

通过前文的考察，畅行于一些西方国家的恢复性司法机制更趋法治化、文明化，比之壮乡的传统协商、惩处机制，具有如下优点：其一，引入法院主导其进程，替代原有的族老主持会议，可保证程序依法进行，不致产生与法律冲突或差别过大的调和结果；其二，一般都会限定参与人数与范围，既起到社区参与的示范作用，发挥了社会的“自净力”，也防止过于扩大影响范围，造成反作用；其三，将其产生结果的作用范围局限于法律规范之内，防止与刑事法制产生严重悖离的调解结果，避免了与刑事制定法的冲突。总之，相比传统的民族惩处、调停机制，改造后的恢复性司法机制，更符合法治社会的要求，不会超过作为刑事制定法的补充机制的应有之“度”。因此，可借鉴恢复性司法理念的成功经验，改进壮乡的调停机制，使民族地区的刑事解纷更为有效，从下述几个方向进行设计：

（1）确定民族习惯法参与刑事和解的边界和阶段

由于并不是所有犯罪行为都是对私益的不法和侵犯，在法益的界分中，许多犯罪行为单纯侵犯着公益，如国家安全类犯罪等。这些犯罪行为由于私人或检察机构不具有处分公权之权力，就需要用前述的分层方法将无法适用“和解”机制的犯罪行为，根据其性质予以剔除，并根据这些界分对刑事和解适用的范围和边界予以一一确定。可从自诉案件开始尝试，理顺有本地民族习惯法参与的刑事和解程序，待机制完善后，逐渐将其范围扩展至一些其他主要牵涉个人法益或社会法益的轻微刑事案件，尤其是司法实务中行之已久的领域，如交通事故、个人侵权等；最后待这种和解方式十分成熟且行之有效后，逐步将其引入一些性质不甚恶劣的暴力型犯罪中来。

（2）民族习惯法参与刑事和解的初步构想

首先，构筑独立于刑事追诉机制的设计。针对刑事和解运用烦琐和考评标准尴尬的问题，借鉴域外恢复性司法的成功经验，可采取刑事和解机制独立于刑事追诉机制的设计。

通常来说，刑事和解模式主要有当事人自行协商和解、司法调解、人民调解委员会调解三种模式，但是，三种刑事和解模式最终的出口都仍然是司法机关，这就无形中造成如要和解即多了一个环节，增加了启动和解的司法工序和成本，加大了司法机关处理刑事案件的压力。

由此，本调研建议：一方面，在刑事和解立法上对程序规定更清晰，既对刑事和解的适用范围（如 3 年以下，性质不恶劣的轻微案件）进行述明式立法，也进一步明确可从宽定罪、减轻刑罚的幅度和范围；另一方面，对相关的程序设计作出独立规定，司法机关受理该类刑事案件后，如发现属于刑事和解的案件范围，无须由办案人员进行询问或凭经验决定，而可直接将案件转交给专门的调解机构（人民调解委员会或成立民族地区自己的少数民族调解委员会）进行处理（主办人可在相关机构确定的时间参加和解会议，与该机构主办人共同主持）。如达成和解协议，则可以调解书、确认书等形式直接确认其效力；如果双方不能达成和解，则重新立案，走正规司法程序。如此一来，既可以减少主办人决定是否提起和解、组织和解的工序，减少司法成本，提高和解开场率，免主办人受绩效考核之束缚，也可以给民族习惯法引入刑事和解以一个更独立、更自由的外部环境。

其次，视情况吸收族老、头人作为程序主持人、参加人。在经过对个案的社会影响力评估后，可分层次地引入民族地区德高望重之人参与调停：其既可作为一些轻微案件的主持人，在得出合法、合理的调停结果后，由司法机关进行司法确认；也可作为刑事案件的特殊陪审员，以“族老”这一特殊身份加入陪审员人才库，对一些有调解意向的涉民族习惯刑事案件进行调解、对犯罪人进行劝诫、对一些事实认定发表意见或向主审法官提出建议等。

关于海事行政案件受理范围的调研报告

北海海事法院课题组*

引 言

21 世纪是海洋的世纪，进入新世纪以来各大国的竞争都围绕海洋展开。随着“一带一路”建设及海洋强国等重大国家战略的实施，我国对海域和通海通航水域的行政管理不断增强，随之所产生的海事行政行为也日渐增多，海事行政案件在受理范围方面的问题也相继呈现。虽然 2016 年 2 月 24 日最高人民法院颁布的《关于海事法院受理案件范围的规定》（以下简称 2016 年《受案规定》）界定了 7 种类型的海事行政案件属于海事法院受理案件范围，但该规定仍只是概括性的规定，未能对海事行政机关、海事行政行为以及海事行政法律关系作详尽的列举，而且在司法实践过程中，由于各地经济发展、人文水准、执法状况等均存在较大的地区地域差异，各地对海事行政机关、海事行政行为以及海事行政法律关系都存在不同的理解，导致海事行政案件在受理的标准上无法达成一致，进而影响行政相对人合法权益的有效保障。因此，如何界定海事行政案件的范围、探究并明确何种行政案件属于海事法院受理的海事行政案件，是现今海事行政审判工作迫切需要解决的问题，也有利于国家顶层制度设计的落实与实施。

北海海事法院作为全国十家海事法院之一，辖区范围覆盖广西区所属港口、水域、北部湾海域及其岛屿和水域以及云南省的澜沧江至湄公

* 课题组主持人：王普明；课题组成员：邱德平、张黔鄂、陆英涛、赵波、庞慧、韦雨忱；执笔人：张黔鄂、赵波、庞慧、韦雨忱。

河等与海相通的可航水域。为进一步明确海事行政案件的具体范畴，该院专门成立了以院党组成员、副院长王普明为组长，邱德平、张黔鄂、陆英涛、赵波、庞慧、韦雨忱为课题组成员的课题调研组，课题组反复研讨、论证确定调研方案，各成员分工协作，积极开展调研工作，先后查阅王世涛编著《海事行政法》、许俊强的论文《海事行政案件管辖之反思——在实然与应然之间》等国内外与本课题相关的研究专著9本、论文68篇，走访广西区机构编制委员会办公室以及相关海事行政机关，与北海海事局、北海市水产畜牧兽医局、北海市海洋局等海事行政机关座谈，向其他海事法院发放调查函，对调研内容和调查复函进行分析汇总，在充分调研的基础上形成本课题研究成果，以期为海事行政审判工作提供智力支持。

一、海事行政案件及其管辖的历史沿革

（一）海事行政案件的概念和特征

海事行政案件是指海上、通海可航水域内从事海洋运输、生产等活动的行政管理相对人不服海事行政机关具体行政行为，或不服海事行政机关不作为，在法定期限内向法院起诉，由法院根据法定程序进行审理裁判的行政争议案件。[1]

2016年《受案规定》第79~85条明确界定现阶段海事法院受理的海事行政案件主要有四大类，即海事行政诉讼案件（包括作为类行政案件和不作为类行政案件）、海事行政赔偿案件、海事行政补偿案件、海事行政机关依法申请强制执行审查案件即非诉行政申请执行审查案件。

海事行政案件有别于普通行政案件，具有以下三项特点：第一，有较强的被告固定性。根据2016年《受案规定》，海事法院受理的海事行政案件的被告就是海事行政机关，所以海事行政案件的受理中甄别被诉行政机关是否属于海事行政机关成为一个重要问题。第二，专业性更强。海事行政案件由于行政相对人不服海事行政机关的特定行政行为或者不作为而产生，涉及船舶运输、码头管理、船员资格资质的认定、海洋开发利用及渔业环境生态保护等，上述问题涉及知识面广，专业技术性强，且海事专业技术性问题的认定对于海事行政案件的案件事实认定及审理有重要影响。第三，海事行政案件与涉海民事商事案件具有关联性。该关联性除了体现在审理海事行政案件适用《行政诉讼法》也可能适用《海事诉讼特别程序法》等的法律联结上；也

---

〔1〕 许俊强：《海事行政案件管辖之反思——在实然与应然之间》，载《海峡法学》2014年第4期（总第62期）。

体现在海事行政案件中行政相对人的违法事实也可能构成民事侵权，民事侵权的认定往往依托于海事行政案件的审理结果。

（二）海事行政案件管辖的历史沿革

1984年11月14日全国人大常委会审议批准设立海事法院至2016年3月1日，海事行政案件的管辖权多次摇摆于地方各级法院与海事法院之间，海事行政案件管辖的多次摇摆与我国法治建设不断完善密不可分，也体现了最高人民法院对于海事行政案件的重视与积极思考。

1. 管辖权的尝试阶段（1984～1991年）

1984年11月28日、1989年5月13日最高人民法院先后颁布了《关于设立海事法院几个问题的决定》[1]和《关于海事法院收案范围的规定》[2]，通过这两个规定，将因违反有关海事的法律、条例受主管行政机关处罚的行政处罚类行政诉讼案件和当事人不履行行政处罚而产生的强制执行案件以及涉及海洋、内河主管机关的行政案件授予海事法院管辖。

2. 管辖权的剥离阶段（1991～2001年）

海事法院设立时均系由中央委托交通部组建，交通部又委托所属的港航部门作为代管单位进行管理，因此，海事法院很长一段时间都属于部门（企业）管理法院体制，并未纳入国家司法管理体系，在此情形下，海事法院审理行政案件不可避免地会受到主管行政部门的干扰和制约，审判的公正性和公平性也遭到不同程度的质疑，于是，1991年6月11日和1999年11月24日，最高人民法院又先后颁布《关于贯彻执行〈中华人民共和国行政诉讼法〉若干问题的意见（试行）》和《关于执行〈中华人民共和国行政诉讼法〉若干问题的解释》，将海事法院受理海事行政案件的管辖权予以剥离，以期减少行政机关对法院审理行政案件的干预。[3]

---

[1] 1984年11月28日《最高人民法院关于设立海事法院几个问题的决定》规定："……三、海事法院收案范围暂定为：……16. 因违反有关海事的法律、条例受主管行政机关处罚，当事人不服，在法律规定的期限内起诉的案件；或者在期限内不起诉，期满又不履行，主管行政机关申请强制执行的案件；……"

[2] 1989年5月13日《最高人民法院关于海事法院收案范围的规定》规定："……三、其他海事海商案件……9. 涉及海洋、内河主管机关的行政案件；……"

[3] 1991年《最高人民法院关于贯彻执行〈中华人民共和国行政诉讼法〉若干问题的意见（试行）》第9条规定："专门人民法院不设行政审判庭，不受理行政案件。"《最高人民法院关于执行〈中华人民共和国行政诉讼法〉若干问题的解释》第6条规定："各级人民法院行政审判庭审理行政案件和审查行政机关申请执行其具体行政行为的案件。专门人民法院、人民法庭不审理行政案件，也不审查和执行行政机关申请执行其具体行政行为的案件。"

3. 管辖权的回归阶段(2001～2003年)

随着市场经济体制的建立与完善,海事法院的部门(企业)管理体制已不能适应法治发展需求。1999年7月1日,中央编办、最高人民法院、交通部、财政部联合下发《关于理顺大连等六个海事法院管理体制若干问题的意见》,使海事法院脱离了港航部门的行政管理,行政隶属和业务指导分别转移至所在省、直辖市的党委和相应的高级人民法院,正式纳入国家司法管理体系。顺应体制改革的形势需要,最高人民法院于2001年8月9日颁布《关于海事法院受理案件范围的若干规定》(以下简称2001年《受案规定》),将海事行政案件、海事行政赔偿案件以及海事执行案件的管辖权授予海事法院。[1]

4. 管辖权的摇摆阶段(2003～2015年)

2001年《受案规定》虽将海事行政案件的管辖权授予海事法院,但海事法院管辖海事行政案件的问题一直受到政府、党委、人大、海事行政机关、各级法院以及当事人等多方的质疑,最高人民法院对此问题亦未能统一观点。于是,2003年8月11日,最高人民法院办公厅下发《关于海事行政案件管辖问题的通知》,将海事行政案件、海事行政赔偿案件、非诉行政申请执行审查案件及相应的执行案件的管辖权再一次转移给地方各级法院。[2]

随后,考虑到海事行政案件具有涉海(水)、涉船、涉渔等与普通行政案件不同的特点,2009年至2010年,最高人民法院在若干重要会议中多次研究探讨恢复海事法院行政案件管辖权的重要性和必要性。

2011年和2013年,山东省、海南省、广东省、浙江省、辽宁省高级人民法院根据《最高人民法院关于设立海事法院几个问题的决定》第3条第18项"上级人民法院交办的和法律规定由海事法院受理的其他海事、海商案件"的规定分别指定各自辖区内的海事法院(海口、青岛、广州、大连、宁波)行使海事行政案件管辖权,但几年间所受

[1] 《最高人民法院关于海事法院受理案件范围的若干规定》第三类"其他海事海商纠纷案件"包括:……(40)海事行政案件;(41)海事行政赔偿案件;第四类"海事执行案件"包括:……(60)海洋、通海水域行政主管机关依法申请强制执行的案件。

[2] 《最高人民法院办公厅关于海事行政案件管辖问题的通知》:"行政案件、行政赔偿案件和审查行政机关申请执行其具体行政行为的案件仍由各级人民法院行政审判庭审理。海事等专门人民法院不审理行政案件、行政赔偿案件,亦不审查和执行行政机关申请执行其具体行政行为的案件。本通知下发之前,海事法院已经受理的海事行政案件、行政赔偿案件,继续由海事法院审理;海事法院已作出的生效行政判决或者行政裁定的法律效力不受影响。"

理的海事行政案件的数量极为有限(详见表一),另外5个海事法院则均未取得海事行政案件的管辖权。

表一 2011~2016年2月部分海事法院受理行政案件情况

海事法院名称	受理时间段	案件数量
海口	2011年8月~2016年2月	30
青岛	2011年11月~2016年2月	39
广州	2011年12月~2016年2月	89(含系列案)
大连	2013年2月~2016年2月	191(含系列案)
宁波	2013年4月~2016年2月	16

5.管辖权的确立阶段(2016年3月1日~)

虽然2011年至2016年2月,5个尝试受理海事行政案件的海事法院所受理的海事行政案件的数量有限,但却为最高人民法院最终决定将海事行政案件纳入海事法院的管辖范畴奠定了审判实践基础,并于2016年2月24日正式颁布2016年《受案规定》,该规定颁布后,所有海事法院(共10个)从2016年3月1日开始全部取得海事行政案件管辖权,截至2017年10月,10个海事法院均根据辖区案件实际情况全面受理海事行政案件。

二、2016年《受案规定》施行后海事法院受理海事行政案件的现状

根据2016年《受案规定》第79~85条的规定,海事行政诉讼案件是指行政管理相对人不服海事行政机关作出的涉及海上、通海可航水域或者港口内的船舶、货物、设备设施、海运集装箱等财产(第79条);涉及海上、通海可航水域运输经营及相关辅助性经营、货运代理、船员适任与上船服务等方面资质资格与合法性事项(第80条);涉及海洋、通海可航水域开发利用、渔业、环境与生态资源保护等活动的行政管理行为(第81条)以及有关海事行政机关拒绝履行上述第79~81条所涉行政管理职责或者不予答复(第82条)而提起的行政诉讼案件。海事行政赔偿案件和行政补偿案件是指公民、法人或者其他组织认为海事行政机关及其工作人员作出上述第79~81条行政管理行为或者行使上述行政管理职权损害其合法权益造,从而依照《行政诉讼法》《国家赔偿法》等法律的规定请求有关海事行政机关承担国家赔偿责任或补偿责任的案件(第83条和第84条)。海事非诉行政申请执行审查案件,指行政管理相对人拒不履行海事行政机关作出的具有执行内容的行政管理文书并依法申请法院强制

执行,海事法院对海事行政机关作出的行政管理文书依据法律进行审查的案件(第85条)。[1]

2016年3月1日至2017年10月,全国10个海事法院依据2016年《受案规定》第79～82条的规定陆续受理了涉及行政处罚、行政征用、行政确认、行政强制、行政给付、行政登记、行政许可、行政赔偿、海域使用权、海上救助、海事事故调查、水上交通事故责任认定、信息公开等行政管理职责案件以及与之相关联的不履行法定职责行政案件和海事行政机关申请强制执行审查的非诉行政申请执行审查案件共192件。

表二 2016年3月～2017年10月全国海事法院受理行政案件情况

海事法院名称	案涉行政管理范畴	案件数量
海口	海域使用权、海上救助、海事事故调查、行政处罚、行政赔偿等	14(含1件不予受理)
青岛	渔业行政处罚、渔业行政赔偿、渔业行政强制、海洋行政许可等	18
广州	行政强制执行、行政赔偿、环境管理行政处罚、海域行政处罚、强制清理整治、渔业行政许可、水上交通事故责任认定、海域使用行政许可等	17(含3件不予受理和不予立案)
大连	不履行法定职责、收回海域使用权行政补偿、发放污染补偿款纠纷、确认行政行为违法、行政赔偿等	22(含系列案)
宁波	渔业行政管理、信息公开、渔业行政登记、渔业行政处罚、渔业行政赔偿	12
厦门	交通行政处罚、渔业行政处罚、交通行政确认、渔业行政征用、渔业行政赔偿、渔业行政强制、拆迁补偿等	35
武汉	行政强制、行政处罚、行政管理、行政登记、行政许可等	13
天津	信息公开等	21
北海	渔业行政给付、渔业行政处罚、渔业行政许可等	38(含系列案和5件不予受理)
上海	行政处罚	1

[1] 许俊强:《海事行政案件管辖之反思——在实然与应然之间》,载《海峡法学》2014年第4期(总第62期)。

经对2016年3月至2017年10月全国10个海事法院受理、处理的海事行政案件情况以及具体做法进行分析,发现海事法院受理、处理的海事行政案件具有如下特点:

(一)海事法院受理行政案件均与海、船、渔、水相关联

由表二可见,虽然2016年《受案规定》未对海事行政机关或海事行政行为作出具体的界定,但司法实践中,各海事法院均不约而同地受理了行政管理相对人对涉及海洋、渔业、船舶以及与之相关联的海事行政行为作为受理案件的对象。

以北海海事法院(以下简称北海海院)2016年3月1日至2017年10月所受理的海事行政案件为例,发现2016年《受案规定》施行后海事行政案件主要集中在渔业行政许可、渔业行政给付、渔业行政处罚以及海洋环境保护类非诉行政申请执行审查等几大类。(详见图一)

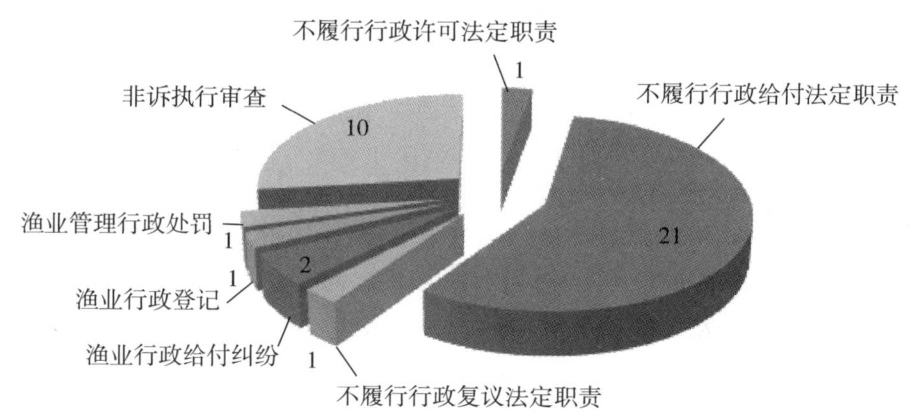

图一 2016年《受案规定》施行后北海海院受理行政案件结构

(二)海事法院受理海事行政案件的数量增幅较大

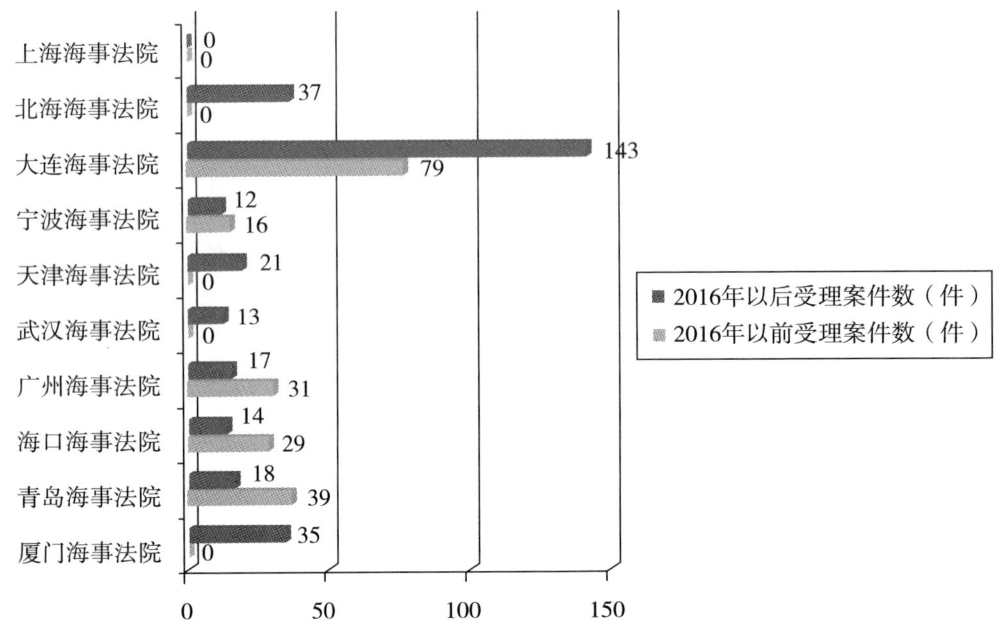

图二 2016 年《受案规定》施行前后海事行政案件受理情况对比

由图二可见,2016 年 3 月 1 日至 2017 年 10 月,全国 10 个海事法院均受理了海事行政案件;该期间海事法院受理海事行政案件与 2011 年至 2016 年 2 月受理的海事行政案件相比,2016 年《受案规定》施行后,海事法院受理海事行政案件的数量增幅较大,有 5 个海事法院(上海、北海、天津、武汉、厦门)在 2016 年 3 月 1 日才开始重新受理海事行政案件,最多的 37 件,最少的也有 13 件,而有 5 个海事法院(大连、青岛、海口、广州、宁波)在 2016 年 3 月 1 日至 2017 年 10 月即一年半内所受理的海事行政案件数已达 2011 年至 2015 年即 5 年内所受理案件总数的一半或一半以上,海事法院受理海事行政案件的增长趋势与全国法院行政案件的增长趋势保持同步,以较快的速度增长,有的法院还呈“井喷式”增长,从而引发海事法院受理海事行政案件的压力亦相应增大。

(三)海事法院受理海事行政案件的做法和标准不一

2016 年《受案规定》施行后,全国 10 个海事法院中,上海市高级人民法院虽然率先出台《关于上海海事法院管辖海事行政案件的规定》,但该规定也只是将海事行政机关做了初步的限定,对海事行政行为未做细化规定,而且还由于涉及上海与江苏的行政管辖未能厘清，直至2017年7月上海海事法院才开始受理海事行政案件，且数量不多；其他9个海事法院虽然根据各自辖区的实际情况受理了海事行政案件，但对哪些海事行政机关或普通行政机关做出的何种海事行政行为属于海事法院受理的海事行政案件范畴的理解和把握上也不尽相同。

三、海事法院受理海事行政案件过程中遇到的问题及分析

2016年《受案规定》第79～85条虽然界定海事法院受理的海事行政案件的执法主体是海事行政机关，但何为海事行政机关？承担哪些海事管理职权的行政机关（机构）属于海事行政机关？怎样的海事行政行为属于海事行政案件受理范畴？这些问题该规定并未作详尽解释，现行法律法规也没有对海事行政机关的范围作清晰界定，海事管理职权职能在实际建制中也存在界限不清、属性不明、争议不断的情形。具体表现在：

（一）对于同种类、同性质的海事管理权限不同地域、不同级别的机构设置存在较大差异

海事行政机关的机构设置各省、各市、各地的做法均不相同，没有形成一个统一的、规范的行政体例，机构设置处于混乱而庞杂的状态。以海洋和渔业机构设置为例，省一级的机构设置上，全国11个沿海省、区和直辖市（除港澳台）中，江苏、福建、海南、广西等8个省、区采用“海＋渔”模式，设置了海洋和渔业厅（局），上海、天津、河北3个省（市）未设置专门的海洋和渔业厅（局），而是采用海洋与渔业职能分设模式。其中辽宁、山东、福建、广东、海南5省的海洋与渔业部门为政府组成部门，浙江海洋与渔业管理局、江苏海洋与渔业管理局为省政府直属机构，天津市海洋局为市政府直属机构，上海市海洋局与上海市水务局（市政府组成部门合署办公），河北省海洋局与河北省国土资源局（省政府组成部门）合署办公，实行“一套人马、两块牌子”；广西区内市级机构设置上，钦州、北海、防城港这三个沿海城市中，以前三个市均分别设立海洋局和水产畜牧兽医局两个单位，分别行使海洋管理职能和水产、渔业管理职能，2017年，机构改革重组，目前仅北海市撤销原来的水产畜牧兽医局，将其中的水产和渔业管理职能归入海洋局，并将海洋局的名称修改为海洋与渔业局，将畜牧兽医的管理职能归入农业局，防城港市和钦州市则未将海洋和水产、渔业合并设立海洋和渔业局，仍保持原状即仍然由海洋局和水产畜牧兽医局分别行使海洋管理职能和水产、渔业管理职能；广西县区级的机构设置上，如北海市的“三区一县”，海城区、银海区、铁山港区将海洋和水产畜牧兽医合并设置为海洋和水产畜牧兽医局，合浦县则分设

海洋局和水产畜牧兽医局两个单位。

海事行政机关设置的不规范、不统一，导致各机构所承担的行政管理职能也有所不同，对海事行政行为的属性定义也不清，导致海事法院判断哪些案件属于海事法院管辖产生极大的困惑。

（二）对于非传统意义的海事行政机关作出的涉海事行政管理行为是否属于海事行政案件范畴有分歧

海事行政机关分为传统意义的海事行政机关和非传统意义的海事行政机关两类，海事局、渔政、渔监、海洋局、船检局等行政机关，属于传统意义的海事行政机关，而海关、海监、海警等属于非传统意义的海事行政机关。

对传统意义的海事行政机关作出的涉海（水）、涉船、涉渔管理事务的行政行为属于海事行政案件范畴，理论界和司法实务界均没有争议，但对非传统意义的海事行政机关所作出的行政行为是否均应纳入海事行政案件的受理范畴，则意见不一。以海关为例，《行政诉讼法》第15条规定，海关处理的案件由中级人民法院管辖，[1]海事法院属于中级法院建制，具备级别管辖条件，但2002年1月28日最高人民法院印发的《关于海关行政处罚案件诉讼管辖问题的解释》（法释〔2002〕4号，以下简称海关管辖规定）规定："相对人不服海关作出的行政处罚决定提起诉讼的案件，由有管辖权的地方人民法院依照《中华人民共和国行政诉讼法》的有关规定审理。相对人向海事法院提起诉讼的，海事法院不予受理。"[2]此规定现行有效，根据此规定，海关作出的行政处罚类行政行为不属海事行政案件受理范畴，这类案件由地方中级人民法院受理。但海关的行政职权不仅具有行政处罚权，而且还具有通关管理、征税、查缉走私等职能，这些职能均与海洋、船舶、航运等事务相关联，海关作出的与这些海事事务相关联的非处罚类行政行为是否属于海事行政案件受理范畴？海关处理的案件与海关管辖规定中海关行政案件如何区分等问题，学术界存在分歧。一种观点认为，《行政诉讼法》第15条所规定的海关处理的案件涵盖了行政处罚类案件，现行《行政诉讼法》是全国人大常务委员会讨论议定并于2017年7月1日施行，而海关管辖规定是

---

〔1〕《行政诉讼法》第15条规定："中级人民法院管辖下列第一审行政案件：（二）海关处理的案件……"

〔2〕《最高人民法院关于海关行政处罚案件诉讼管辖问题的解释》（2002年1月28日最高人民法院审判委员会第1209次会议通过）：为规范海事法院的受理案件范围，根据《中华人民共和国行政诉讼法》的有关规定，现就海关行政处罚案件的诉讼管辖问题解释如下：相对人不服海关作出的行政处罚决定提起诉讼的案件，由有管辖权的地方人民法院依照《中华人民共和国行政诉讼法》的有关规定审理。相对人向海事法院提起诉讼的，海事法院不予受理。

最高人民法院于2002年1月28日印发后施行,因此,现行行政诉讼法是上位法、新法,而海关管辖规定是下位法、旧法,根据上位法优于下位法、新法优于旧法原则,当下位法、旧法与上位法、新法有冲突时,应适用上位法和新法,因此,海关作出的所有涉海(水)、涉船、涉渔等海事管理行政行为,都属于海事行政案件的管辖范畴,这样理解符合现阶段我国推行的行政案件"跨行政区域管辖"的发展趋势。[1] 另一种观点认为,现行《行政诉讼法》系在1990年《行政诉讼法》的基础上修订而来,新旧《行政诉讼法》关于海关处理的案件由中级人民法院管辖的规定并未修订,从这个意义来说,《行政诉讼法》的此项规定系旧条款,海关管辖规定系新规定,《行政诉讼法》是普通法,海关管辖规定是特别规定,根据特别法优于普通法的法理原则,应选择适用海关管辖规定,亦即海关作出的处罚类行政行为不属海事行政案件,因此,海关作出的非处罚类的涉海(水)、涉船、涉渔等海事行政行为才属于海事行政案件的受理范畴。

(三)非海事行政机关作出的与海事相关联的行政行为是否属于海事行政案件观点不统一

对海事行使行政管理职能的行政机关,除了依法设立的海事行政机关外,还有部分海事行政管理职能由一些非海事行政机关兼顾行使。如安全监督机关或机构对海上、通海水域以及港口、码头的水域工程建设、港航设备等进行安全生产的监督管理;公安、武警、边防等对沿海船舶的违法犯罪行为采取相应的执法行为等。很显然,这些部门并不是海事行政机关,但他们作出的与海事相关联的行政行为是否属于海事行政案件范畴?对此问题,学术界观点不统一,司法实践中做法不尽相同。一种观点认为,这些部门属于地方行政管理机关,即使作出的行政行为与海事相关联,也是行使地方管理职能,应根据属地原则由地方法院管辖。另一种观点则认为,这些部门虽然不是海事行政机关,但只要其作出的行政行为具有涉海(水)、涉船、涉渔等海事特性就应属于海事法院管辖。

(四)程序性行政行为的可诉性尺度难以把握

1987年至2017年,行政诉讼理论界和司法实务过程中均将行政案件的诉讼对象界定为"具体行政行为",但2015年修改的行政诉讼法则对旧行政诉讼法作出了里程

[1] 《行政诉讼法》第18条第2款规定,经最高人民法院批准,高级人民法院可以根据审判工作的实际情况,确定若干人民法院跨行政区域管辖行政案件。

碑式的修改,即确立了"行政行为"的概念,[1]2016 年《受案规定》秉承 2015 年修订的行政诉讼法的提法,也将海事行政诉讼对象表述为"海事行政行为",在现阶段的司法理念下,海事行政行为的可诉范围必然会发生较大的扩展和延伸,一种海事管理事务行为中会包含多个程序性行为,如通知行为、受理行为、听证行为、公告行为、处理行为等,这些行为是否都可单独提起行政诉讼?一种观点认为,对于这些程序性的行为,行政管理相对人对其中任何一个程序行为不服,均可单独提起诉讼,这是相对人依法享有的诉权,若加以限制,则不仅剥夺了相对人的诉权,而且与现行法律精神相悖,不利于相对人监督行政机关依法行政;另一种观点则认为,虽然 2017 年修订的行政诉讼法为这些程序性行政行为铺设了可诉的基础,但若这些程序性行为均可诉,则必然会出现一个行政行为引发数个行政诉讼情形,这样不仅浪费司法资源,并极有可能出现相对人滥用诉权的现象,因此,有必要对程序性行政行为的可诉性加以限制,亦即只能对作出最终处理的行政行为提起诉讼,不能对中间环节的程序性行政行为提起诉讼。

(五)行政行为侵犯行政相对人合法权益的程度难以界定

虽然《行政诉讼法》第 2 条规定只要行政相对人认为行政行为侵犯其合法权益就有权起诉,但《最高人民法院关于适用〈中华人民共和国行政诉讼法〉若干问题的解释》第 3 条第 1 款第 8 项又规定若行政行为对行政相对人的合法权益不产生实际影响则裁定驳回起诉,这项规定意味着行政相对人的起诉不符合立案受理的条件,实质上是将行政机关作出的对行政相对人不产生实际影响或影响不明显的行政行为排除在行政案件受案范围之外。如行政相对人对海事局作出的水上交通事故结论书不服是否可诉?最高人民法院与公安部联合印发的《关于处理道路交通事故案件有关问题的通知》(法发〔1992〕39 号)明确规定将交通事故责任认定行为排除在行政复议、行政诉讼受案范围之外,有的法院参考这个司法解释,认为行政相对人对海事局作出的水上交通事故结论书不服也不可诉,因为该责任认定书并未直接确定双方当事人的权利和义务,其内容只是划分各自的责任,并未界定双方的责任内容,在诉讼中也只是作为一项证据使用,这项证据法院可以采信也可以不采信,故符合对当事人的合法权益明显不产生实际影响情形,应依据上述规定裁定不予受理或驳回起诉。但另一种观点则认为,在司法实践中,依据"公证书证的证明力一般大于其他书证"原则,

---

〔1〕《行政诉讼法》第 2 条规定,公民、法人或者其他组织认为行政机关和行政机关工作人员的行政行为侵犯其合法权益,有权依照本法向人民法院提起诉讼。

法院否决水上事故责任认定书的情形极为少见,法院几乎是依据责任认定书所认定的责任大小来划分各方所应负的民事赔偿数额,从这个意义上来说,该责任认定书实际上界定了双方的权利义务大小,直接关联各方当事人的权益,对当事人的权益实际造成影响,因此,对于这种行政行为,应进行综合判断,对于那些确实侵害了当事人合法权益的行政行为应当纳入行政案件受理范畴。

(六)管理性费用是否具有可诉性

海事行政机关在行使海事行政管理职能过程中通常会发生一些必要的管理费用,如清污清障费、港口建设费、港航规费、油污基金等以及代履行产生的海事执行费等。以清障清污为例,如依照《内河交通安全管理条例》的规定,内河通航水域中的沉没物、漂流物、搁浅物的打捞清除责任应由沉没物、漂流物、搁浅物的所有人或者经营人等相关责任人承担,[1]但若相关责任人未依法主动履行义务,而海事行政机关出于航道通行或安全需要,通常会先行代为履行,代履行后,海事行政机关再依照《行政强制法》的规定向上述相关责任人送达代履行决定书,若该行政相对人拒不履行决定书所确定的履行义务,海事行政机关是否可依据该决定书向法院申请强制执行?对这个问题,理论界有两种不同意见:一种意见认为,行政管理(执法)是公权力,是一种公共产品和公共服务,行政管理(执法)经费由公共财政统筹预算和支出,有严格的制度和标准,是国家行政事务管理的基础支出,应由国家财政统一支出,相关海事行政机关支出相关费用后,不得再向相关责任人追缴;另一种意见则认为,如果上述海事行政管理费用存在强制缴纳性质,如港口建设费,依照《港口建设费征收使用管理办法》规定,船舶代理公司、货物承运人没有足额代收、及时解缴港口建设费的,海事管理机构作为征收主管部门应采取有效措施进行追缴,并按日加收滞纳金。[2] 这种情况下的管理费用就属于公共性管理费用,既然国家法律法规赋予海事行政机关对这

---

[1] 《内河交通安全管理条例》第75条规定,违反本条例的规定,内河通航水域中的沉没物、漂流物、搁浅物的所有人或者经营人,未按照国家有关规定设置标志或者未在规定的时间内打捞清除的,由海事管理机构责令限期改正;逾期不改正的,海事管理机构强制设置标志或者组织打捞清除;需要立即组织打捞清除的,海事管理机构应当及时组织打捞清除。海事管理机构因设置标志或者打捞清除发生的费用,由沉没物、漂流物、搁浅物的所有人或者经营人承担。

[2] 《港口建设费征收使用管理办法》第27条规定:"对于违反本办法,船舶代理公司、货物承运人没有足额代收、及时解缴港口建设费的,财政部和地方财政部门、海事管理机构应责令其限期改正;情节严重的,应采取有效措施责令船舶代理公司、货物承运人予以追缴,并按日加收应缴未缴金额万分之五的滞纳金,随同港口建设费按规定的比例分别上缴中央和地方国库。"

种管理费用可以采取“有效措施”进行追缴的权利，则该“有效措施”并不排除海事行政机关向法院申请强制执行的方式，应允许海事行政机关代表国家采用司法强制措施进行追缴，否则势必造成国家资产的流失，而国家资产的主要来源是税收，从而变相地将管理相对人或直接责任人的违法违纪成本转嫁由纳税人承担，这不合理，因此，对于具有强制缴纳性质的管理费用，应允许海事行政机关选择司法途径进行追缴，亦即具有可诉性。

（七）海事法院受理、审理行政案件经验欠缺，缺乏行政审判专业性人才

如前所述，10个海事法院中，5个海事法院是从2016年3月1日后才开始恢复受理海事行政案件，虽然有5个海事法院在2011年至2016年2月受理过海事行政案件，但相对于地方法院来说，受理案件的数量也是极为有限的，海事法院难以通过审判实践逐步提高和强化处理、审理行政案件的审判经验，基于这种情况，海事法院普遍存在行政审判经验不足和缺乏行政审判专业人才的问题，而立案登记制实施后，行政案件的立案审查压力虽然与以前相比略有减小，但对行政案件立案材料的必要审查程度，如原告列写的被告是否正确，诉讼请求是否明确具体，表述的请求事项是否合乎法律规定？原告在诉状中列写第三人是否与法律规定不符等问题均与民事案件完全不同，这些问题若原告未能表述清楚，立案时也不作必要审查就直接登记立案，不仅会增加审判难度和拖延审判周期，而且还会直接导致无法开展审判工作，案件审理工作陷入被动状态，这些现状需要有行政审判经验的审判人员在受理时就对当事人进行耐心细致的释明和指导，从而为案件的顺利审判奠定良好基础。

四、进一步完善海事行政案件受理范围的建议和对策

海事行政案件的受理范围是指海事法院受理海事行政案件的范围，具体来讲，就是海事行政相对人不服海事行政机关（机构）作出的涉及海事管理的行政行为而向海事法院提起行政诉讼，海事法院将该行政纠纷作为海事行政案件进行受理的范围。如何科学界定海事行政案件的受理范围，针对海事法院受理海事行政案件过程中存在的问题应采取怎样的行之有效的措施或对策予以解决？这是我们课题组重点考虑的问题。我们认为，科学界定海事行政案件受理范围，应从以下两个方面考虑：首先是海事法官如何正确理解和把握现有法律和司法解释，在审判实践中对海事行政案件受理范围作出合理的界定；其次是如何进一步完善相关法律和司法解释以及相关体制机制，对海事行政案件的受案范围作出更明确的界定，以便指导海事行政案件审判实践。

(一)以"涉海(水)性""涉船性""涉渔性"为标准对海事行政案件受理范围进行合理界定

近几年来,各地、各级法院受理的行政案件数量逐年成倍增长,行政管理相对人的法律意识逐渐增强,通过行政诉讼督促、监督行政机关依法行政的呼声不断,多年来,海事法院受理的海事海商案件均具有"涉海(水)性""涉船性""涉渔性"(为便于表述,以下将"涉海(水)性""涉船性""涉渔性"简称为"三性"),故我们认为海事法院受理的海事行政案件范围亦应以上述"三性"作为基准点进行甄别和判断。

1. 海事行政诉讼相关法律依据的"三性"考量

2016 年《受案规定》第 110 条规定:"当事人提起的民商事诉讼、行政诉讼包含本规定所涉海事纠纷的,由海事法院受理。"这条规定就是海事行政诉讼"三性"原则的法律依据。

这条规定明确界定了海事法院受理案件的纠纷性质是海事纠纷,而不是普通纠纷,海事纠纷又包含民事类海事纠纷、行政类海事纠纷、刑事类海事纠纷,只有行政类海事纠纷才是海事行政案件的受理范围,海事法院受理的海事行政案件只能是海事行政纠纷,而不能是一般行政纠纷。

前述第 110 条规定从立法本意来看,是一个兜底规定,意在补充 2016 年《受案规定》第1 ~108 条列举式规定中未能涵盖的其他情形,而通观第 1 ~108 条的内容表述,发现每一条中都包含有"海""船""港""水""航"的内容,这充分体现出海事事务就是与"海""船""港""水""航"等相关联的事务,因此,海事法院受理的海事行政诉讼也必须是与"海""船""港""水""航"等相关联的行政诉讼。

2. 海事行政机关的"三性"考量

如前所述,由于我国海事行政机关的建制存在各省、各地、各市、各县设置不一,机关数量庞杂而巨大,个别机关或机构承担的行政管理职责交叉混杂,管理规则混乱无序,存在多头执法或"都不管"现象,故而,我们不可能用列举式的方法界定出具体哪个或哪几个或哪些行政机关是海事行政机关,也不能以机关或机构的名称中是否包含有"海""船""港""水""航"等字样来判断,而应该从行政机关的法定职责中是否具有上述"三性"进行判断。

最高人民法院民四庭负责人就《关于海事诉讼管辖问题的规定》答记者问中指出:"海事行政诉讼是指从事海洋运输、生产等活动的行政管理相对人不服海洋及通海水域行政管理机关的行政行为,或不服复议决定,在法定期限内向法院起诉,由法院根据法定程序对该海事行政争议进行审理和判决的司法活动。"这个定义中"行政管理机关”之前的定语是“海洋及通海水域”，也与“海”“水”相关联，这个定义界定了海事行政机关就是对海洋及通海水域进行行政管理的机关及其上一级行政机关，也就是依法有权对海洋及通海水域行使行政管理职责的机关，而且，这种海事性质的管理职责必须是法定的。

最高人民法院民四庭负责人就《关于海事诉讼管辖问题的规定》答记者问中还指出：“当前国家海洋局、海事局、海警局等相关涉海行政部门对海洋及通海水域活动的管控进一步加强，由此引发的各类海事行政诉讼案件需要专门化的审理。”这段话的着重点在于“涉海行政部门”，这里的“涉海行政部门”也应理解为法定职责中具有海事管理职责的行政部门。

综上，我们应根据行政机关的法定职责来判断该机关是否属于海事行政机关，即只要行政机关或机构的法定职责中包含有对“海”“船”“港”“水”“航”等进行行政管理的内容，那么这个机关或机构就是海事行政机关，反之，则不属海事行政机关。

3. 海事行政行为的“三性”考量

海事行政行为是海事行政案件重点审查对象，海事行政机关在行使行政管理职责过程中所作出的行政行为多种多样，有作为和不作为，有内部行政行为和外部行政行为，管理类行为和执法类行为，有行政处罚、行政许可、行政给付、行政强制、行政征收等，这些种类繁多、样式多种的行政行为并非都属于海事行政行为，既然我们界定对“海”“船”“港”“水”“航”等进行行政管理的行政机关是海事行政机关，那么，与之相应，海事行政机关对“海”“船”“港”“水”“航”等进行行政管理而作出的行政行为才是海事行政行为，否则，就不是海事行政行为。

海事行政行为的“三性”是判断案件是否属于海事行政案件亦即是否属于海事法院受理案件范围的重点核查内容，这是因为：

（1）关于涉船性和涉渔性。众所周知，海事法院从设立开始就与船舶密不可分，所审理的海事海商案件几乎都与船舶存在不同程度的关联，随着航运的发展和我国经济的腾飞，与船舶相关的行政管理事项也日渐增多，产生的行政纠纷的数量也越来越多，类别也越来越繁杂，这就决定了海事行政行为中必然包含大量对船舶以及与船舶相关联的渔业、航运业的管理行为，使海事行政行为的涉船性和涉渔性成为海事行政案件的重要特征。

（2）关于涉海（水）性。海事行政行为通常发生在海域或特定水域中，国家的强大需要彰显我国的海洋主权，科技的进步使人类的经济活动向海域和水域大范围迈进，国家对航海及通海水域的管控进一步加强，在对海域或水域管理过程中所发生各种社会关系和多重国际关系，特别是行政管理关系而引发的海事行政纠纷决定了海事行政行为的涉海性和涉水性。

（二）完善海事行政案件受理范围的深层思考

1. 加强立法或修法

一是加强“海事行政法”立法工作。立法是法治的前提和基础，“立善法于天下，则天下治；立善法于一国，则一国治”，立法的质量是影响法治水平的一个重要因素。2016 年《受案规定》是通过列举方式对海事行政案件受案范围进行界定，虽然简洁明了，具有较强的指导性和实践性，但是对海事行政案件的受案范围难以全覆盖，受案范围涉及面较为有限，而我国海事行政主体较为庞杂，且一定程度上存在多头执法的现象，给海事法院界定海事行政案件受理范围带来一定困扰，导致在司法实践中出现各地海事法院受理海事行政案件的类型不尽相同。此外，我国目前没有专门的“海事行政法”，海事行政机关主要依据行政规章执法，而行政规章内容也相对庞杂且缺乏梳理与编撰。因此，针对 2016 年《受案规定》在实施过程中遇到的问题，结合各海事法院丰富的海事行政案件审判实践，在条件成熟时有必要制定“海事行政法”，明确规定相关海事行政行为类型、构成要件及其法律责任，明确规定关于海事行政机关作出具体行政行为的相关“海事行政程序法”内容，明确规定相关海事行政行为的救济制度等，从而实现以法律形式明确规定海事行政案件的受理范围。我国有学者也在呼吁建立“海事行政法”和“海上刑法”，二者共同构成“海事法”，与海商法共同构成“大海法”体系。[1] 二是在建立“海事行政法”之前，建议对《海事诉讼特别程序法》进行部分修改，以促使海事诉讼程序的使用范围符合现实和海事审判实践的需求。例如，建议对《海事诉讼特别程序法》第 4 条规定进行修改，增加海事法院受理海事行政案件这一内容，可改为：“海事法院受理当事人因海事侵权纠纷、海商合同纠纷、海事行政纠纷以及法律规定的其他海事纠纷提起的诉讼。”通过这一修改，让《海事诉讼特别程序法》与 2016 年《受案规定》有机地衔接。

2. 典型案例指导

建议最高人民法院进一步修改完善相关司法解释和及时发布典型案例，指导全国海事行政案件审判工作。2016 年《受案规定》和《关于海事诉讼管辖问题的规定》实施后，海事行政案件管辖权重新回归海事法院，但是新司法解释以列举方式规定海事行政案件类型，存在一定的局限性。为了更好地指导海事审判工作，促进海事法官

〔1〕 王世涛：《海事行政法论纲》，载《大连海事大学学报》2010 年第 1 期。

依法审理好海事行政案件,从而为"一带一路"建设和海洋强国战略提供更加优质高效的海事司法服务,部分海事法院或其上诉审高院根据最高人民法院两个司法解释及时出台了相关实施细则。但是,因各地海事法院对新司法解释理解和适用不一,导致所制定的相关实施细则对受理海事行政案件范围的界定不一。例如,上海市高级人民法院于2017年出台了《关于上海海事法院管辖海事行政案件的规定》,明确规定上海海事法院管辖的第一审海事行政案件和海事非诉行政申请执行案件仅有七种类型,对海事行政机关的认定也是认定传统的海事行政机关,如海事、海洋、渔政、环保(海洋)等海事行政机关。[1] 宁波海事法院也于2017年出台了《关于贯彻海事法院受理案件范围的规定的实施意见》[2],受理海事行政案件的类型不止七类。课题组在走访部分海事法院时发现,有的海事法院虽然还未出台相关实施细则,但是在审理海事行政案件过程中同样遇到如何认定海事行政机关等问题,如公安边防海警是否属于海事行政机关,其所作处罚是否属于海事行政处罚?对该类案件,有的海事法院受理,有的海事法院不予受理。为此,建议最高人民法院进一步修改完善相关司法解释,进一步完善海事行政案件管辖机制,明确海事行政主体和海事行政案件受案范围,指导全国海事法院依法审理海事行政案件。此外,为统一裁判尺度,在未修改完善相关司法解释前,建议最高人民法院及时发布海事行政案件典型案例,为全国10家海事法院审理海事行政案件提供示范和指导。

3. 审判专业化建设

一是建议海事法院设立海事行政审判庭。新司法解释实施后,随着立案登记制的实施和海洋经济、航运经济的快速发展,海事行政纠纷将逐年增加,这对海事法官办理海事行政案件提出了更高的要求。而多数海事法院还未设立海事行政审判庭,只有少数海事法院因其于2016年以前由其上诉审高院指定管辖海事行政案件而较早地设立了海事行政审判庭,未设立海事行政审判庭的海事法院只能指定其他审判业务庭的法官审理海事行政案件,这一定程度上影响了海事审判工作的质量和效率。因此,各海事法院有必要设立海事行政审判庭,以利于海事行政案件审判专业化建设。二是加强对海事法官审理海事行政案件的业务培训。如前所述,由于海事行政

---

〔1〕《上海市高级人民法院关于上海海事法院管辖海事行政案件的规定》,载上海法院网:http://shfy.chinacourt.org/article/detail/2017/01/id/2508636.shtml,2017年12月15日访问。

〔2〕王佩玲:《新司法解释下稳固海事行政案件管辖权的构思与对策——从设计类型到定义的受案范围确定方法展开》,载宁波海事法院网站:http://www.nbhsfy.cn/info.jsp?aid=27128,2017年12月15日访问。

案件的管辖权几经反复才又回到海事法院手中，在最高人民法院 2016 年《受案规定》和《关于海事诉讼管辖问题的规定》（以下简称 2016 年《管辖规定》）两个司法解释实施之前，仅有 5 个海事法院经其上诉审高院授权才有权受理海事行政案件，因此，海事法院法官办理海事行政案件的经验非常少，客观上要求加强对其办理行政案件的培训力度，以提高其司法能力。为此，建议最高人民法院或各海事法院上诉审高院加强对海事法官审理海事行政案件的业务培训，在计划举办各类培训班时考虑单独举办海事行政法律新规系统课程或者请专家解读 2016 年《受案规定》和 2016 年《管辖规定》两个司法解释。海事法院还应结合自身实际积极组织开展相关业务培训工作，选派法官到地方法院行政庭跟班学习或到受理海事行政案件较早的海事法院行政庭跟班学习，或者邀请专家、学者前来授课等，通过强化业务培训努力提高海事法官办理海事行政案件的能力和水平。

4. 加强沟通协调

海事法院是跨行政区域管辖案件的专门法院，与地方党委、政府和地方法院联系较少，虽然具有审理案件受地方干扰因素较少的有利因素，但也存在对外交流和协作较少、干警视野较窄等不利因素，相对封闭的环境不利于干警业务能力和水平的提高。在这种情况下，海事法院有必要与当地党委政府、当地法院、海事行政机关以及海事法院之间加强沟通联系，从而为海事法院审理海事行政案件乃至开展各项审判工作营造良好的外部环境。首先，海事法院要进一步加强与当地党委政府的汇报、沟通、联系，争取当地党委政府更大的支持力度。不论是院本部所在地的党委政府，还是派出法庭所在地的党委政府，都要定期汇报、通报法院或派出法庭工作情况，主动为当地经济社会发展提供强有力地海事司法服务，以争取当地党委政府的大力支持，为海事法院及其派出法庭的审判工作创造更好的环境。其次，要加强与地方法院的沟通和联系，审判实践中，地方法院在受理案件时对案件管辖权的问题审核不严，地方法院受理海事海商案件和海事行政案件的情况时有发生，导致地方法院裁判获得的债权无法认定为是海事债权，从而无法优先参与海事法院船舶拍卖款的分配，有时甚至是到执行阶段因海事部门对地方法院的协助执行通知书怠于协助时才发现管辖错误，才急忙将案件移送海事法院处理，这样不仅不利于保护当事人的合法权益，而且还会加剧当事人对法院的不满。为避免这类问题的发生，维护海事法院专属管辖权的权威，建议海事法院上诉审高院在组织海事法院学习 2016 年《受案规定》和 2016 年《管辖规定》这两个司法解释时，同时组织地方法院的立案庭法官参加，从而避免出现地方法院受理海事、海商案件和海事行政案件的情况发生。同时，在日常工作中，海事法院要积极主动加强与出现过受理海事海商案件和海事行政案件的地方法院沟通，督促其做好当事人的释明工作，从而避免类似情况再次发生。再次，加强与海事行政机关的沟通和交流，促进法治政府建设。结合海事行政案件审理工作中发现的问题，及时通过司法建议等方式通报给相关海事行政机关，为其管理、执法提供参考。通过组织海事行政机关工作人员旁听庭审、组织法官给相关海事行政机关授课、组织业务座谈会等方式，加强海事法院与海事行政之间的沟通交流，帮助海事行政机关提升执法水平。最后，加强全国 10 家海事法院之间的业务交流和协作，相互学习，相互促进。在最高人民法院民四庭的指导下，全国 10 家海事法院有必要进一步加强彼此之间的沟通交流，互相学习，取长补短，从而实现共同进步。当前，已有的机制是每年轮流举办一次海事审判研讨会，以学术研究的方式进行交流学习，取得了良好的成效。但是，一年仅有一次还不够，而且以学术研究方式进行交流，每次到会的人数有限。为了让更多的海事法官得到更多的交流，建议最高人民法院民四庭充分利用设在大连市的海事法官培训基地，每年至少举办两次海事法官业务培训班；建议恢复海事执行学术论文研讨会（该研讨会以前也是每年举行一次，后来中断了）；建议各海事法院进一步加强彼此之间的调研走访，增进沟通和互动；建议进一步完善海事法院之间的执行协助机制，强化业务协作。

5. 加强海事行政诉讼宣传

很多政府部门甚至一些地方法院不仅不知道海事法院受理海事海商案件的范围，而且也不知道海事法院从 2016 年 3 月 1 日开始可以受理海事行政案件，更不用说普通老百姓经常会将海事法院和海事局以及相关的海事行政机关混为一谈的情形，有鉴于此，海事法院必须加强海事法院管辖范围的宣传工作，增进人民群众和社会各界对海事法院的了解和支持。一是加强对海事法院受案范围的宣传。2016 年 2 月 24 日，最高人民法院发布了 2016 年《受案规定》和 2016 年《管辖规定》后，有些海事法院充分利用这个有利时机，及时通过报纸、广播、电视、网络等媒体以及其官方微信、官方微博等自媒体，对海事法院受理案件范围进行了宣传，取得了一定成效。二是结合审判工作进行宣传，如受理社会影响比较大的海事、海商案件或海事行政案件可进行宣传，通过个案宣传来增进人民群众和社会各界对海事法院受理案件范围的了解以及对海事审判工作的了解。三是结合巡回审判工作，定期深入辖区的港口、码头、渔村和港航企业进行法治宣传，提供法律咨询等服务，向人民群众发放相关宣传资料，增进辖区人民群众和港航企业对海事法院的了解和支持，让辖区人民群众知道，发生海事、海商纠纷和海事行政纠纷后，应到海事法院起诉。四是定期举行法院开放日活动，邀请辖区人民群众代表、人大代表、政协委员等到法院参观、旁观庭审，并举行座谈会，听取他们对海事行政审判工作以及海事法院其他各项工作的意见和建议。五是定期举行新闻发布会，通过新闻媒体及时向社会各界通报海事法院的审判工作、队伍建设、司法为民、信息化建设等各项方面工作情况。

家事审判方式与工作机制改革实证研究

——以试点法院家事审判改革情况为主要研究对象

一、改革背景：在社会变革中走进新时代的中国婚姻家庭

（一）中国婚姻家庭制度变迁

在中国漫长的封建社会中，婚姻家庭制度散见于宗法制度、儒家伦理纲常及各朝代的法典律例中。《礼记·昏义》记载，婚姻是“合二姓之好，上以事宗庙，而下以继后世”之事，缔结婚姻的首要目的在于祭祀祖先、传宗接代，婚姻事关家族兴衰，而非个人私事。在家庭关系中，丈夫对妻子、家长对子女拥有绝对的控制权，“父为子纲、夫为妻纲”是封建家庭的秩序规范。作为封建社会法典典范的《唐律》及《唐律疏议》，其中《户婚律》、“十恶”等条文均凸显了封建制尊卑长幼的等级纲常，例如，婚姻缔结须听从“父母之命”，要求“良贱不婚”；离婚制度上，除受“七出三不去”〔1〕的约束外，只有丈夫享有终止婚姻关系的主动权；“恶逆”、“不孝”、“不睦”等卑幼忤逆、殴打、谋杀尊亲属的行为被设定在最严重的罪行之列。

近代，在列强侵略、变法革新、革命战争背景下，中国的婚姻家庭关系也在时代的动荡中向前发展，亲属律法体现出近代西方法律思想和中国传统宗族礼法的新旧混合特征。

中华人民共和国成立后，第一部《婚姻法》于 1950 年 5 月正式颁布

〔1〕 七出指“无子、淫佚、不事舅姑、口舌、盗窃、妒忌、恶疾”这七种情况下可以休妻。三不去指有“经持舅姑之丧、娶时贱后贵、有所受无所归”这三种情况的，即使有七出情形亦不能休妻。

实施。该法以“废除包办强迫、男尊女卑、漠视子女利益的封建主义婚姻制度。实行男女婚姻自由、一夫一妻、男女权利平等、保护妇女和子女的合法利益的新民主主义婚姻制度”为立法宗旨，对离婚自由的限制较低，即“男女一方坚决要求离婚的，经区人民政府和司法机关调解无效时，亦准予离婚”。在中华人民共和国成立初期破旧立新的历史背景下，《婚姻法》彻底废除了封建旧式婚姻制度，使众多饱受压迫者尤其是妇女从封建婚姻家庭中解放出来，形成了中华人民共和国成立后的一次离婚高潮。

随着经济社会的发展，我国 1980 年又颁布了第二部《婚姻法》，2001 年，全国人大常委会对该法进行了修改，其后最高人民法院又先后出台三部《婚姻法》司法解释。同时，与婚姻家庭相关的其他法律如《民法通则》、《民法总则》、《未成年人保护法》、《妇女权益保障法》、《老年人权益保障法》等相继出台并修正完善，新时期的婚姻家庭制度逐步确立。

（二）开展家事审判改革的时代背景

新时期婚姻家庭关系的嬗变，是中国社会从传统走向现代的缩影。我国实施改革开放已经将近 40 年，市场经济体制改革打破了小农经济、计划经济中的生产、分配、交换、消费模式，也给婚姻家庭带来了巨大的变化。

1. 经济发展——婚姻家庭关系变迁的根本动力

经济发展所带来的家庭收入格局的变化改变了家庭成员的地位。在传统家庭中，长者与丈夫的角色往往处于优势地位，但时代发展到今天，支撑这种优势地位的经济基础却正在发生变化。经济发展催生了大量的新型经济组织，劳动者从传统农业社会中家庭这一生产单元，走进了工厂、公司、机关、单位等社会化的生产单元，个人收入不再仰赖于家庭中占有资源分配权的长者，代际关系趋向平等；女性获得更多的受教育权和就业机会，经济独立性增强，人身依附性降低，婚姻中男女关系趋向平等。在资源占有格局、经济地位发生变化的情况下，家庭成员的关系也需随之进行相应的调适，以达到新的平衡。随着父权与夫权的衰落，传统的家庭分工、相处模式如“男主外，女主内”、“父亲控制儿子”、“婆婆管教媳妇”不再是社会的主流，平等、互敬、互爱成为新的家庭伦理道德准则。但如果婚姻家庭中一方已经接受新理念，而另一方却因“既得优势”而顽固坚守老旧观念，向对方抱以传统角色期待，则会影响相互间的关系，引发婚姻家庭矛盾。

经济发展使家庭的财产增多，与财产相关的家事纠纷数量上升。财产多了，继承纠纷、离婚财产纠纷数量也随之上升；除传统的房屋、土地、金钱、家庭生活用品等财产形式外，还出现了知识产权、股票、债券、投资基金份额、合伙出资，以及虚拟账号、网络店铺、游戏币等新型财产,涉及财产的家事纠纷日趋复杂化。此外,城镇化进程的推进,征地拆迁为家庭带来意外财富的同时,也带来分家析产的问题。婚姻家庭中的情感问题往往与财产问题相互交缠,更增加了化解纠纷的难度。

2. 社会进步——影响婚姻家庭关系的形态与走向

社会对婚姻家庭关系的影响,不仅包括经济体制、政治制度和法律的影响,还包括社会文化、思想、道德等因素。

政治导向确定了婚姻家庭关系的基调。中华人民共和国成立后我国推行婚姻自由、计划生育、社会保障、九年义务教育等政策,对传统婚恋观、生育观、养老观都产生了极大冲击。例如,计划生育政策减弱了家庭的生育功能,户均人口规模变小,根据人口普查及家庭发展报告的数据,1975年我国平均家庭人口规模为5.05人/户,1995年为3.7人/户,2010年为3.09人/户,2014年又减少到3.02人/户,2~3人家庭已成为家庭类型主体,核心家庭[1]更是占六成以上。[2] 家庭类型也更为多样化,丁克家庭、未婚同居家庭、再婚家庭、单亲家庭等越来越常见。在立法与舆论导向上,我国大力倡导男女平等、婚姻自由观念,鼓励国民追求经济富裕、人格独立、家庭幸福,宣扬健康文明的家庭关系。在1995年北京召开的联合国第四次世界妇女大会上,男女平等被确定为我国的一项基本国策。

对于离婚自由的态度,我国曾一度将公民离婚视为影响国家发展与社会秩序的大事,进而对离婚自由进行了较多干预,控制离婚成为一种"政治需要"。对此,有学者认为,"在修改婚姻法的时候,要警惕倒退,要防止这次婚姻法的修改损害中国公民自改革开放以来逐步争得的离婚自由的权利……在中国,改革开放以来的宽松气氛也已经使'文化革命'中残酷不通人情的做法(包括离婚官司一打十几年;对婚外恋实行法律或行政处分)慢慢消失了。人们开始呼唤人性,崇尚理性。在修改婚姻法时,我们要警惕倒退。"[3]2001年我国修改《婚姻法》时,明确将"夫妻感情破裂"作为离婚的标准,同时对离婚的法定事由进行了具体化,大大简化了离婚程序。修改后婚姻法摒弃了以往认为维护婚姻是规范社会秩序要求的观念,转向了对个人幸福关注,同时更加重视离婚后子女抚养、教育等涉及公共利益的问题。但同时,经"松绑"后的离婚自由也带来了年轻夫妻"闪婚闪离"现象增多及社会整体离婚率逐年升高的

---

[1] 核心家庭,指由一对夫妻及其未成年或未婚子女组成的家庭。

[2] 数据来源:国家统计局网站。

[3] 李银河:《在修改婚姻法时要防止倒退》,载李银河、马忆南主编:《婚姻法修改论争》,光明日报出版社1999年版,第107~108页。

问题。

3. 科技创新——婚姻家庭变革的"双刃剑"

科技创新改变了现代人的生产、生活方式,也给婚姻家庭带来了巨大的福利,例如,避孕技术大大提升了人们对生育的掌握力;生育辅助与试管婴儿让无数婚姻避免了因无法生育而走向破裂;电力、自来水、燃气的网管化与系列家用电器的发明,使家务变得轻松,女性得以从洗衣、做饭、挑水甚至扫地、洗碗等家务中解脱出来,将更多的精力放到事业当中。

与此同时,科技进步也给婚姻家庭带来新的问题,例如:互联网与智能手机正在成为新的"婚姻杀手",已婚人士不当使用相亲交友软件、沉迷网络游戏、过度网购等行为,正在成为80后、90后年轻夫妻争吵的导火索;克隆技术使人作为一个生物体被"设计"、"改造"成为可能,未来有可能出现的"被定制的后代"也将会挑战我们现有的伦理观;冷冻胚胎的权属问题,在司法实践中已经出现了相关案件,不仅给伦理道德,也给法律带来挑战。在科技不断进步的今天,如何调整伦理道德观念与法律规定,这也是处理家事纠纷面临的一大问题。

4. 国际社会影响——家事审判改革的国际环境

全球化进程使世界日益向"地球村"演变,对于婚姻家庭而言,国人的择偶范围,也从古代的宗族、村落扩大到了全世界,跨国家、跨民族、跨人种的婚姻家庭组合也日趋增多。同时,跨国缔结婚姻、组建家庭也促进了国内外婚姻家庭观念与文化的交流。

国际上家事立法与家事审判领域的改革值得关注。自20世纪60年代起,英、美等西方国家在性自由、性解放思潮的影响下,通过立法简化了离婚的程序与条件。然而,离婚限制变得宽松后,大量家庭走向解体,传统家庭在"离婚潮"中受到了严重损害,首当其冲的是妇女、儿童:离异造成大量单身母亲生活困顿,离异家庭未成年人犯罪率上升,少女辍学、堕胎增多。这些现象也迫使公众与立法者重新审视婚姻家庭法,进而在实体法与程序法方面做出调整。从德国、日本、美国、澳大利亚等国家的立法动向上看,重塑家庭观念、保护婚姻家庭、提供家庭服务、强化妇女儿童权益保护已经成为婚姻家庭立法与家事审判改革的重要使命。

20世纪70年代,司法ADR制度在国际上逐渐兴起。ADR即Alternative Dispute Resolution,指"替代性纠纷解决机制"或"非诉讼纠纷解决机制"。在家事审判领域,司法ADR亦提倡通过提供家事咨询调解服务、开设"亲子教育课堂"、设立调解前置主义原则、组建调解委员会等方式来处理家事纠纷。

(三)改革前家事审判面临的困难与问题

面对家事纠纷日益复杂化的实际,我国原有的家事审判模式也已经难以适应矛盾化解的需要,家事审判面临的困难与问题有:

1. 家事纠纷数量逐年上升

根据 2013～2016 年的最高人民法院工作报告的统计数据,近年来法院审结的各类家事案件在数量上呈逐年增长的态势(见图一)。

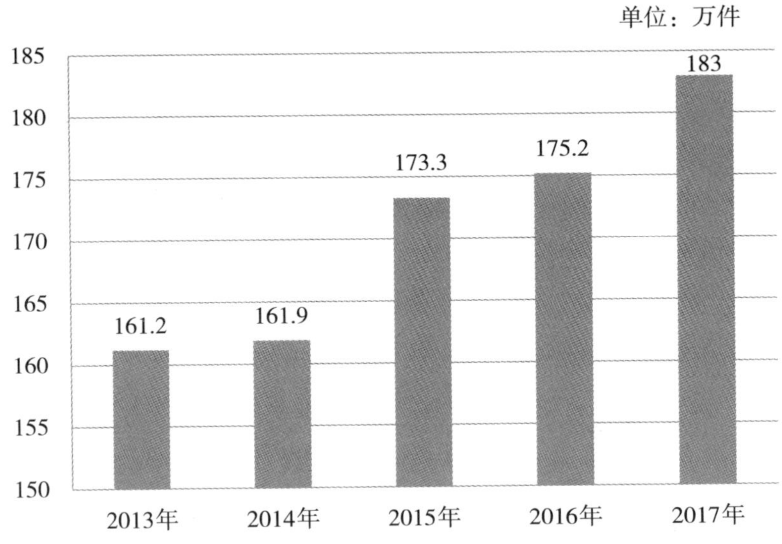

图一 2013～2017 年全国家事纠纷案件收案数

2017 年审结家事纠纷数量达 183 万件,约占全部民事案件总数的 26%。基层法院中,以良庆法院为例,除诉前调解、联合调解办理的案件外,2011～2016 年进入诉讼程序的家事案件数量分别为 168 件、212 件、227 件、226 件、235 件、275 件,年均增长率接近 10%。

从类型上看,家事纠纷中数量最多的是离婚纠纷。2016 年,全国法院审理离婚案件 139.7 万件,占家事纠纷总数的 79.74%,近八成的家事纠纷为离婚纠纷。[1] 良庆法院 2011～2016 年办理的 1343 件家事案件,其中数量最多的也是离婚案件,所占比例为 79.75%,其次为继承纠纷、抚养关系纠纷、离婚后财产纠纷和抚养费纠纷(见图二)。

〔1〕 杜万华:《大力推进家事审判方式和工作机制改革试点》,载《人民法院报》2017 年 5 月 3 日第 5 版。

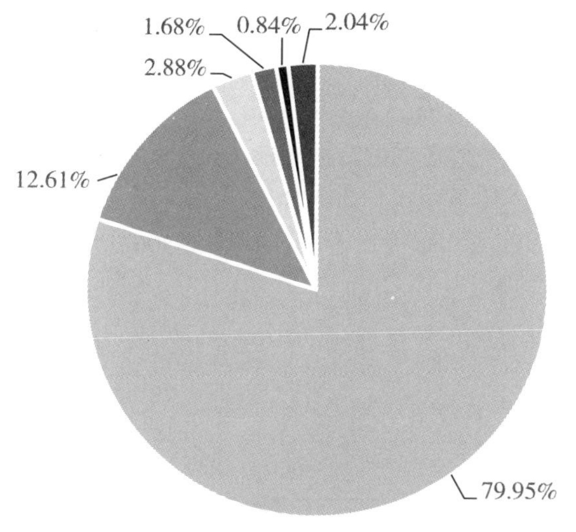

图二　良庆法院 1343 件家事案件中不同纠纷类型比例

值得注意的是，离婚纠纷中草率离婚的现象非常突出。调研发现，有相当数量当事人的婚恋观、家庭观不成熟，对待婚姻家庭的态度非常草率，由此产生的未成年子女抚养教育问题和其他社会问题不容忽视。课题组随机抽取了良庆法院 2016 ~ 2017 年共 530 件离婚纠纷进行综合分析发现，76% 的离婚案件当事人婚龄为 10 年以下，其中，婚龄在 1 ~ 2 年的数量最多，共 59 对，其次是婚龄为 4 ~ 5 年的，共 51 对。因俗称的“七年之痒”而离婚的现象有所变化，离婚高峰并非只出现在第 7 年，而是前 7 年都存在较高离婚率（见图三）。

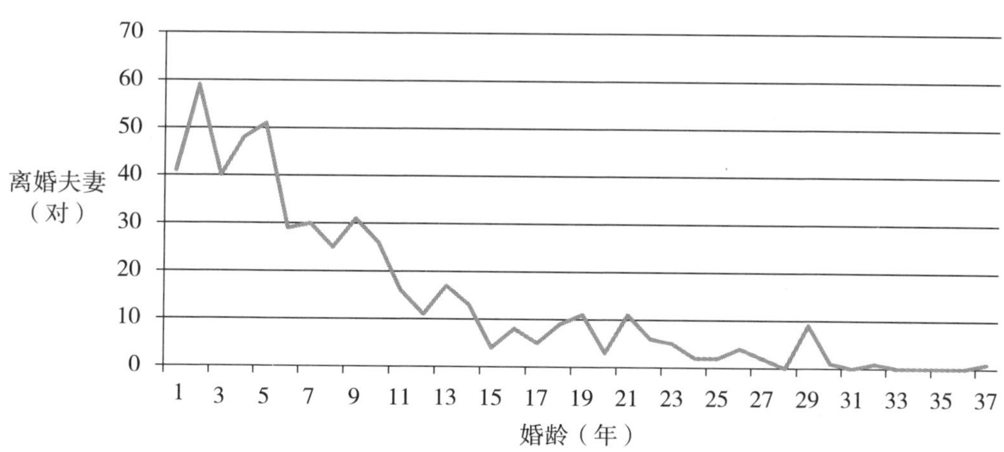

图三　2016 ~ 2017 年良庆法院 530 件离婚纠纷婚龄统计

短婚龄现象一方面表明年轻人的择偶观发生变化，对配偶的性格匹配度提出了更高的要求；另一方面课题组发现，不少年轻夫妻在婚姻上比较自我，对婚姻家庭、父母子女缺少责任心与担当，强调寻找自我幸福。大量的年轻夫妻一方面对婚姻质量的要求提高了，另一方面却没有相应的经营高质量婚姻的能力，既缺少化解婚姻家庭矛盾的耐心，沟通能力差，又缺少维持婚姻的决心，动辄言离婚。

年龄方面，该 530 件离婚纠纷 1060 名当事人当中，有 80 后共 506 人，占 48%；70 后共 310 人，占 29%，两个年龄段的当事人总共占到 77%。此外，90 后的离婚状况亦不容忽视，离婚当事人共有 143 人，占 13%，数量亦由 2016 年的 59 人增加到 84 人，增长幅度达 42.37%（见图四）。

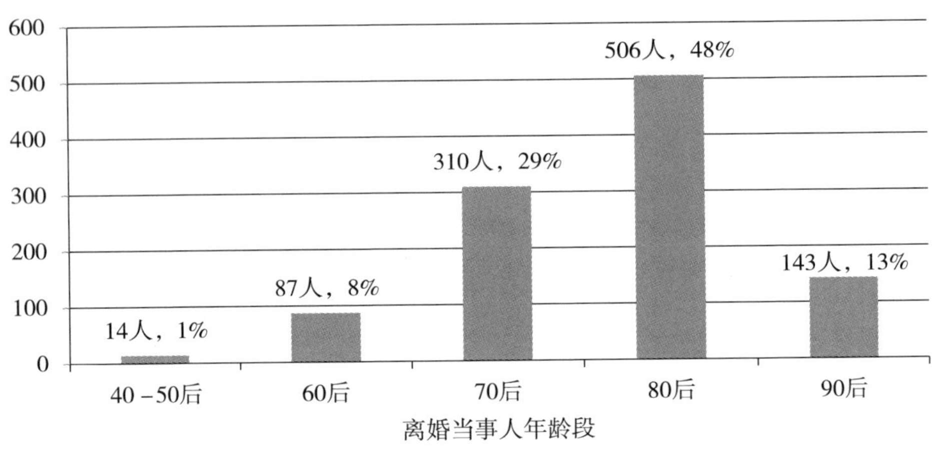

图四　2016～2017 年良庆法院 1060 名离婚当事人年龄段人数统计

家事纠纷数量上升一方面会引发更多的家庭走向解体，另一方面也给审判工作带来更大压力，给法院有限的司法资源带来沉重的负担。这也对构建多元化纠纷解决机制提出了更为紧迫的要求。

离婚纠纷占家事纠纷八成，加上离婚后财产纠纷、抚养费纠纷等离婚纠纷的衍生类型，实际上与婚姻相关的纠纷数量更多，在一些地方甚至占到 90% 以上。草率离婚、短婚龄离婚现象突出、80－90 后成离婚主力军等这些现象，应特别予以关注，这也为如何开展家事审判改革工作提供了工作重点与思路。

2. 现有机制未充分考虑家事纠纷中的非合理性因素

家事纠纷不仅包括财产关系，也包括身份关系，前者的合理性与后者的非合理性往往杂糅在一起。日本学者我妻荣认为，“财产关系是合理的关系，可以用合理的一般的解决基准来对待,而身份关系是非合理的关系,家事纠纷的基础就是身份关系,其背后潜藏着复杂的人际关系,在财产分割、精神安慰费、养育费等支付金钱的请求下,暗含着夫妻间、亲族间情感的纠葛,即埋藏着非合理要素。"[1]对于非合理要素,如果弃之不理,或不加以重视,就无法理解当事人在诉讼当中基于自由处分权利而表达出的倾向性意见。例如,婚姻中的"同妻"[2]的问题,男方在外人面前可能表现出关爱妻子、温和体贴的形象,而实际上,伴侣对其而言只是掩饰性取向和生育的工具,女方或是为了孩子忍辱负重,或是迫于家庭压力不敢申诉,双方就有可能因需要保持隐密性而在离婚诉讼中做出外人无法理解的举动。不同案件的非理性因素又有所不同,因此不宜适用无弹性的标准化的方法进行对待。为此,对于这些非理性因素,在解决家事纠纷时应引入心理咨询与疏导机制,加大沟通力度,倾听当事人心声,慎重评价婚姻是否破裂,并做好保密工作,而不能机械审判,一味地强调法律规定与权利义务划分。

3. 社会公众对家事审判的公益属性缺乏认识

常言道,"清官难断家务事"。家事纠纷往往被贴上"私人领域"的标签,被认为是外人弄不清楚,也不宜插手的事务。然而,随着观念的变化,除私益、伦理属性外,家事纠纷同时具备社会性、公益性等属性特征也已日益为法学界所认同。家事纠纷的公共性体现在:

(1)会对未成年人产生不可估量的影响。未成年人抚养教育是以家庭为单元的,家事纠纷往往涉及未成年人抚养、探视、财产赠与等问题,如果处理不善、安排不当,轻则影响未成年人的成长环境,重则造成未成年人犯罪率上升,甚至影响国家和民族的未来。正如美国法学家、社会法学派的奠基人罗斯科·庞德所说,"近代的立法和司法判例已改变了对不能独立生活的家庭成员的旧有态度,法院不再使父母对其孩子们的自然权利成为他们决定的主要基础。过去常常被放在首位的父母的个人利益,今天同孩子和社会的利益相比较,几乎已经放到了末位。换言之,如今,社会利益才是主要考虑的对象。"[3]

(2)会对妇女权益维护产生影响。尽管我国女性地位已得到很大提升,但仍有相当大比较的妇女在婚姻家庭事务中处于弱势地位,如离婚、析产纠纷中农村土地承包

〔1〕 转引自李青:《中日家事调停制度的比较研究》,载《比较法研究》2003 年第 1 期。

〔2〕 指男同性恋者的妻子。

〔3〕 [美] 罗斯科·庞德:《普通法的精神》,法律出版社 2001 年版,第 113 页。

权益、拆迁利益难争取，娘家父母往往会将这些生产生活资料留给儿子，而夫家则强调这些财产权益为婚前财产，如离婚则无权要求分割。根深蒂固的传统观念让妇女在主张权益时往往表现得“理不够直、气不够壮”，而获取财产困难又进一步加剧妇女的人身依附性，使其在婚姻家庭中付出更多、回报更少，甚至不得不忍受家暴、歧视、虐待和无爱婚姻。倡导男女平权和健康的婚姻家庭观念是社会发展的要求，妇女权益得到良好保障，不仅有利于妇女自身，而且有利于下一代抚育和社会进步。

(3)对国家稳定、社会和谐产生影响。家庭之于国家，如同细胞之于躯体，细胞正常运动，则躯体康健。婚姻家庭不稳，则家庭成员难以全身心投入工作学习中；因婚姻家庭矛盾激化，还会引发恶性犯罪甚至危害社会公共利益的行为，影响社会安定。

正是基于此，家事审判应当更注重以下功能和价值：维护未成年人最大利益，保障妇女权益，增加修复婚姻、疗愈家庭的功能，妥善化解矛盾等。为实现这些功能和价值，家事审判必须转变以往坐堂办案的模式，向诉前调解、家事调查、心理疏导、婚姻教育、家暴救助等方面进行拓展。婚姻破裂对家庭及未成年人的影响，既关乎民众的幸福感，又关系国家未来，并非是单纯的个体或家庭的问题。开展家事审判方式和工作机制改革工作，也是“以人为本”的审判观、社会治理观的要求。

4. 家事诉讼特别程序发展滞后

在民事诉讼法中，关于家事审判的特别规定的条文比较零散，如《民事诉讼法》第62条规定了离婚案件当事人应当出庭原则，第124条规定了第一次判决不准离婚后六个月内不得再次起诉，第134条规定了离婚案件不开审理原则；《最高人民法院关于适用〈中华人民共和国民事诉讼法〉的解释》第145条规定了离婚案件应当调解原则等。

我国尚未进行家事诉讼特别程序立法，民事审判制度的改革大多聚集于财产类案件，忽视了针对家事纠纷特殊性而构建特别程序的改革。当前家事审判沿用的是普通民事审判的程序，即对抗—判定制的诉讼模式，当事人围绕自己的诉讼请求搜集有利的证据、举证、辩论，在法庭上呈现出一种积极对抗、相互竞争的状态，而法官要做的则是消极听取意见和居中裁判。对抗—判定制的诉讼模式有助于发挥当事人诉讼的积极性和主动性，但对家事纠纷而言却容易走向另一个极端——进一步撕裂家庭成员之间的关系，加剧纠纷当事人之间的对立。

此外，长期以来的“厌讼”传统和法律普及程度总体不够高的现状，也造成了民众不懂法、不擅诉讼的情况较为普遍，尤其是在家事纠纷领域，当事人以不签收法律文书、拒绝出庭等方式来消极对待诉讼的情况非常常见，以自杀、自残、伤害对方当事人甚至法官等方式来对抗判决结果的极端事件亦时有发生。当事人不擅诉讼、举证辩论能力弱等问题的存在,更加凸显对抗制诉讼模式与家事审判理念的不相契合。

作为类型化的纠纷,家事纠纷在诉讼程序上的要求与其他民事纠纷有所不同,甚至需要反其道而行之,例如现已形成共识的有限辩论主义、积极职权主义、未成年人(案外人)利益最大化等。具体而言,诉前调解需要设置诉调对接程序、放宽审限;家事调查需要委托家事调查员,并根据个案设定调查事项;离婚冷静期在程序启动、审限、回访等方面均须予以细化……而现有诉讼模式很难满足这些特定化的需求。

家事审判具有较强的民生性质,与千万家庭中的普通人息息相关,因此有必要建立一套更符合家事纠纷特点与化解矛盾需要的特别诉讼程序。

5. 家事审判调解组织设置未能满足时代发展需要

随着时代向前发展,传统的婚恋观念、家庭观念、家庭结构都在发生变化,家庭中的新问题、新冲突不断涌现,家事纠纷也变得日益复杂。与此同时,我国现有家事审判调解组织还未能与时俱进地进行调整。

审判组织方面。除部分家事改革试点法院设立有独立编制的家事审判庭外,绝大多数法院仍采取传统的民事审判模式,家事纠纷主要由民事审判庭或未成年人案件审判庭的法官进行审理,缺少专门的家事法庭与家事法官。这一方面未能从审判组织上给予家事审判足够的重视,不便于以法庭名义对外开展工作;另一方面家事审判对法官专业水平要求较高,往往需要具备法律之外的专业知识,办理种类繁多的案件不利于法官家事审判专业素质的养成,难以集中精力投入改革工作中。

调解组织方面。家事纠纷调解也存在以下问题:

(1)法院调解。法院调解即家事审判的诉前、诉中、诉后调解。要使大部分的纠纷在诉讼前即通过调解得到解决,就要保证诉前调解有较高的成功率,而调解成功率则依赖于调解员的工作能力素质和法院在软、硬件等方面的调配。实践中不少调解流于形式,虚走过场,仅在开庭时询问当事人是否愿意调解,如不同意则在笔录中记明,就视为完成程序要求。此外,一些法院调解用力不当,专业性不强,多表现为劝阻式、教育式调解,缺少专业的心理咨询式、情感修复式调解。例如,在课题组实地调研的一家改革试点法院中,心理咨询工作仅限于咨询师培训、指导法官,再由法官去开展心理咨询,由于法官工作繁重,真正开展心理咨询的案例寥寥无几。

(2)人民调解。除法院外,基层自治组织、群团组织如居委会、村委会、妇联、人民调解委员会甚至基层派出所等都在一定范围内从事家事纠纷的调解工作。这些机构对纠纷的缓冲与调处发挥了很大作用,但也存在缺乏专业性与有效性的问题。专业性方面,有些调解人员本身缺少专业法律知识,对纠纷解决方向把握不准确,甚至偏离了法制轨道,如对家庭暴力的严重性认识不足,一味劝和,或是不当适用村规民约,损害妇女儿童合法权益等,违反了调解的公正性;有些干部虽然从事调解工作多年,但在心理咨询与婚姻家庭咨询方面的能力不尽如人意,对婚姻家庭领域的新情况、新问题缺少认识,导致调解效果不佳。有效性方面,经由人民调解达成的协议不具有法律上的强制效力,而是依赖于当事人的自觉履行。在效力缺乏保障的情况下,当事人为解决纠纷而花费的时间、精力成本增加了,效果却不理想。

(3)"亲友调解""族长调解""工作单位调解"。在"熟人社会"向"陌生人社会"转型的过程中,传统的"亲友调解""工作单位调解"日渐衰微。以往发生家事纠纷,亲族范围之内的"亲友调解"往往能发挥较大作用,但城镇化的发展改变了农业社会家族聚居的模式,交通的便利也让更多的人可以去到更远的地方工作、生活。聚居格局被打破后,家族观念也开始淡化。年轻人的婚恋观受各种新思潮影响,也与老一辈格格不入,因此依靠长辈、族长的"大家长"权威来进行调解的方式越来越难为年轻人所接受,其适用范围也呈逐渐收缩之势。经济体制改革打破了以往"企业办社会"的做法,工作单位也不再是一个管家事、管作风、管思想品德、管生老病死的全功能组织,人们对工作单位的人身依附性减弱,因此以往约束力较强的"工作单位调解"也已逐渐消失。

6. 解决家事纠纷主体间的社会协作程度较低

我国具有处理家事纠纷工作职责的组织、单位、社会团体较多,除法院外,还有民政、妇联、公安、司法、教育等部门,一些地方还有反家暴社会团体、心理咨询热线等。为整合资源,推进家事纠纷化解的社会协作,近年来,最高人民法院、全国妇联、民政部等部门多次联合出台化解婚姻家庭纠纷的指导意见,2017年9月,最高人民法院等15部门又联合发布《关于建立家事审判方式和工作机制改革联席会议制度的意见》,对综合性、整体性的家事纠纷化解机制构建起到了良好的指导与促进作用。但总体来看,当前家事纠纷社会协作机制建立仍处在起步阶段,尤其是在基层,部门间以化解家事纠纷为目的开展联动、协作的动作较少,开展离婚、未成年人家庭情况等信息的共享互通、实时更新工程亦有待落实,不同地方、不同部门对待协作机制的积极性不尽相同。长期来看,构建家事纠纷化解的社会体系,还有待于立法的完善和对各部门职责的进一步明确。

7. 诉讼离婚与协议离婚制度未能统筹改革

我国离婚制度由民政离婚登记和法院诉讼离婚两大部分构成,在制度设计上,登记离婚制度充分尊重当事人的离婚自由，只要双方自愿并拟好离婚协议，就应当予以登记，即使工作人员认为当事人尚未达到离婚程度，也不能拒绝办理离婚登记。诉讼离婚则以夫妻感情是否破裂为标准，审查较为严格，耗时也较长。课题组认为，这样的制度设计固然有其优点，但也存一些不容忽视的问题。

首先，冲动离婚现象难以制约。离婚究竟是鲁莽冲动之下的“一拍两散”，还是深思熟虑之后的“一别两宽”，不同的婚姻有不同的答案。但从现实情况看，冲动离婚的多发地、集中地并非法院，而是婚姻登记机关。现行《婚姻登记条例》未要求登记明当事人的真实意愿，离婚登记程序简单，这无形中打开了草率离婚的方便之门，甚至助长了草率离婚的不良之风。因在审查方面缺少立法，行政机关也极少配置心理咨询与调解资源，去帮助草率离婚者解决婚姻中遇到的问题。

其次，形式审查无法排除实质的不合法内容。实施离婚这一法律行为需要当事人具备相应的民事行为能力，如果当事人一方或双方为无行为能力或限制行为能力人，却又实施了离婚登记，则有可能导致登记无效。但登记机关却难以从外在判断当事人是否具备相应行为能力，直接询问当事人是否有精神病既不礼貌，也不准确，因此现实中屡屡出现当事人因此成为行政诉讼被告且屡屡败诉的情况。此外，因登记离婚的程序简单快捷，不少当事人借助离婚的外衣行其他目的之实，出现为买房而连续多次离婚、结婚，甚至一方假离、一方真离的荒唐事。登记机关不审查离婚是否为当事人的真实意思，这也容易引发其他纠纷。

最后，妇女儿童权益难保障。离婚协议有可能是双方平等协商的结果，也有可能是考虑到诉讼离婚之“难”与协议离婚之“易”这一因素后妥协的结果。例如，夫妻双方在协议中约定禁止不直接抚养的一方探视子女，在不了解相关法律的情况下，民政工作人员对该协议予以确认，尽管该约定明显违法，但不直接抚养的一方仍可能因不懂法、性格怯懦等原因，就会去遵守这样一个明显侵害自身权利的条款。还有一些被迫放弃合法权益的情况，即使法官向当事人释明其权利，但畏于诉讼举证难、周期长等原因，该当事人不得不妥协，以此换取尽快离婚。这类情况并不少见，对规则缺乏认识，难以运用规则维权也会进一步加剧弱势群体的无力感。

从家事制度的整体性和妇女儿童维权的角度来说，法院主导的家事审判改革是否应对其他部门的纠纷解决机制有所涉及，在民法分则（婚姻家庭法部分）制定的背景下，是值得研究的。

(四)调研路径与方法

1. 调研路径

将此次改革代入历史进程与时代背景中,不难发现,面对发展与变化中的婚姻家庭关系和婚姻家庭关系中的新特点、新问题,如何通过改革重构家事审判理念,使家事审判更好地保护婚姻家庭及弱势群体利益,并进一步构建完善社会性、综合性的家事纠纷解决机制,已成为新时期司法审判与社会治理领域中亟须破解的一大课题。

本课题从改革实践出发,选取国内数个典型试点法院加以比较研究,并以课题组所在法院——良庆法院的家事改革实践为研究样本,系统分析改革试点工作存在的问题和原因,并提出完善解决家事纠纷的设想与建议。

2. "改革 + 实践"的调研方法

因课题组所在法院自 2014 年年底就开始探索家事审判改革工作,本课题研究周期为 2017 年 6 月 ~2018 年 6 月,在时间线上,改革贯穿了调研始终,因此,课题组得以从以下三方面进行深度调研:

一是对改革前后状况进行调研,即对于改革前家事纠纷化解机制的整体状况与存在的问题,在有针对性地制定改革方案并实施后,问题是否得以解决。

二是总结改革具体举措,分析实施改革取得的成效,以及新举措在实践中遇到的新问题。

三是针对实施改革后遇到的新问题,提出解决问题及进一步深化改革的建议。

具体而言,课题组采取以下方法实施调研:(1)通过个案观察法,分析良庆法院的家事改革试点工作;(2)通过资料收集、实地调研和座谈、访谈的方法,调查分析其他改革试点法院改革举措,总结改革经验及遇到的问题;(3)通过比较分析法,调查改革举措的共性、个性问题;(4)分析原因并提出解决问题的对策建议。

二、实证调研:试点法院开展家事审判改革工作情况的调研

(一)国内试点法院的改革样本

1. 综合改革举措比较分析

课题组选取了深圳市宝安区法院、马鞍山市雨山区法院、山东武城县法院、徐州市贾汪区法院、泉州市鲤城区法院等 5 个改革试点法院作为研究样本,对样本法院的改革举措加以分析(见表一)。

表一　五个样本法院的家事审判改革举措比较分析

改革举措	深圳市宝安区法院	马鞍山市雨山区法院	山东武城县法院	徐州市贾汪区法院	泉州市鲤城区法院
审判机构与队伍建设	设立独立建制的家事审判庭	组建家事审判团队;3名成员具有心理、婚姻家庭咨询资质	设立独立编制家事审判庭	设立家事审判庭	设立独立建制的家事审判庭
审判场所	设立家事诉讼中心	家风家训文化长廊;客厅式、圆桌式法庭	设立少年家事法治教育基地、家事指导中心、秀英大姐调解室、吕莹家事法官工作室、康晶心理咨询室、爱荣家事指导室	客厅式家事审判法庭;在法院内部设“反家暴临时庇护所”	家事审判功能区:含调解员工作室、儿童游乐区、家事法庭、圆桌法庭、家事调解室、“法德相融之巷”
家事审判特别程序	当事人亲自到庭;冷静期;人身安全保护令;家事调查员;离婚证明书	家事立案专门窗口;设“四员”:家事调解员、家事调查员、情感观察员、心理疏导员	庭前播放录像资料;庭审中互列对方优点;以孩子为突破口化解矛盾;展示家事调查报告	“亲情弥合八步法”[1]	“大家事”审判模式;“四步三查”工作法[2];家事调查制度;反家暴档案;心理疏导和案后回访
综合协调解决机制	全区层面家事纠纷综合协调解决合力;“婚调委+调解工作室”模式;统一的家庭暴力预防与处理机制	家事多元调解委员会;“夕阳红”志愿者调解中心;青年志愿者法律服务U站	成立以县委副书记为组长的未成年人保护及家事审判改革工作领导小组	中美老龄问题研究中心科研实践合作基地	联合设立4个定点家事调解员工作室

[1] “亲情弥合八步”,即感情预修复、情绪先疏导、视频再教育、甜蜜唤回忆、亲情齐规劝、社会同介入、私密重保护、案后必回访、感情冷静期。

[2] “四步三查”工作法,“四步”即陈述、安抚情绪、引导回忆、消除隔阂,“三查”包括查情感基础、查财产收入、查和好可能。

2. 诉前调解模式比较分析

法院诉前调解往往被认为是一种“调审一体”的结构，即法官同时承担调解的主持者和案件的裁判者这两个角色，调与审不相分离。该种结构也为众多学者所诟病，认为法官有可能迫于绩效考核、调解结案率的要求，利用作为调解主持者和审判官的双重话语优势，向当事人施加压力以促成调解。鉴于诉前调解的重要性，不少试点法院纷纷在这一领域加大了改革探索力度，在设置调解机构、配置人员等方面涌现出一些较具代表性的做法，主要模式有：

（1）法院内设立案前调解组织

对起诉到法院的家事案件，由心理咨询师、退休法官组成专职调解员，在立案前开展调解，是该模式的主要特征。例如，北京市西城区法院在法院内设立家事纠纷调解室，设立立案前冷静期，由 1 名退休法官担任专职调解员和 20 余名特邀调解员开展调解工作；河南通许县法院将辖区内 10 个社会法庭升级为家事纠纷调处中心，社会法官转换为家事调解员，实行立案前委派或立案后委托调解。

（2）法院联合设立调解组织

法院与公证处、妇联、民政、司法等组织部门合作，在法院、派出法庭或婚姻登记处设立调解组织，是该模式的主要特征。例如，南宁市江南区法院与妇联合作，在院内设立“惜缘工作室”，由心理咨询师在立案前对家事案件先行调解；江苏常州市天宁区法院与公证机关合作，在院内设立“家事审判与公证服务对接工作室”，在立案阶段由公证调解员组织调解；浙江青田县法院联合妇联，在县妇联设立“延伸立案调解工作点”，开展立案与调解工作；上海浦东新区法院外高桥法庭与高桥镇政府合作，在镇司法所设立家事纠纷调解工作室，通过视频设备与法庭互动调解纠纷；河北省枣强县联合民政局，在婚姻登记处设立“家事纠纷调解中心”，开展调解和司法确认工作。

3. 小结

从上述试点法院改革综合改革举措和诉前调解举措可见，家事审判改革试点工作较好地激发了试点法院的积极性，在改革文件指导下，各法院在审判机构与队伍建设、审判场所、家事审判特别程序、综合协调解决机制等方面开展了一系列的改革探索。

从五个样本法院的综合改革举措看，改革既存在一些共性举措，也有个性创新：（1）均设立了家事审判庭并组织专门工作人员承担家事审判和改革工作；（2）均改革了审判场所，家事审判从严肃的法庭转向温馨的会客厅，一些法院还根据实际需要配备了心理咨询室、调解室、单面镜室、儿童游乐室、文化宣教区等；（3）均探索试行了家事诉讼特别程序,样本法院普遍对诉讼程序、庭审流程进行了改革,尽管方法步骤不同,但均更加重视家事纠纷中当事人情感修复与弱者维权;(4)均开展了多元化纠纷解决机制探索,样本法院均联合其他单位、组织开展纠纷化解协作工作,举措各有创新,在开展心理咨询、纠纷调解、反家暴协作等工作方面各有侧重。

诉前调解方面,法院内设立案前调解组织和法院联合设立调解组织这两种模式均体现出较强的"调审分离"特征。其共同点有:一是法官不再是诉前调解的主体,调解员主要由心理咨询师、退休法官、乡镇调解员、公证员等组成;二是均重点把调解放在立案前阶段;三是适用的强制性,多数法院仅对部分家事案件、在部分辖区开展强制性诉前调解,当事人是否愿意调解仍是需考虑的一大因素;四是创新形式多样,但均结合了地方实际情况和条件。此外,也存在一些差别之处:一是人员安排与管理上,一些法院自行组织安排人员,还有一些借助其他单位人员开展工作;二是机构设立的场所上,一些设立在法院内部,还有一些则设立在妇联、乡镇等。

(二)家事审判改革的"良庆模式"

良庆辖区内有两个街道、五个乡镇,城镇居民与农村居民比例约为47%:53%,城区内既有经济欠发达的乡镇农村,也有靠近城市中心城区的街道社区,还有自治区重点开发建设的新区。总体上,城区内经济发展水平不平衡,家事纠纷的形态也比较复杂多样。

良庆法院于2014年年底启动家事审判改革工作,并于2015~2016年先后被确立为广西、全国的家事审判改革试点法院。经过两年多的探索与实践,逐渐形成了家事审判改革的"良庆模式",改革举措具体如下:

1.设立以"和"为主题的家事少年审判中心

在硬件配套方面,设立家事少年审判中心,使之集中审判、调解、评测、宣传等功能于一体。家事审判中心设置了家事法庭、家事调解工作室、家事多功能工作室、家事文化长廊等专门场所,其中,家事法庭的布置以暖色调为主,铺设地毯,摆放了沙发、茶几、书架、绿色植物、书画等,弱化了传统审判场所的庄严肃穆,营造出浓厚的家庭氛围,缓解当事人之间的紧张、对立情绪;调解工作室和多功能工作室添加了诸多家的元素,布置得更为温馨舒适,同时,安装摄像传输设备,在心理咨询师或法官与未成年子女沟通谈话时,父母可同步视听,促进亲情弥合。在法庭外墙和中厅区域,有中国传统文化、审判团队、改革进程、家事案例等宣传板块。

此外,还在法院一楼的诉讼服务中心设立家事立案专窗和心理咨询师专岗,负责给到立案庭的当事人提供立案、咨询、调解服务。为方便开展诉前调解,还在立案窗口附近的办公室设立家事调解室。

家事巡回法庭设立在良庆区婚姻登记处,配备有一间法官/调解员工作室和一间心理咨询室,设有沙发、办公设备、绿植等,满足日常咨询调解工作需要。

2. 联合开展“法律、心理双干预”

针对家事纠纷的伦理、情感等非理性因素,创立“法律、心理双干预”机制。良庆法院先后与妇联“惜缘工作室”、广西婚姻家庭研究会开展合作,引入 18 名专业心理咨询师、婚嫁家庭咨询师开展心理测评与干预工作。设置值班点和办公场所,保证每个工作日均有 2 名咨询师分别在法院与家事巡回法庭值班。无论是起诉到法院的家事纠纷,还是民政、妇联、庇护中心接到的家事纠纷,心理干预均可全程介入(见图五)。

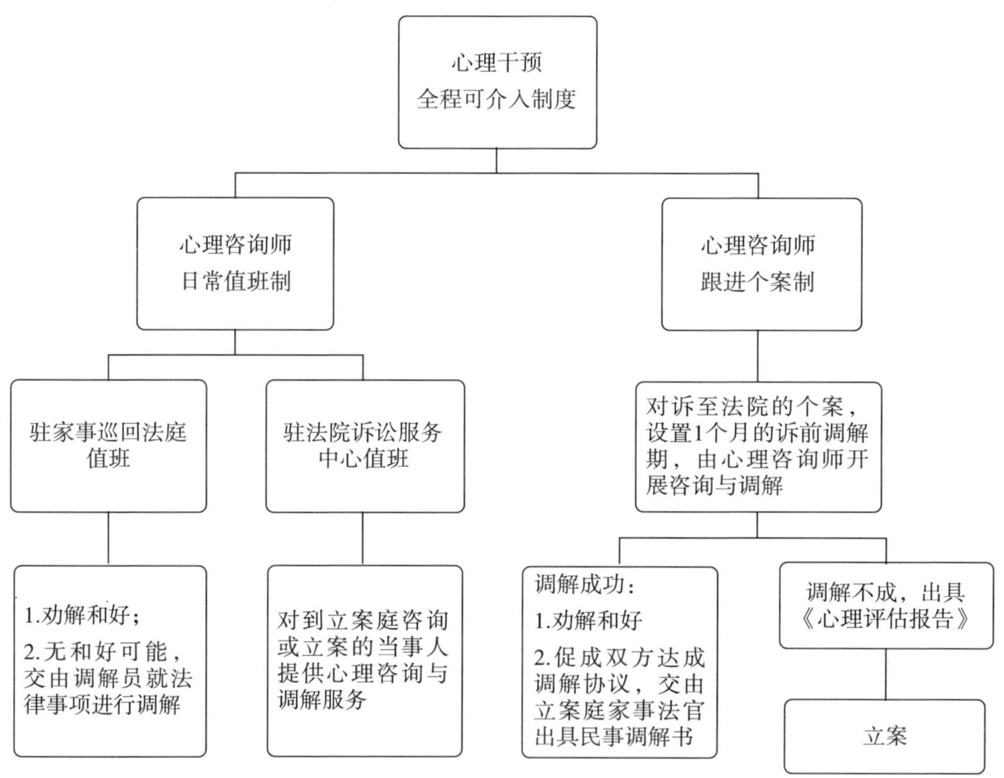

图五　良庆法院心理干预流程图

“心理干预”主要是由心理咨询师对纠纷当事人开展倾听、疏导、咨询工作,了解双方婚姻家庭状况的变化与情感纠葛,掌握双方的矛盾深浅程度,并根据矛盾可调和度开展咨询与劝解工作;“法律干预”则由法官或专职调解员对当事人的调解协议进行法律审查,纠正违反法律规定或侵害一方合法权益的协议内容,并根据实际情况出具调解书。通过法律、心理双干预,一方面有助于化解婚姻家庭矛盾,帮助当事人重归于好;另一方面对于死亡婚姻,有助于消解当事人的对立情绪,法律干预更是可以直接有效地维护妇女儿童的合法权益。

对于起诉至法院的案件,心理咨询师、调解员对纠纷进行诉前调解和疏导,调解不成的,则出具《心理评估报告》,为法官审理案件提供参考。

3. 多举措保障妇女儿童权益

在审判调解工作中,坚持依法维护妇女正当权益和未成年人最大利益原则。

(1)审判方面。在涉及家庭暴力、虐待、重婚等案件中依法保障妇女离婚自由,在涉及征地拆迁补偿案件中保障妇女、外嫁女的合法权益,保障女性的法定继承权。离婚案件中,保护未成年人的权益,对夫妻双方均拒绝抚养子女的不予离婚,同时明确离婚后抚养权、探视权的行使与保障。

(2)调解方面。审查经调解达成协议的合法性,对其中违法侵害妇女权益的条款或损害未成年子女利益的条款不予确认,并对当事人开展批评教育。

(3)程序方面。在诉前发放《离婚劝解书》、《婚姻状况调查问卷》、《家事案件诉讼指南》、《涉家庭暴力家事案件诉讼指南》等材料,指导妇女开展家事诉讼活动。

(4)辅助机构。与南宁市救助管理站、良庆区民政局、妇联联合设立反家暴庇护中心、法院探视中心。“两个中心”均设立在市救助管理站内。庇护中心免费为家暴受害人提供紧急庇护居所、心理疏导、法律咨询、诉讼指导等服务,中心设有心理辅导室,可安排心理咨询师为受害人进行心理疏导。探视中心旨在帮助不直接抚养子女的父或母实现探视权,解决一方阻挠另一方行使探视权的问题,进而保障离异家庭的孩子能够得到父母双方的关爱,呵护未成年人身心健康成长。

4. 探索家事审判新程序

良庆法院自开展家事审判改革起,就特别重视程序和制度的制定,对每一项程序改革,均设定工作方案,制定工作职责、工作流程,落实相关人员负责实施。在家事审判程序上,根据家事纠纷特点,以实现家事纠纷矛盾化解的治愈性和整体性为目的,改革家事审判方式,不断探索建立家事审判新程序。[1]

〔1〕 良庆法院家事改革制度相关文件见附件。

(1)调解前置程序

家事纠纷是非难断,具有财产关系与身份关系的双重属性,此外还与当事人、未成年人的未来生活安排有密切关系,这些特别属性决定了调解在解决家事纠纷中的优越性。良庆法院主要从家事纠纷调解专业化、程序化、强制化三方面确立起调解前置程序。

专业化方面。正如加拿大调解协会会长岳云教授所说,"调解是通过一个公正的第三方,即受过培训的专业人员,促进夫妻双方谈判,尽力帮助他们解决分歧的过程。"〔1〕调解主体为心理咨询师、法官、法律工作者和退休法官,心理咨询师主要运用专业知识和技巧就情感问题进行调解,法官和法律工作者则可就财产分割、子女抚养探视等问题作法律方面的解释。

程序化方面。将调解前置纳入程序化轨道,使各项工作权责明确、对接顺畅,完善调解程序。良庆法院共设置三大调解渠道:①家事巡回法庭和婚调委工作室,将大部分矛盾不深的纠纷调解在立案前;②法院家事调解中心,设置一个月的调解期,在立案阶段开展调解;③村镇调解,人民法庭的家事案件可组织当事人所属村镇人民调解员或家事调查员进行调解(见表二)。

表二 良庆法院家事纠纷调解三大渠道

调解单元	调解主体	案件类型	调解结果
家事巡回法庭、婚姻家庭纠纷人民调解委员会工作室	心理咨询师、法律工作者	冲动型离婚纠纷; 当事人争议不大的离婚纠纷	1. 调解和好; 2. 调解婚姻并出具民事调解书
院部家事调解中心(个案跟进制)	心理咨询师、诉前法官	起诉至法院的案件	1. 调解和好; 2. 达成调解协议并由法官出具民事调解书; 3. 调解不成,立案并进入庭审程序
派出法庭	村镇家事调解员、法官	起诉至派出法庭的案件	1. 调解和好; 2. 达成调解协议并由法官出具民事调解书; 3. 调解不成,立案并进入庭审程序

〔1〕[加]岳云编著:《家庭调解——适用于华人家庭的理论与实践》,筱英丽、王振福、袁菊花译,中国社会科学出版社 2005 年版,第 16 页。

强制化方面。跟以往当事人自愿选择调解不同，强制性要求当事人必须经过调解程序，未以调解不得审判。专业化、程序化是强制化的前提，如果缺少专业、有效的调解，那么单纯规定调解程序既不能解决矛盾，也会损害当事人的程序权益。强制性地要求先行调解，既为调解员开展工作提供正当性依据，又能客观上提升调解率，节约诉讼资源。目前，良庆法院对起诉至法院的离婚案件，除禁止调解、不宜调解的案件外，均交由心理咨询师和庭前法官开展调解。

（2）当事人隐私保护机制

对家事纠纷，实行不公开审理为主，公开审理为例外的审判原则。对调解离婚或判决离婚的案件，实行离婚证明书制度。

（3）离婚劝解与婚姻状况调查机制

对离婚纠纷当事人发放离婚劝解书——《致离婚门外徘徊的你》，呼吁当事人珍惜婚姻家庭，理性看待纠纷。制作《婚姻状况调查问卷》，由夫妻双方各自填写，既可引导当事人回顾婚姻中的美好时光，又能让法官、咨询师快速地了解当事人的婚姻家庭与感情状况。

（4）家事调查与财产申报制度

家事调查员制度是法官职权探知主义的辅助制度，根据案件需要，法官可将涉及婚姻家庭矛盾、家庭暴力、子女抚养相关等问题交由调查员开展调查，调查员可以通过入户调查、乡邻访谈、学校走访等方式进行调查。

在改革探索中，良庆法院首先在文书无法送达被告的家事案件中启用家事调查制度。庭前法官将《婚姻状况调查表》、《未成年子女情况调查表》、《家事调查报告书》、《介绍信》等材料交给调查员，规定3～5日之内完成调查工作。调查员可持介绍信到村（居）委会、学校寻求协助，由其工作人员带领入户或走访学校、邻居调查。调查完成后，调查员填写报告书，并将材料一并交回庭前法官。主办法官还可交代调查员调查其他事项。

实行财产申报制度，要求当事人主动申报财产，并告知其他转移、隐匿财产的后果。这两项制度在实践中能起到弥补当事人诉讼能力不足、举证能力弱的作用。

（5）教育、回访制度

开展探视回访。一些夫妻因恩怨过深，往往会在离婚时表现出排斥子女与对方交往，拒绝配合对方行使探视权等倾向。在调解时发现当事人有此类倾向的，法官可安排其接受心理咨询师一对一的辅导，让其了解未成年子女有可能因此遭受的心理伤害与性格变化，并从未成年人利益最大化的角度对当事人进行劝导教育。设置案后回访制度,可跟踪了解抚养费支付和探视情况。

开展婚前教育,联合民政、妇联部门,在"5·20"、"2·14"等结婚高峰期不定期地开展以夫妻相处、生育、婚姻法、反家庭暴力法等为内容的教育活动,发放相关宣传资料。

5. 组建专业化家事审判调解团队

(1)在改革之初成立家事审判团队

良庆法院对改革工作高度重视,在改革之初便成立了以院长为组长的家事审判改革领导小组,出台《家事审判机制改革试点工作方案》,从庭室抽调精干力量,组建家事审判团队,同时,整合全院资源,立、审、执全程跟进(见图六)。

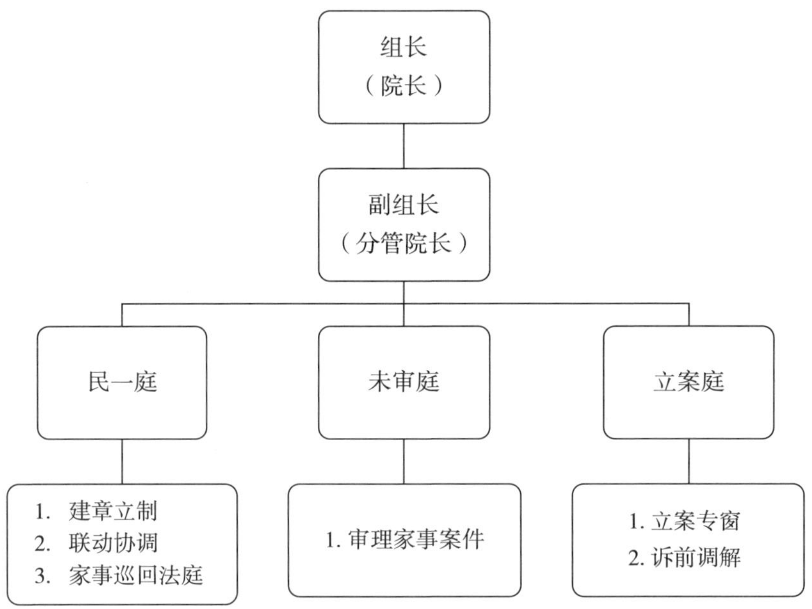

图六 良庆法院家事审判改革领导小组及部门分工情况

改革初时,该院从民一庭、刑庭、未审庭、立案庭抽调 6 名审判经验、婚姻家庭生活经验较为丰富的法官,其中 2 名法官具有心理咨询师(三级)资质,组建两个合议庭——家事合议庭、反家暴合议庭,分别负责普通家事案件和涉及家庭暴力的刑民事家事案件的审理。另外,对于立案前调解成功的家事案件和进入执行程序的家事案件,也分别安排有立案庭、执行局 1 名法官专门对口负责。在改革进程中,该院还根据实际情况适时调整各业务庭收案范围与工作职责,不断探索与优化改革工作。

(2)成立家事案件与未成年人案件审判庭

该院根据收结案情况,将进入诉讼程序的家事案件统一归口未审庭审理。未审庭采取“2+1+1”的团队模式,即配备2名员额法官、1名法官助理、1名书记员,基本能够满足家事案件审理需要。2017年,经市机构编委会同意,良庆法院未审庭正式调整为“家事案件与未成年人案件审判庭”,负责家事纠纷与涉未成年案件的审理。自此,家事审判有了相对独立的编制与审判机构。

(3)壮大家事调解、调查、陪审团队

家事调解员以18名心理咨询师为主力,负责家事巡回法庭和法院诉前调解的主要工作;此外,聘请1名退休法官和1名法律工作者作为调解员,对家事巡回法庭的案件进行法律专业调解;在派出法庭,则是聘请62名村干作为调解员对派出法庭的家事案件进行调解。

家事调查员则是由1名心理咨询师担任,负责对诉前法官委托的案件进行调查;在派出法庭,则是聘请44名村妇代会主任作为家事调查员。

家事案件的陪审员主要由心理咨询师经报名—考核—人大任命后任职,开庭过程中兼具情感观察职能。

此外,良庆法院还与广西律师协会合作,引入青年实习律师,设置“青年律师志愿岗”,承担对当事人的诉讼指引、法律咨询工作。

6. 构建家事纠纷联动式、多元化解决机制

在构建家事纠纷联动式、多元化解决机制过程中,良庆法院依靠城区党委的力量,在政法委的组织协调下,由良庆区综治办印发《关于创建家事纠纷联合化解机制工作方案》,组织协调城区法院、检察、公安、司法、民政、妇联、团委、各镇(街道)办等组织机构,建立起相对稳定的联合工作机制,将处理家事案件所需的调解、调查、救助庇护、心理咨询、法律援助、普法教育、辅助申请人身保护令等职能明确为不同组织机构的工作职责,同时将家事案件联合化解机制创建工作纳入综治和平安建设考评体系,有效推进各部门落实工作职责。通过与多个组织单位进行沟通合作,良庆区建立起家事纠纷协作解决的“八大联合”模式(见图七)。

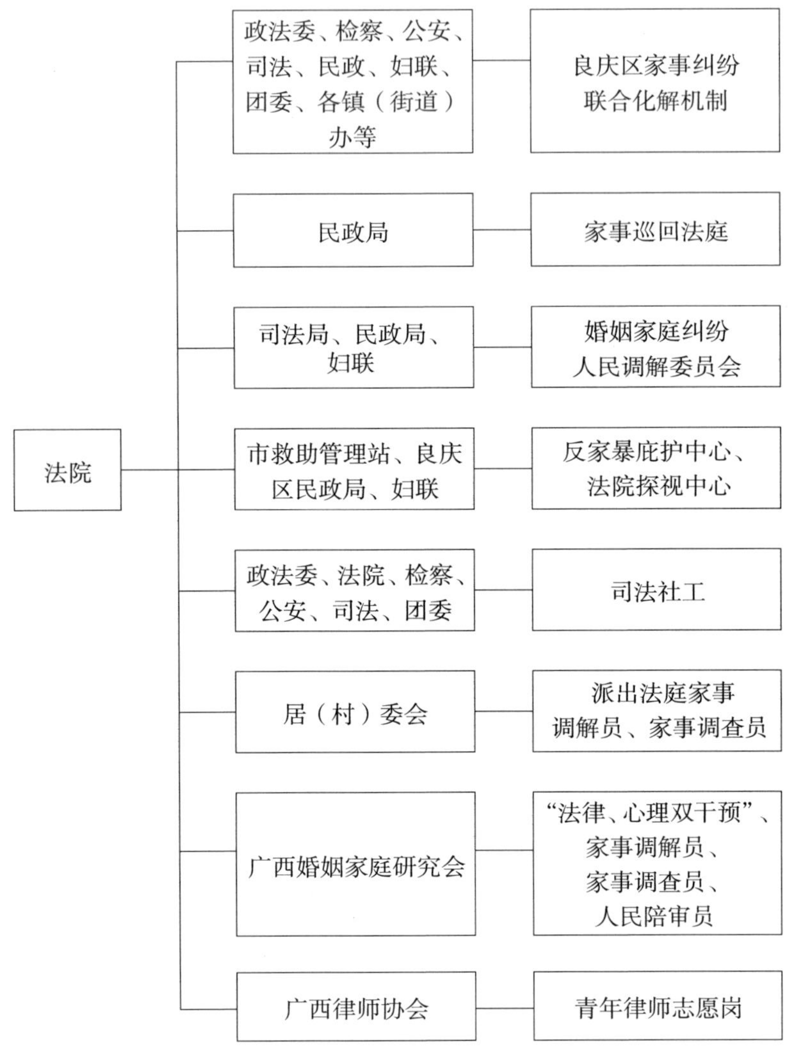

图七　良庆区家事纠纷联合化解机制

7. 组建具有公共服务职能的家事纠纷调处中心

在家事纠纷联合化解机制运行良好、家事巡回法庭工作模式日趋成熟的情况下，良庆法院适时于 2017 年 5 月推进设立婚姻家庭纠纷人民调解委员会，并使之成为兼具调解与公共服务职能的家事纠纷调处中心。

良庆法院于 2015 年 3 月联合民政部门在婚姻登记处挂牌成立家事巡回法庭，派一名法官、一名心理咨询师常驻。将司法服务关口前移后，一方面，可以通过咨询师温情调解，帮助处于婚姻危机的当事人重建和谐的家庭关系；另一方面，减少了以往因协议不清、遗漏等问题又起诉至法院的情况，法院受理的离婚后财产纠纷、子女抚养纠纷大幅减少，通过法官专业处理，实现对死亡婚姻相关纠纷的一次性解决。

2017 年 5 月，家事巡回法庭调整为婚姻家庭纠纷人民调解委员会，原先的法官调解改为“调解员调解、法官审核”的模式，由法官对调解员工作进行指导并审核调解员制作的法律文书。该模式也解决了员额制改革后法官数量减少的问题。

目前，婚调委已经逐步发展为县区一级的家事纠纷调处中心。实施该项改革后，改变了以往法院、民政、妇联各自为阵的局面，对同一类型的纠纷，三部门整合专家资源集中开展工作，既节约了人力物力，也让民众享受到了更为优质的法律、心理服务——以往不容易调解的纠纷，现在有了专业咨询师提供咨询；以往不知道的法律知识，现在有了法官和调解员的解答。而且，调解内容以民事调解书的方式确定下来，赋予司法强制力保障，既强化了当事人的遵守意愿，又降低了今后再产生纠纷的可能性。

（三）改革成效

良庆法院各项改革举措的推进，不仅能构建良好的家事纠纷综合解决机制，而且对促进婚姻家庭稳定和社会和谐、保护妇女儿童合法权益具有重要的现实意义，具体表现在：

1. 化解矛盾促进家庭社会和谐

通过开展心理疏导、关系修复等工作，帮助当事人重建良好沟通，提升了当事人处理矛盾的能力，大大提高了和好劝退率。良庆法院联合民政、妇联等单位在婚姻登记处设置的家事巡回法庭、婚调委工作室、惜缘工作室，形成了一个综合性、公共性家事纠纷化解平台，一方面，通过对离婚协议内容进行法律干预，对当事人错误的观念进行矫正，并以民事调解书的方式确认协议内容，有效地维护了妇女、儿童的合法权益；另一方面，通过对冲动型离婚的夫妻开展心理干预，有效地帮助当事人化解了婚姻危机，使和好劝退率提升到 40% 以上。此外，为民众提供“一对一”的法律、心理、反家暴咨询，既解决了群众迫切关心的问题，又能达到良好的普法效果，咨询人数因此呈逐年上升趋势（见表三）。

表三 2015～2017年良庆法院家事巡回法庭及婚调会工作室化解纠纷情况

	2015年	2016年	2017年
出具调解书(份)	253	263	280
和好劝退(对)	109	149	189
调解和好率	30.11%	37.06%	40.3%
提供法律、心理、反家暴咨询(人次)	169	267	686
总共接待来访(人次)	893	891	1624

在法院家事调解中心,2017年5月起,良庆法院对离婚纠纷设置为期1个月的诉前调解期,由咨询师组织当事人开展调解工作,效果亦有所显现:通过诉前调解化解一批案件,进入诉讼案件减少了将近40%;在该院民商事案件收案数上升近48%的情况下,家事案件总体收案数仍与上一年度基本持平(见表四)。通过及时、有效、妥善地解决家事纠纷,有力地促进了婚姻家庭的稳定与社会和谐。

表四 2017年5～12月与2016年5～12月

起诉至良庆法院的离婚纠纷调解情况(单位:件)

办案阶段	办理结果	2017年5～9月	2016年5～9月
诉前调解阶段	调解和好	9	—
	达成调解协议或撤诉	62	—
进入诉讼程序	调解	22	42
	撤诉	4	5
	判决	39	81

2. 及时调整家事审判理念

一般民事审判的目的在于查明案件事实,判决是非对错,维护公民的人身权利和财产权利,实现公平与正义。与之相比,家事审判中当事人之间关系、审理方式与目的均与一般民事审判有所不同,表现在:

(1)当事人往往是有血缘、婚姻关系的家庭成员,有很大一部分案件并没有是非对错,很多纠纷是由日常生活琐事或日积月累的矛盾而引发的。

(2)家事审判有时不以追求绝对的公平为目的,如在子女抚养问题上,男女双方抚养能力与条件相近的情况下,判决所要考虑的通常不是公平,而是未成年人利益、意愿与情感等因素。

(3)帮助当事人修复关系、重建良好沟通在家事审判中有独特的意义,例如,确定抚养关系、判决作出后,当事人之间的关系并不因此而终结,因为双方还有可能因为支付抚养费和探望问题需在子女成年前保持联系,这种联系是长期的,甚至有可能长达十几年的时间,这也决定了家事纠纷应更多地适用调解、协商等平和性、修复性方式加以解决。

(4)家事纠纷的解决要求家庭成员相互协同、体谅,尤其是需要科学地进行情感干预,让当事人达到心理与情感的相容,满足其的情感需求,同时还要关注未成年人的身心健康。

家事审判改革工作使司法者对家事纠纷的特殊属性和家事审判的特殊要求有了新的认识,进而调整了审判理念。家事审判改革的基本定位是:维护婚姻家庭关系的稳定,依法保护未成年人、妇女、老年人的合法权益。[1] 维护婚姻家庭关系的稳定,并不意味着放弃离婚自由,而是针对当前冲动型离婚增多的实际,去区分婚姻危机与婚姻死亡。对于婚姻危机的情况,需要通过心理咨询、情感疏导等方式去修复婚姻家庭关系。对于婚姻死亡及其他类型家事纠纷,应充分尊重当事人的离婚自由,妥善通过法律干预解决子女抚养、财产、债务问题,维护未成年人、妇女、老年人的合法权益。通过改革,逐步摒弃传统家事审判中的辩论主义、对抗制庭审、重财产分割、强调审限内结案的做法,转向加强法官职权探知主义、重婚姻修复与情感疗愈上来。

在新理念指导下,审判调解工作也同步进行了调整:一方面,从解决纠纷的整体性出发,法院在处理家事纠纷时不仅判断是非曲直,履行好司法裁判职能,而且通过纠纷化解,进一步救治婚姻家庭、调整家庭成员间人际关系、保障未成年人最大利益,使矛盾得到整体性解决;另一方面,从解决机制的系统性出发,健全纠纷解决机制的人员、机构配置,通过吸收专业人士、经验丰富者,设置咨询、调停委员会等专门的婚姻家庭纠纷调解组织,弥补现有机制的不足,同时,优化相关主体之间的职能、分工,理顺合作、衔接机制,并最终形成家事纠纷化解整体机制。

3. 使审判方式和工作机制更能满足现实需要

家事审判改革的目的之一即在于改变审判方式与工作机制中不适应家事纠纷的形态、特点的环节,使其更符合矛盾化解的需要。改革举措与家事纠纷的契合之处体现在:

---

〔1〕 周斌:《今年百家法院试点家事审判改革》,载《法制日报》2016 年 3 月 4 日。

(1)与重大群体性纠纷、系列案相比,家事纠纷的案件标的总体较小、纠纷复杂程度相对较低,因此大多数家事纠纷属于细小纠纷。解决细小纠纷,出于经济成本的考虑,一是要选择成本较低的解决途径,使一部分纠纷从诉讼转入非讼机制中;二是要确保非讼机制解决纠纷的有效性、及时性和彻底性,避免因诉讼外机制无法解决而对当事人造成损伤。通过改革加大诉前调解力度、增加调解渠道、确认调解协议的效力,有效地实现了案件繁简分流,调解中的法律干预也降低了诉讼费用,为当事人提供了接近司法的机会和正义性的保护。

(2)审判方式与工作机制向"家事"属性倾斜。改革以"家事"为出发点,在以下三方面进行平衡——司法的刚性与家事的柔性、保障个人处分权利自由与兼顾未成年人利益、法律的公平正义与婚姻家庭的维护。通过改革,调整理念与程序,满足解决家事纠纷的特殊要求,使司法"公"权力在干预婚姻家庭"私"领域的过程中更加人性化。

4. 运用心理咨询机制有效化解家事纠纷的非理性因素

西南政法大学的陈苇教授建议:"无论当事人是否愿意接受调解,我们都应为其提供较为全面、专业的咨询服务。"[1]咨询是一个引导当事人认识自我、厘清问题的过程。与司法调解不同,咨询机制的目的并不是一味地对当事人进行劝和或要求双方达成一致,而是通过咨询与分析让当事人发现问题所在,让处于离婚危机的夫妻,尤其是青年夫妻学会如何理解对方,习得一些有用的相处技巧,可以有效化解大量矛盾。在矛盾确实无法调和的情况下,心理咨询与婚姻家庭咨询能够引导双方更冷静、理性地处理矛盾,处理好未成年子女抚养与探视的问题。对家事纠纷引入心理咨询、婚姻家庭咨询服务,既能起到"筛子"作用——即对夫妻感情是否已经完全破裂进行初步甄别,筛选出冲动型离婚的夫妻,帮助化解其矛盾,使其打消离婚念头;又能起到"缓冲带"作用——即对感情确已破裂的夫妻,缓和双方对立情绪,增进相互理解,减少憎恨感,引导当事人理性处理问题。

良庆法院引入专业心理咨询师参与家事纠纷化解,作用体现在:(1)化解了大批婚姻危机,尽可能地维护了婚姻家庭稳定;(2)通过开展心理咨询,缓解了婚姻死亡及其他类型家事纠纷的当事人的对抗情绪,为法官开展审判工作提前"灭火";(3)对调解不成的家事纠纷,提供《心理评估报告》,为法官审判提供专业参考;(4)缓解了法院的工作压力。

---

[1] 陈苇、来文彬:《论我国家事纠纷人民调解的新机制——以澳大利亚"家庭关系中心"之家事纠纷调解为视角》,载《学术交流》2009年第7期。

此次家事审判改革中,不少试点法院通过引入专业心理咨询人才或购买社会服务的方式,推进心理咨询在婚姻家庭领域的应用,其有效性也得到了当事人的认可,不少当事人在接触心理咨询后还主动地引导家人、朋友去寻求咨询师帮助。

5. 以改革为契机推动了社会治理机制创新

家事审判改革的目的之一是建立社会广泛参与的家事纠纷多元调解机制,途径是"党委领导、政府尽责、法院牵头、社会参与"。多元调解机制有四方面内容:一是在党委领导与支持下,促进政府部门、民间组织、社会团体等有序参与家事纠纷化解,制定落实不同组织单位间的配合与协作方案,重构家事纠纷化解社会体系;二是引入心理学、社会学等专业人才参与纠纷化解,为当事人提供心理咨询、情感修复等服务;三是与司法社工、社区工作人员等基层人员协作,对家事纠纷,尤其是涉及未成年人的案件开展回访、帮教,关注夫妻感情修复情况和未成年人成长情况;四是推动建立反家暴联合工作机制,在家暴受害者救助、人身安全保护令执行等方面形成协作机制。

三、问题分析:改革过程中遇到的新问题及原因分析

目前,家事审判改革工作整体进展良好,但改革过程中出现的问题亦不容忽视,需要认真检视与分析。

(一)审判理念不易转变

理念是行动的指挥,如果改革理念没有转变过来,或者在改革过程中存在摇摆反复,那么改革工作就会难以推进。

家事改革项目的实施,必然会带来许多烦琐的工作,有些工作不一定能起到立竿见影的效果,面对数量繁多的案件,一些法院或法官就倾向于恢复到原有的审判模式——案件来了就立案、排期,然后开庭审理、判决,这样既简单高效,又有现成的成熟程序可以遵循。客厅式的审判让个别当事人觉得法官缺少高高在上的威严,认为审判过于随意,个别当事人甚至跷起二郎腿,行为举止满不在乎,因此一些法官反而怀念原来的庄严肃穆的审判庭。至于诉前调解、心理咨询这些工作,如果缺少专业水平高、责任心强的调解员和咨询师,一些法院也难以腾出人手开展这类工作。在实地调研时,与家事法官座谈时还发现,一些法院虽然引入了专业人才,但由于费用较高,心理咨询师实际上只是起到指导作用,法官也只能视情况选取个别案件开展心理咨询,其他案件仍按照原来的模式进行审理。

派出法庭如何开展家事审判改革工作也是一大难题。在派出法庭办理的案件中,离婚案件和民间借贷占了绝大部分,因此派出法庭也是需要开展家事审判改革的

重点区域,但由于法庭通常离法院院部较远,有些甚至在乡镇或偏远山区,而实施心理咨询、诉前调解的人才和设施资源通常都集中在院部,难以统筹安排,因此很多地方也未将派出法庭纳入改革范围,派出法庭法官的审判理念也未能转变过来。

(二)改革创新举措易引发舆情压力

我国已步入自媒体时代,人人都可以通过微信、微博等平台发出自己的声音,发表自己意见和看法。公众关注家事审判改革,不仅是因为每个人或多或少地都会遇到一些婚姻家庭纠纷,改革举措有可能在当下或未来对自己产生影响,而且,不少人希望通过表达意见来影响改革走向,使其更符合自身利益。如今,"关起门来搞改革"的时代已经一去不复返,法院开展家事审判改革,一方面需要借助宣传来获取社会认同,但另一方面,改革创新举措也存在诱发舆情的风险,反过来给改革带来压力,一些舆论甚至影响法院改革的积极性(见表五)。

表五 部分家事审判改革的创新举措与社会评价

法院名称	创新举措	社会评价
四川宜宾县法院	离婚夫妻做《婚姻家庭考试卷》,以此考察双方感情,以 60 分为合格线,60 分以上判定为有挽回余地,60 分以下则认定婚姻岌岌可危	正方:让离婚诉讼更有人情味 反方:试题设计缺少科学论证;60 分的标准不等同于"夫妻感情确已破裂的标准";主观评分造成原告离婚难
四川安岳县法院	向原被告发《离婚冷静期通知书》,限定三个月内不得提出离婚	正方:为冲动离婚的夫妻设置一段缓冲期,有利于婚姻稳定 反方:增加当事人诉讼离婚的时间成本;当事人可能利用这一阶段恶意转移、隐匿财产;单纯依靠一纸通知限制当事人离婚,对修复夫妻关系的作用有限
南宁市邕宁区法院	"婚姻幸福处方",在判决书后附改善夫妻感情的建议	正方:为当事人提供缓和紧张夫妻关系的建议,有助于修复婚姻关系 反方:案件中有丈夫"当着孩子的面拿菜刀架在她脖子上"这一家暴情节,法院不应判决不予离婚
江苏泰兴市法院	"诗意判决书",法官使用"众里寻他千百度,蓦然回首,那人正在灯火阑珊处"等诗句和大段优美的语言来论证不准予离婚的理由	正方:诗意判决书让法律充满温情与人情 反方:有损法律的严肃与权威 ,没有体现"论理透彻、逻辑严密、精炼易懂、用语准确"

表五中，四家法院的改革举措经媒体报道后均引起了较大的社会关注与争议，其中的一些观点也折射出了当前社会公众对改革的一些看法。以“诗意判决书”为例，2016年12月18日，微信公众号“法律读库”列举了一正一反的两篇文章，分别以《批判最美判决书，那是因为你狭隘无知》和《法官你判决书写得那么诗意，你们院长知道么?》为题，对“诗意判决书”发表倾向性看法，文章下的评论共96条，其中，33%的网友对“诗意判决书”持肯定和支持的观点，58%的网友持否定、反对的观点，另有9%的网友持中间立场。[1] 在批评的观点中，除认为“诗意判决书”不够规范、严肃外，还有：(1)背离职业要求的创新是作秀之举；(2)法官劝和应有度，诉讼离婚难；(3)年轻法官不应试图充当他人的人生导师；(4)诗意的说理方式更像是调解语言，法官不应自降“身价”为居委会大妈般的角色。从评论主体上看，不仅法官与律师、法律人与非法律人之间对此有争议，法院内部的法官们的观点亦不尽相同。

家事纠纷本身就贴近生活，当事人情感纠纷成分居多，因此改革其审判方式和工作机制，无论是设置冷静期，还是以考卷方式测试婚姻状况，这些举措与司法审判并不冲突，反而恰恰是回归了解决问题的思路。然而，从这些舆论中，却不难看出当前法官、律师及当事人等不同群体的忧虑：(1)对法官群体而言，开展诉讼程序及多元化调解工作，势必会增加诉前调解、心理疏导、联动协调、信息宣传等工作，这些工作偏离了传统法官坐堂办案的主线，无论是外部评价还是自我认知上，都容易给法官带来角色混乱的压力。(2)对律师和当事人而言，改革增加了家事案件处理结果的不确定性，这种不确定性并不一定受所有人欢迎。例如，家事审判理念的变化可能会直接影响案件处理的结果，程序上的变化如冷静期的设置也有可能会造成审理期限的延长，增加律师和当事人的时间、精力和费用成本。

(三)非讼机制未得到足够重视

家事纠纷解决机制的整体性构建，既包括以法院为中心的诉讼机制改革，也包括社会性、综合性的家事纠纷多元化解决机制的构建。当前家事审判改革重点着墨于诉讼机制，相比之下，非诉讼机制建设相对迟缓，表现在：

(1)家事纠纷多元解决机制在机构设置、制度设计、财力投入、人员配备上仍有待加强，如调解方式在我国素有“东方经验”的美誉，调解要出成效，往往需要人财物的充分保障，作为调解核心力量的乡镇、街道司法所，在体制中长期缺少重视和投入，调解员也缺少系统的专业培训。2011年，司法部印发《关于加强行业性专业性人民调

---

〔1〕 详见“法律读库”微信公众号。

解委员会建设的意见》,因涉及行业领域较多,婚姻家庭专业调解委员会在多地仍处于试点阶段。

(2)本次家事审判改革由法院牵头并大力推进,多元化解机制在多地亦存在法院中心主义的倾向,法院设置的调解机构大多布局于法院,服务于诉讼案件,与民政、妇联、公安等联合构建的家事纠纷调解中心较少。在改革定位上,多元化解机制是创新社会家事纠纷解决机制,还是统筹其他部门资源服务于法院审判工作,目前仍未明确统一,如果是前者,那么法院将不可避免地扮演起整体制度改革者的角色,法官的社会责任也将泛化;如果是后者,那么如何争取党委支持、如何确保其他部门的积极性,也是一个难题,能否妥善处理,也将影响到改革所能达到的深度与广度。

(四)家事诉讼特别程序的整体性存在欠缺

在家事审判特别程序的改革上,缺席的整体性仍有欠缺。程序改革是一整套程序的改革,如果在改革过程中,一方面沿用现有审判程序和工作机制,另一方面又在某个环节套用某个特别程序,就容易出现程序混用,造成当事人及其他民众的困惑,甚至引发舆论负面评价。

以离婚财产申报制度为例,在司法实践中,该制度一直存在推广难题,原因在于:对于离婚案件,法官在庭审过程中往往还需要按原有程序查明财产情况,并不以当事人申报的财产为准,实践中也缺少认定申报是否属实的机制和不如实申报财产的惩罚制度相配套,如果仅仅让当事人庭前提交财产申报表,徒增了当事人诉累,实际意义并不大,而且,如无婚姻法中法定的几项认定夫妻感情破裂的情形,第一次起诉通常会判决不准予离婚,而申报财产、分割财产的情形只在判决离婚的前提下才有必要,过早讨论财产问题也有可能不利于纠纷解决。除此之外,在外出务工、经商较多的地方,隐匿财产只需在外地某一银行开设账户,由于技术上还不能做到一键查询所有银行账户余额,不仅当事人提供线索难,而且即使有线索存在调查取证成本过高的问题,核实比较困难。总之,在当前背景下,离婚财产申报制度也有可能面临因缺乏实用性而遭弃用的窘境。

单独适用某一项家事诉讼特别程序,往往会牵一发而动全身。以离婚冷静期为例,冷静期在国外是整体离婚制度当中的一个环节,我国已有第一次起诉无法定事由一般不予离婚的制度设计,如果单纯在诉讼过程中又设定冷静期,则容易引起质疑,引发民众尤其是律师的反对。如果单纯地在诉讼过程中规定数个月作为冷静期,当事人及代理人往往会不明就里,产生诸多疑问:适用冷静期是否会影响不予离婚判决生效后 6 个月内不得再次起诉的规定?冷静期适用的效果如何测评?冷静期结束后如果一方仍坚持离婚是否应判离？如果不能解答这些问题，仅凭个别案件中当事人在冷静期后撤诉即宣传该举措的显著效果，恐难令人信服。

（五）其他部门配合改革的积极性与协调性难以保障

多方联动过程中必然会存在不同主体积极性高低的问题，个别主体可能会因自身居于配合角色或缺少主动地位而所有消极。地方党委支持是推进多部门协作的关键环节，财力支持则是引进专业人才、购买社会服务的保障，但不同地方对解决家事纠纷重要性的认识不同，一些协作部门往往会推辞称自身也存在工作任务繁重、人手不足的问题，协作往往只限于文件协作；不同地方财政力量也有差异，对专业人才的市场定价只能望而却步。

我国未建立专门的家事纠纷解决机制，解决家事纠纷的职能分散于法院、民政、妇联、公安、人民调解组织等主体，在可选择的救济途径内，不少当事人在人民调解、行政调解、司法诉讼中反复徘徊；因缺少统筹规划，部门间存在壁垒，导致工作衔接不畅；部门之间重复建设、职责交叉、工作推诿也有可能造成纠纷解决效率低下。

（六）心理咨询师等专业人才不足

在我国，家事调解主体还远远谈不上专业化。家事调解工作费时费力，早已不是“热心群众”、“居委会大妈”所能胜任。随着社会发展，无论是从保障法院调解的有效性，还是从调解受众的需求上来看，对调解人才的专业能力、个人精力都提出了更高的要求。在家事审判中引入专业心理咨询师、婚姻家庭咨询师、社会工作者，面临的问题主要有两个：一是人才不足，二是专业人才的市场定价较高。

专业心理咨询人才往往集中在城市，对于经济欠发达地区而言，开展家事纠纷心理咨询工作也缺少必要的人才保障。此外，民间组织、社会力量是化解家事纠纷的一大主力，但目前，一是规范化的民间纠纷解决机制没有设立，缺乏组织、凝聚社会力量的平台；二是专业人才参与纠纷解决的可持续性有所欠缺，过分强调志愿服务无法吸引优秀人才参与其中。在其他国家的经验中，日本家庭法院设立的家事调停委员会，调停委员从有解决家事纷争的专业知识和经验、人格高尚的社会人士中任命，鼓励国民参与司法、追求司法民主，避免调停向墨守法律、与诉讼趋同的方向发展。这种做法从制度层面给予调停委员一个独立的地位，并设置了选任程序，值得借鉴。

此外，在不提供公共性的咨询服务的情况下，当事人自主寻求专业咨询帮助的意愿又比较低，通过心理疏导途径化解矛盾的进路就更能推进，这也是众多改革试点法院普遍遇到的问题。心理咨询行业在我国还处于初步发展阶段，家事纠纷当事人的心理与情感问题的不受重视，缺乏咨询机制。目前我国 13 亿人口中有各种精神和心理障碍的患者多达1600多万,1.5亿青少年中受情绪和压力困扰的就有3000万人,大概有1.9亿人在一生中需要接受专业的心理咨询或心理治疗。但我国刚从生存型社会向发展型社会转型,不仅专业咨询人员数量少、素质参差不齐,而且总体上国民并不太重视心理健康问题。很多人仍持老旧观念,认为心理咨询等同于"心理有问题,精神可能也有点问题",觉得心理咨询不过是"聊聊天",缺少为咨询付费的意愿。反映在家事纠纷方面,家庭成员之间尤其是夫妻之间出现问题后,双方无法自行沟通解决时,当事人往往就会走向"冷战(家暴)—分居—离婚"的道路,极少有人愿意去寻求专业的心理咨询或婚姻家庭咨询帮助。

(七)程序限制与当事人自主解决纠纷需求之间易产生冲突

维护婚姻家庭的稳定是家事审判改革的目的之一,那是不是意味着放弃婚姻自由、禁止离婚呢?显然不是,杜万华专委指出:"维护婚姻家庭稳定,并不等于不准离婚,而是指人民法院不能随意、在未对危机婚姻进行救治的情况下,轻而易举地判决离婚……在离婚案件中,如果夫妻双方未对未成年子女的抚养作出适当安排,对其离婚自由应当予以适当限制。"〔1〕

不少试点法院实施了一些意在挽救婚姻的程序限制,但也容易让这些救治危机婚姻的举措被一些民众视为一种不可承受之重。一些当事人不了解法院的诉讼程序和改革意图,认为案件起诉后就应当速审速判。例如,对于设置离婚冷静期、引入心理咨询师等有助于修复夫妻感情举措,一些当事人反而认为是在为离婚自由设置障碍。在开展诉前调解工作过程中,对于案件暂不立案,而是先交由心理咨询师组织疏导调解这一举措,不少当事人和代理律师对此颇有微词,认为这一举措违反立案登记制,侵害了当事人自愿调解的权利。判断婚姻是危机还是死亡,往往源于法官的审判经验、生活经验,如果其他人不认同这种判断,则容易引发争议,如"如何看待南宁夫妻离婚被喊停不准离婚,法院开'婚姻幸福处方'"这一问题,问答网站"知乎"在这一问题下共有251个回答,大多数人诟病离婚难,批评司法擅断,只有少数人予以认同。〔2〕

四、对策思考:家事审判方式与工作机制改革的建议

(一)树立理念:形成对家事审判理念的正确认识

家事审判的理念,不仅要求法院、法官有所认识,而且应进一步向其他联动组织

---

〔1〕 杜万华:《大力推进家事审判方式和工作机制改革试点》,载《人民法院报》2017年5月3日第5版。

〔2〕 参见https://www.zhihu.com/question/64130862,2017年10月8日访问。

和广大民众普及,使全社会形成对改革理念的共识。具体而言,可分为三个层次:

一是家事法官应牢固树立新的审判理念。在办理家事案件的过程中,法官应改变以往机械做法,更加侧重事了人和、情感修复与未成年人、妇女、老年人权益保护。理念的形成是一个循序渐进的过程,有可能因固有观念的影响出现反复。课题组实地调研和座谈的法院,不少均反映因案件审理压力大,如果效率太低则难免无法完成结案任务,而新审判理念所要求的依职权调查、心理测评、反复调解则有可能因程序烦琐让法官望而却步。针对这一问题,山东武城县法院的做法值得借鉴。武城县法院将各项具体制度落实到书面表格中,对家事案件特别要求附上一份《家事材料》,包括离婚冷静期知情通知书、婚姻状况调查、未成年子女状况调查、财产申报表、离婚证明书等,这些材料在开庭前由家事调查员、调解员在组织调查调解的过程中完成,无论案件是否移交开庭,均作为案卷的一项内容装订在册。为督促法院和派出法庭的法官严格落实,该院还定期开展案卷评查活动。笔者认为,在开展改革的初期,这种做法有利于将抽象的理念转化为制度,再由制度转化为实实在在的举措落实到实践中,也有助于帮助家事法官树立新家事审判理念。

二是在法院与民政、妇联等部门中形成统一认识。最高人民法院、中央综治办、最高人民检察院、民政部、全国妇联等 15 个部门和单位共同签署的《关于建立家事审判方式和工作机制改革联席会议制度的意见》,有利于统筹协调推进家事审判改革工作,推进多元化纠纷解决机制的完善,对下级法院开展多部门联动起到较好的指导示范作用。但仅有文件指导还不够,各级法院仍应在实践中依据相关职责多开展具体工作,才能更好地形成统一认识。

三是通过各项形式的宣传手段,向公众普及家事审判改革。观念的形成并非一朝一夕,因此让民众接受改革理念、认同法院改革做法也有个循序渐进的进程,既需要法院加大宣传力度,也需要公众在观念上进行与时俱进的调整。婚姻家庭纠纷难度相对不大,对普通民众而言,家事纠纷当中包含的情理法比较好理解,因此,民众对涉及家长里短的家事故事也比较感兴趣。在宣传上,可以利用民众对家事纠纷的关注,通过个案解决的案例,加大法理解说,引导民众了解改革、认同改革;同时,应尽量避免宣传一些处理结果明显违反民众常识的案例,引发舆论非议。

(二)完善立法:从源头上消除制约家事纠纷解决的障碍

开展家事审判改革试点工作,其目的之一就是为家事实体与程序立法积累改革经验、丰富立法思路。当前家事特别程序立法主要有两种模式:一种是作为专门一章规定在民事诉讼法中,另一种是分离出来制定专门的家事程序法。从家事纠纷的特殊性和审判工作的价值取向看，创制单行法更有利于家事审判规范化发展。结合课题组所在法院的改革实践及调研情况，笔者认为，立法应重视以下几方面内容：

一是明确家事审判的基本原则和理念。民事诉讼法在第一章规定了基本原则，如自愿调解、公开审理、辩论主义、当事人自由处分权利等原则，与之相对应，家事审判则需要一定强制性的调解、以不公开审理为原则、有限辩论、侧重法官依职权调查、适当干预当事人的处分权，此外，家事诉讼程序还应包括：开展心理干预、加强部门联动、适当放宽审限、化解婚姻危机、保护未成年人最大利益等。只有明确了家事审判的基本原则与理念，才能为具体程序的制定定准基调。

二是制定家事程序法。除通用的民事诉讼程序外，家事审判特有的调解前置程序、心理干预、家事调查、不公开审理为原则、离婚冷静期等制度应通过立法予以确定。同时，针对制度设置整体性欠缺的问题，如在规定原告第一次起诉判决不准离婚后六个月内不得再次起诉，则在设置冷静期时应有所考虑，处理好冷静期与审限的矛盾。

三是统筹诉讼离婚与协议离婚制度。从防止草率离婚、挽救危机婚姻、保护妇女儿童利益的目的出发，对于诉讼离婚和协议离婚两大制度可进行统筹协调，如参照外国对协议离婚设置离婚冷静期，即提交离婚申请之日起满1～3个月方办理离婚登记。此外，通过设置心理咨询、调解等职能，提升草率离婚的和好率。对于协议内容损害未成年子女权益的，不予登记离婚，要求当事人通过诉讼解决，等等。

四是实体法方面，推动民法分则中婚姻家庭法立法，以引导公民更加重视婚姻家庭、更加耐心细致地化解家事纠纷为立法思路，明确不同主体的权利义务。

（三）职能整合：设立县区一级的家事纠纷调处中心

家事纠纷大小不一，缓急不同，小到夫妻吵架，大到家暴虐待，是否均应事无巨细地到法院来调解呢？笔者认为，法院以司法审判见长，司法资源有限，“好钢”应用在“刀刃”上，因此有必要进行繁简分流。但是，家事纠纷往往都是由小变大，细小纠纷的化解工作也应兼顾。如果能使家事纠纷在萌芽阶段就得到预防与化解，也有利于减轻法院压力。那么，如何统筹化解细小纠纷与难办案件呢？

对于家事纠纷解决职能分散、各主体间协作程度低、现有机制对家事纠纷公益属性回应不足、调解组织发展滞后等这些问题，如何整合职能、多维度地满足纠纷解决需求呢？

不少学者在提议构建家事调解程序时，往往借鉴国外的两种模式：（1）法院附设家事调解模式，即保留现有的法院调解，同时将调解程序剥离诉讼程序，进行适度的

“调审分离”;(2)调解转介模式,即将纠纷以委托调解、邀请调解等形式转介给其他组织先行调解。[1] 两种模式各有其优劣之处,考虑到我国家事纠纷调解、处置职能分散于法院、公安、司法、民政、妇联、街道、居(村)委会等不同组织单位中,从有利于家事纠纷集中化、专业化解决的角度出发,笔者认为,可综合两种模式的优点,从实际出发,以职能为导向,设立县区一级的家事纠纷调处中心,具体如下:

1. 在职能定位上,家事纠纷调处中心兼具法院诉前调解与公共服务两大职能,既可以对起诉到法院的家事纠纷开展诉前调解,又可以转接其他提请至民政、妇联、司法行政机关等单位的家事纠纷,提供心理咨询、婚姻咨询、法律咨询服务。习近平总书记在十九大报告中提出,“加强预防和化解社会矛盾机制建设,正确处理人民内部矛盾”“加强社会心理服务体系建设,培育自尊自信、理性平和、积极向上的社会心态。”家事纠纷调处中心正是从这一论点出发进行设立。

2. 在人员配置上,宜从专业化角度出发,选取具有法律、心理、社会工作等专业知识的人员作为主体。因目前专业人员数量不多、费用较高,因此宜在县区一级设立调处中心,避免设点过多导致的忙闲不均和人才浪费问题。

3. 在功能设置上,还可整合现有分散于民政、妇联、司法、社会团体等的家事纠纷调处职能,如婚姻登记处的离婚调解、婚前教育、反家暴庇护职能,妇联的妇女接访、权益维护职能,司法行政机关的法律援助职能,心理咨询师社团的志愿服务职能等。

4. 在机构管理上,法院是推动家事审判改革、构建家事纠纷多元化解决机制的主力军,因此家事纠纷调处中心总体由法院管理监督更为适当,也便于法院完善诉调对接,在司法确认与制作调解书上进行规范化。同时,为方便开展联合工作,调处中心应为其他相关部门提供工作场所,增加工作协同度。从长远发展看,家事纠纷调处中心还可与婚姻登记机关联合办公,既可综合利用专业人才资源,也有利于促进婚姻登记信息共享。

(四)非讼机制:重点构建家事纠纷调解前置机制

家事案件的调解前置制度,是指家事案件在立案后进入审判程序之前,必须先经过家事调解,即必须先进入调解程序才能进入审判程序。[2] 在必要性方面,学者们

---

〔1〕 参见齐树洁、邹郁卓:《我国家事诉讼特别程序的构建》,载《厦门大学学报》(哲学社会科学版)2014年第2期。

〔2〕 温云云、陈爱武:《我国家事案件调解前置制度的构建研究》,载《人民论坛·学术前沿》2017年第21期。

对家事纠纷特点与调解机制的优势多有论述,此处不再赘述。要设置家事纠纷调解前置机制,必须考虑到该机制的有效性问题,因为调解前置具有强制性,只有行之有效,才能以实效向公众表明强制实施的必要性,也才有继续实施下去的可能。而有效性则表现在调解结案率、调解和好率、“民转刑”案件发生率等指标上。要保证调解前置的有效性,则要在整体机制的设置上尽量考虑周全。

笔者认为,结合改革实践与域外经验,家事纠纷调解前置机制应注意以下内容:

一是设置案件范围。部分不能调解、不宜调解的案件如婚姻效力认定案件、无法送达案件等,可不纳入调解范围。此外,还有学者提出,涉及家庭暴力案件不宜调解,笔者认为,应区分调解离婚与调解和好两种调解指向,如家暴受害者明确主张离婚、确定抚养关系且愿意调解的情况下,调解员仍可就离婚进行调解,而不宜再调解双方和好。

二是配备调解人员与办公场所。调解中人的要素是关键。在选择调解人员时,应考察其是否具备工作所需的专业知识、工作技巧、工作热情。要保证调解实效,在有条件的情况下应尽量选择具有心理学、社会学知识的人员,辅之以法律知识培训,或选择调解经验丰富的法官、退休法官、法律工作者、律师等人员。定期开展培训,交流调解方法与话术,也能对调解起到促进作用。此外,由于家事纠纷具有私密性,可配备单独的调解室,满足当事人的隐私需求。

三是将家事调解与家事调查相结合。课题组所在法院在探索家事调查制度时发现,家事调查的作用不仅在于能从当事人、邻居、村委会等渠道了解婚姻及未成年子女状况,还可对部分无法通过电话、邮寄等方式送达的案件进行送达,且在入户了解情况后还可随之进行调解,可谓一举多得。

四是程序上完善诉调对接。程序完善有助于理顺工作流程、明确权责,课题组所在法院对婚姻家庭纠纷人民调解委员会和法院本部诉前调解的案件均设置了相对完善的对接机制,做到案件来了有人调解,调解好了有人回访,调解成了有人确认。从制作调解笔录、调解书、生效证明、送达回证、审核签章,到案件报结、装订归档,都有一套成熟的操作流程。通过完善对接,当事人的问题得到及时处理与确认,纠纷也得到了妥善化解。

(五)制度完善:为各项工作开展提供制度标准与规范

立法重在简洁明确,不可能将每项制度的详细操作都规定出来,要更好地指导实践,应当编制一套家事审判相关的制度。不少试点法院均制定了工作制度、职责、流程等,如果家事改革全面推开后其他法院又重新去制定这些规则文件,不免又费周折。

家事审判方式与工作机制改革涉及审判程序、诉调对接、心理咨询、委托调解、联动工作制度、调解员选任制度、心理咨询工作规范、司法机关与社会团体合作协议、诉调对接工作流程等多项制度。在立法滞后或立法不足的情况下,可通过地方立法或高级法院制定操作规程、指导意见等方式,在借鉴成熟经验与改革经验的基础上,制定出一套开展家事纠纷多元化解决机制的制度,为开展更大范围内的改革探索提供系统性参考和依据。

(六)人才保障:重视民间调解与社会专业人才引入

针对心理咨询师、社会工作者等专业性人才的问题,一方面,可以以需求促培育,通过工作岗位需求,引导人才培育与引入;另一方面,从短期来看,民间调解组织、社会团体、行业组织均能集中较多相关专业人才,法院、妇联均可建立相关的专家库或人才库,建立专业人才名录并登记造册,充实专家队伍,并通过购买社会服务的方式获取专业服务。

人员管理上,因心理咨询工作的特殊性,咨询师每天接收负面情绪较多,化解矛盾耗费心力较大,因此也需要调整自身心理健康,在有条件的情况下可以聘请多名咨询师,采取轮流值班的方式开展工作,或是采取个案跟进制,设定调解期后由咨询师自行组织安排调解。从国外的经验来看,不少调解人员均为兼职型,亦有这方面因素的考量。咨询师可以以协会方式自我管理,也可组成调解委员会进行自我管理,统一签订协议、结算费用,减少法院人员管理成本。

结　语

本次家事审判改革对多年来一直存在的诸多不适应家事纠纷化解的环节进行了大刀阔斧的改革,使家事审判机构、场所、程序等更符合纠纷化解需要,也使多元化家事纠纷解决机制焕发出新的活力,可谓改革正当时。从改革遇到的问题来看,要从社会治理的角度解决家事纠纷,进行更大范围、更深力度的改革,除了推进家事特别程序立法、完善家事审判调解工作机制外,还应考虑婚姻家庭立法、整体离婚制度设置、不同部门机构间家事纠纷调处职能的整合等内容。本文从改革参与者的角度提出了一些粗浅的思考,意图不仅是关注改革的推进深度,也希冀能借助改革之机,以更为理想化的纠纷解决模式,倡导更健康的婚姻家庭观念,帮助家事纠纷当事人提升解决纠纷的能力,增加民众在家庭中的获得感与幸福感,以“小家”的和谐,推动“大家”的稳固。

司法责任制下桂林市基层法院审判团队的构建及运行情况调研

兴安县人民法院课题组*

一、桂林市基层法院审判团队的基本情况和运行现状分析

(一)桂林市基层法院审判团队的构建情况

1. 兴安法院审判团队的构建情况

2016年11月,兴安县人民法院制定了《兴安县人民法院全面推进司法体制改革工作实施方案》及《兴安县人民法院2016年法官首批入额初选办法》,通知符合条件的申请入额的法官填写《广西法官入额申请表》,组织各个部门、申请入额的法官进行业绩自评。通过采取"个人报名、统一考试、业绩自评、民主测评、组织考核、党组研究"相结合的方式,推荐了28名同志为首批入额人选(高级人民法院已任命)。28名入额法官中院党组成员7人,专委1人、综合部门领导1名,其余均为审判执行岗位人员。入额法官的总体情况为:其中35岁以下6人、36~45岁6人、46~50岁11人、51~55岁5人。1名院长、4名副院长、8名庭长、6名副庭长、3名审判员和5名助理审判员。本科及以下学历25人,研究生学历3人。

2017年2月,兴安县人民法院根据中央政法委及上级法院关于全面推进司法体制改革工作的通知要求,该院共组建6个审判团队,即刑事审判团队、民事审判团队、行政审判团队、家事审判团队、小额速裁团

---

* 课题组负责人:张云艳;课题组成员:张萃、欧见凤、廖国宇、何美秀;执笔人:张萃。

队、执行团队。该院的审判团队基本没打破庭室限制,因法官助理和书记员人数不够,其审判团队未能按照 1:1:1 进行人员配置。

2. 其他基层法院审判团队的构建情况

(1)桂林市其他基层法院的审判团队情况

表一　桂林市(兴安法院除外)基层法院审判团队情况

法院名称	组建审判团队的时间	审判团队数量	审判团队能否按照1:1:1进行人员配置	审判团队是否打破庭室限制
叠彩区人民法院	2017 年	7	不能	有,且大范围打破
恭城瑶族自治县人民法院	2017 年	13	不能	有,且小范围打破
灌阳县人民法院	2017 年	6	不能	没有,和原来的庭室一致
荔浦县人民法院	2017 年	21	不能	有,且小范围打破
临桂区人民法院	2017 年	7	不能	有,且小范围打破
灵川县人民法院	2017 年	7	不能	有,且小范围打破
龙胜各族自治县人民法院	2017 年	6	不能	有,且小范围打破
平乐县人民法院	未组建,探讨中	无	无	无
七星区人民法院	2017 年	1	不能	没有,和原来的庭室一致
全州县人民法院	未组建,探讨中	无	无	无
象山区人民法院	2016 年	6	不能	有,且小范围打破
秀峰区人民法院	2017 年	6	不能	没有,和原来的庭室一致
雁山区人民法院	2017 年	5	不能	有,且小范围打破
阳朔县人民法院	2017 年	14	不能	没有,和原来的庭室一致
永福县人民法院	2017 年	8	能	没有,和原来的庭室一致
资源县人民法院	2017 年	5	不能	有,且小范围打破

(2)桂林市基层法院审判团队组建情况饼状图

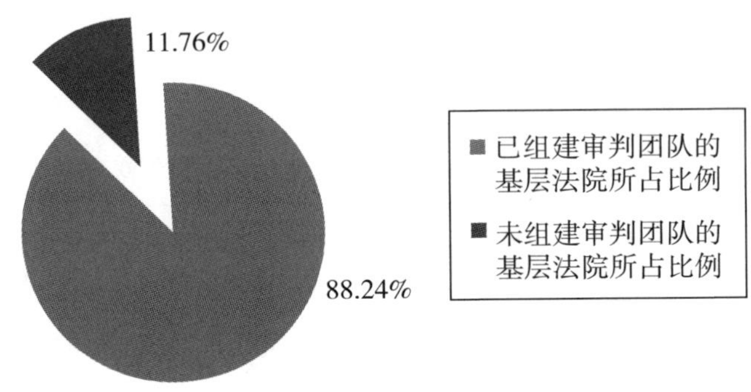

图一　桂林市基层法院审判团队组建情况

(3)审判团队人员配置比不能达到 1∶1∶1 的原因

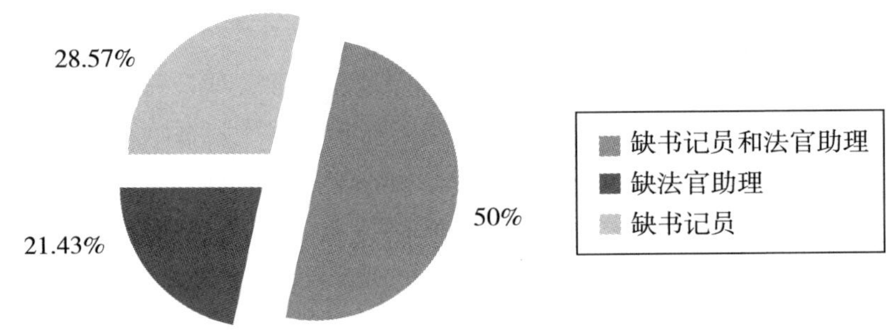

图二　桂林市基层法院审判团队人员配置比情况

从上列图表可以看出,桂林市 17 个基层法院中还有 2 个尚未组建审判团队,占全部基层院的 11.76%;已组建审判团队的基层法院是 15 个,所占比例为 88.24%。在已组建审判团队的基层法院中只有 1 个法院的人员配置比能够达到 1∶1∶1 标准,有 7 个基层法院是书记员和法官助理都缺,3 个法院只缺法官助理,4 个法院只缺书记员;有 9 个法院的审判团队组建打破了原来的庭室限制,但只有 1 个法院是大范围打破庭室限制组建审判团队,其他 8 个法院只是小范围打破庭室限制,6 个法院的审判团队组建完成基本和原来的庭室一致。

(二)桂林市基层法院审判团队的运行现状

1. 兴安法院审判团队的运行现状

兴安法院在组建审判团队后,将办理案件的权力与责任交由独任主审法官或合议庭全权负责,规定审判团队既是办案基本管理单元,也是责任主体。在人员管理上,审判团队负责人也就是员额法官全面协调、安排该团队的各项工作,并根据团队的案件数量变化和审判工作发展等实际情况,合理地协调安排辅助人员的工作。在裁判文书签发上,简易程序案件裁判文书由独任审理法官签发;普通程序案件裁判文书由合议庭法官依次审阅签名后,由审判长签发,切实做到"让审理者裁判,由裁判者负责。"兴安法院在组建审判的同时,还设立了民商事专业法官会议、刑事业法官会议、行政专业法官会议、综合(立案、执行、审监)专业法官会议,以"专家会诊"的方式,把脉问诊疑难复杂案件,确保案件裁判及时高效。

截止到2017年10月10日兴安法院共收诉讼案件2102件(含旧存344件),结案1686件,结案率为80.21%;其中家事审判团队共受理案件75件,已结案件66件,结案率为88%,其中调解结案18件,撤诉结案16件,调撤率为51.51%;速裁团队共受理案件449件(其中民事案件430件,刑事案件19件),结案351件(其中民事案件333件,刑事案件18件),结案率为78.17%。审判团队在优化审判资源配置调动其他成员工作积极性方面形成整体合力,有效提高了案件质效。

2. 其他基层法院审判团队的运行现状

截止到2017年8月31日(百日清案截止时间),桂林市法院共审结各类诉讼案件17,445件;新收案件(7月31日前立案)21,771件,结案率91.78%,在全区排名第二,清案工作取得了阶段性成果。"百日清案"中,桂林市两级法院不断地创新工作机制,创新审判模式,实行专业化、类型化审理,组建了177个新型审判团队(中院29个),成立了48个专业法官会议(中院3个),全州、恭城、荔浦等法院设立家事审判庭或合议庭、女子审判庭、非公经济巡回法庭等专业团队。同时,全市法院针对民商事案件繁简分流,17个基层法院均组建了速裁团队,实行"简案快审、繁案精审",主要审理法律关系简单、事实清楚、权利义务明确、诉讼标的不大或者适宜速裁的民商事案件。5月10日至8月31日(百日清案期间),桂林市法院共审结各类诉讼案件17,445件;占2017年以来审结诉讼案件的68.51%。其中,审结2016年12月底前立案的旧存案件938件,象山、秀峰、平乐、恭城、永福、雁山法院和灌阳7个基层法院实现了旧存案件结案率100%。

二、广西其他基层法院审判团队的构建及运行情况

1. 南宁市基层法院审判团队的构建及运行情况

(1)南宁市基层法院审判团队的构建情况

表二　南宁市各基层法院审判团队构建情况

法院名称	组建审判团队的时间	审判团队数量
青秀区人民法院	2013 年 5 月(试点)	不详
江南区人民法院	2017 年 1 月	34
良庆区人民法院	2017 年 3 月	18
兴宁区人民法院	2017 年 3 月	45
西乡塘区人民法院	2017 年 2 月	不详
武鸣区人民法院	2017 年 5 月	13
邕宁区人民法院	2017 年 6 月	21
宾阳县人民法院	2013 年 6 月(试点)	不详
马山县人民法院	2017 年	不详
上林县人民法院	2017 年 2 月	13
隆安县人民法院	2017 年	不详
横县人民法院	2017 年	不详

从表二可以看出,南宁市所有基层法院都已经构建审判团队,有 2 个法院从 2013 年就开始试点构建审判团队,其余 10 个法院都是从 2017 年才开始构建审判团队。其中江南区人民法院根据遴选确定的 47 名入额法官,全面组建了 34 个“1 + N + N”审判团队,包括 31 个审判(执行)一线团队和 3 个审判综合团队;良庆区人民法院根据 28 名员额法官,打破庭室了限制,组建了“1 名入额法官 +1 名法官助理 +1 名书记员”和“1 名入额法官 +1 名书记员”两种工作模式的审判团队;兴宁区人民法院根据案件的性质和繁简程度,对审判团队实行“1 + N + N”模式,即 1 个员额法官配备 1 个或 1 个以上法官助理和书记员;武鸣区人民法院的审判团队采用“N + N + N”的模式,即由若干名法官、法官助理、书记员组成。

(2)南宁市基层法院审判团队的运行情况

审判团队将审判权从行政权中剥离,提升了审判机制运行的流畅性,改变了传统模式中因庭前流程中法官、书记员均不固定而造成的移送案卷周期过长、事务分配不均和人员忙闲程度不一等情况。新模式下,各审判团队的组长负责分配案件给主办人,主办法官负责庭审、制作并签发裁判文书等审判工作,各自的书记员负责处理应诉、送达、归档等庭前庭后工作,法庭专职书记员专门负责庭审记录工作。实现人员与案件办理的宏观统筹,进一步优化人员结构和审判资源配置,分工明晰,案件进度一目了然,如邕宁区人民法院 2017 年 1 ~ 8 月累计收案 2441 件,同比增长 85.06%,累计结案 1801 件,结案率为 73.78%,员额法官人均结案 86 件,结案率同比增加了 16.46%,审判质效保持较高水平。

2. 贵港市基层法院审判团队的构建及运行情况

(1)贵港市基层法院审判团队的构建情况

表三　贵港市各基层法院审判团队构建情况

法院名称	组建审判团队的时间	审判团队数量
港北区人民法院	2017 年 6 月	8
港南区人民法院	2017 年	15
覃塘区人民法院	2017 年	6
桂平市人民法院	2016 年年底	12
平南县人民法院	组建中	未确定

从表三可以看出,贵港市基层法院中有 4 个已经组建审判团队,占全部基层法院的 80%,还有 1 个法院尚未组建审判团队;已组建审判团队的基层法院人员配置比基本达不到 1∶1∶1,如覃塘区人民法院因缺少法官助理,其审判团队的人员配置比为 3∶1∶3,且审判团队没有打破庭室限制。

(2)贵港市基层法院审判团队的运行情况

贵港市基层法院通过组建审判团队,积极探索诉讼案件繁简分流工作机制,适用简易程序、小额诉讼程序和刑事速裁程序,形成简案快审、繁案精审的审判运行模式,很大程度上提高了执行专业化水平和执行工作效率。如港北法院 2017 年 1 ~ 8 月,审结各类诉讼案件 3650 件,其中审结旧存诉讼案件 472 件,旧存案件结案率

96.52%,基本审结了 2016 年年底前立案的旧存案件;审结新收(7 月 31 日前立案)诉讼案件 3178 件,结案率为 86.81%,员额法官人均结案 119.5 件,同比增加 38.11件。

3. 防城港市基层法院审判团队的构建及运行情况

(1)防城港市基层法院审判团队的构建情况

表四　防城港市基层法院审判团队的构建情况

法院名称	组建审判团队的时间	审判团队数量
港口区人民法院	2017 年	不详
防城区人民法院	2017 年 3 月	7
上思县人民法院	2017 年 4 月	8
东兴市人民法院	2016 年年底	12

防城港市基层人民法院已经全部组建审判团队,除了东兴市人民法院是在 2016 年年底组建审判团队,其他基层法院组建审判团队的时间都是 2017 年,其组建审判团队的基层原则是:①以案定员。根据案件数量及办案人数确定相应的审判团队。②专业化。以案件类型化为标准,按照专业对口、人尽其才、岗位匹配的原则进行配置。③动态管理。根据审判形势变化,定期调整审判团队成员及其审理的案件类型。④适配性。充分考虑法官的办案能力、知识结构、年龄经历、办案专长等元素,合理搭配,形成优势互补。所以审判团队的人员配置比不定,如防城区人民法院审判判团队采取“1+N+N”“1+N”或“1+N+N+N”的模式,即“1 名员额+1 名法官助理+1 名书记员”“1 名员额+1 名书记员”或“1 名员额+1 名法官助理+1 名书记员+2 名司法警察”。

(2)防城港市基层法院审判团队的运行情况

防城港市基层法院通过科学设置审判审批团队、创新审判工作模式等方式,努力破除案多人少、程序烦琐等弊端,全面增强法院司法办案能力。截至 2017 年 8 月 31 日,防城港市法院累计受理各类诉讼案件 8854 件,收案数量同比增长了 19.39%。其中,5 月 10 日至 8 月 31 日“百日清案”期间,全市法院共审结各类诉讼案件 4579 件,审结 2017 年 1 月 1 日后立案的案件 3934 件。以 1~7 月新收诉讼案件为基数的结案率为 91.43%,超额完成了新收诉讼案件结案率达到 80% 以上的目标任务。

三、桂林市基层法院审判团队构建及运行存在的问题及原因分析

(一)桂林市基层法院审判团队构建及运行存在的问题

1. 法官助理和书记员紧缺

表五　桂林市基层法院法官助理和书记员情况

法院名称	书记员来源	法官助理来源	2017 年公务员招录情况	是否缺法官助理或书记员
叠彩区人民法院	未全部向社会招聘	未入额人员转任和公务员招录	未招满	缺法官助理
恭城瑶族自治县人民法院	已全部向社会招聘	公务员招录和社会招聘	未招满	缺书记员
灌阳县人民法院	已全部向社会招聘	未入额人员转任和公务员招录	未招满	缺书记员
荔浦县人民法院	已全部向社会招聘	未入额人员转任和公务员招录	未招满	缺书记员
临桂县人民法院	已全部向社会招聘	未入额人员转任和公务员招录	未招满	缺法官助理
灵川县人民法院	未全部向社会招聘	未入额人员转任	未招录	缺书记员
龙胜各族自治县人民法院	未全部向社会招聘	未入额人员转任和公务员招录	已招满	缺法官助理和书记员
平乐县人民法院	未全部向社会招聘	未入额人员转任和公务员招录	未招满	尚未组建审判团队
七星区人民法院	已全部向社会招聘	未入额人员转任和公务员招录	未招满	缺法官助理
全州县人民法院	未全部向社会招聘	未入额人员转任和公务员招录、向社会招聘	未招满	缺法官助理
象山区人民法院	未全部向社会招聘	未入额人员转任和公务员招录	未招满	缺法官助理和书记员
秀峰区人民法院	未全部向社会招聘	未入额人员转任和公务员招录	未招满	缺法官助理和书记员

续表

法院名称	书记员来源	法官助理来源	2017年公务员招录情况	是否缺法官助理或书记员
雁山区人民法院	已全部向社会招聘	未入额人员转任和公务员招录	未招满	缺法官助理和书记员
阳朔县人民法院	未全部向社会招聘	未入额人员转任和公务员招录	已招满	缺法官助理和书记员
永福县人民法院	已全部向社会招聘	未入额人员转任和公务员招录、向社会招聘	未招满	不缺
资源县人民法院	未全部向社会招聘	未入额人员转任和公务员招录	未招满	缺法官助理和书记员
兴安县人民法院	未全部向社会招聘	未入额人员转任和公务员招录	未招满	缺法官助理和书记员

从表五可以看出,桂林市已组建审判团队的基层法院中只有1个法院的人员配置比能够达到1∶1∶1,有7个基层法院缺书记员和法官,3个法院缺法官助理,4个法院缺书记员;而法官助理的来源有3个法院采用了向社会招聘的方式,其他14个法院都是通过未入额人员转任和公务员招录的方式;书记员的来源有7个法院已经全部采用向社会招聘的方式。在2017年的公务员招录中,有15个法院未招满法官助理,以上原因导致桂林市基层法院的法官助理和书记员紧缺,审判团队人员的配置比不能达到1∶1∶1。

2. 审判团队职责分工不明

“审判团队的运作模式是由主审法官领导、管理和协调,法官助理与书记员对主审法官负责。”[1]而由问卷反馈,大部分人员认为桂林市基层法院当前审判团队存在职责分工不明。主要体现在:一方面,婚姻家庭、民间借贷等相对简单的案件为基层法院案件的主导类型,加之法官助理职能不清、工作内容不确定,导致其所从事的审判辅助工作与书记员工作很难完全割裂,易出现角色冲突;另一方面,法官助理与书记员工作配合衔接不畅,缺乏具体的工作流程指引,存在不知该做什么、怎么做的困难,甚至会出现法官助理与书记员相互推诿扯皮,形成内耗。

---

〔1〕 方乐:《审判权内部运行机制改革的制度资源与模式选择》,载《法学》2015年第3期。

3. 法官素质与“还权”仍不匹配

“让审理者裁判，由裁判者负责”是改革要求，工作经历不多、办案经验不足、社会阅历欠缺的法官不愿也不敢要权，素质与经验跟不上；办案经验较丰富的法官在突然失去“拐棍”也即领导的审批定案权时，也不愿要权，怕承担风险和责任；办案经验丰富的法官都做了院庭长，习惯了事务性工作，也多不愿主办案件。归根结底，队伍的思想认识、司法能力、综合素质还不适应改革要求，难以保证案件质量。实践中，由于个人认识不同，独任审判产生了诸多个性化审判，导致了案件审理结果的“百花齐放”。“基于法官自主裁判所引发的‘同案不同判’现象及执法尺度不统一问题有扩大的趋势，严重损害了近年来为维护司法权威所着力追求的司法尺度统一目标”。〔1〕此外，缺乏必要监督基础上的审判放权，出现了个别极端，如有的法官提及的意见，庭长认为不妥，法官则以“个人负责”“审判者负责”为由应答，导致案件因思路错误而被改判，反过来又影响全庭审判质效。

4. 法官助理纽带作用未能予以充分发挥

法官助理制度是本轮司法改革的新生事物，关系着审判权运行机制改革的有序运转与员额法官人才的后期储备，因此，法官助理作为整个团队协调运作的枢纽，应是调查研究的重点内容。通过对桂林市基层法院的调研，当前法官助理还存在以下问题：第一，主观能动性欠缺。曾为助理审判员的法官助理，因由案件审理主导者变为协作者，易产生“被边缘化”心理，工作积极性受到影响。同时，即使是对目前工作表示满意的法官助理，由于庭前调解、草拟文书等审判辅助性工作难以量化考核，易出现工作浮于表面、岗位功能发挥不强的现象。第二，能力与需求不相适应。一些法官助理由书记员直接任命，因其办案经验及业务能力相对不足，导致总体素质与审判团队的工作需求差距较大，从而易产生庭前证据交换组织力度不够、调解能力薄弱、文书起草水平不高等问题，不仅难以起到分流化解简易案件的作用，更会成为整个审判团队运行的梗阻。

5. 审判辅助人员队伍不稳定

目前，桂林市基层法院审判辅助人员即大部分书记员和小部分法官助理为聘用人员，待遇低、不稳定，并且由于案件数量激增，工作规范和要求不断提高，加之新系统需要扫描卷宗、文书上网、庭审录像等辅助性工作剧增，书记员工作量大幅增加，而在待遇和归属感缺失的情况下，常会另寻出路，忙于备战各类考试，精力很难集中在

---

〔1〕 王梓臣：《论主审法官责任制的逻辑结构与实现路径》，载《中国审判》2015 年第 7 期。

工作上，责任心不强，把法院作为跳槽、锻炼能力的跳板，一旦有较好的去处，就会选择离开。使刚刚建立的稳定的运行机制需要再做调整，所以留住已培养好的人员是关键。

（二）桂林市基层法院审判团队构建及运行存在问题的原因分析

1. 责任终身制与法官待遇不对等

权责利一致是审判权运行机制改革的重要内容，而司法权属于一种判断权，在错案标准确定之前，在尚未解决法官政治、经济待遇如何得到保障的问题之前，建立案件终身负责制，势必会让广大一线的法官们“心寒”，在还未吃到萝卜时，大棒就已高高举起。所谓权利与义务相一致、权力与责任相一致，案件终身负责制的建立，确实对确保司法公正有着很大的益处，但改革也应兼顾法官们的权益。因此，落实“让审理者裁判，让裁判者负责”真正的方案应当是在落实法官职业保障的前提下再进行。

2. 法官的员额化让年轻法官忧心忡忡

法官员额化改革的目的是让优秀的法官留在司法队伍中，这对提高整个法官队伍的素质、确保审判权正常、平稳地运行起着不可估量的作用。但在此次改革之始以及至今，多次调研及座谈中，经常听到年轻法官们的担忧。年轻法官们辛辛苦苦好几年，好不容易从书记员熬到了助理审判员甚至审判员，但在面对法官员额化时，很有可能就要沦为“审判员助理”，这并不代表年轻法官们的业务不精湛，只是领导和“老资历”法官们确实占了大多数。有鉴于此，常有年轻干警用脚投票，走出法院，致使法院队伍出现不稳定的情况。此问题若不解决，对法官队伍的持续性建设有着极大的弊端，甚至可能面对“后继无人”的困境。

3. 对法院司法责任制改革认知层面存在缺陷

“当法院意识到自己在做什么时，收获将更多，而且还能促使他们有意识地尽其所能将事情做得最好。”[1]而当前对法院审判权运行机制改革认知的不足，已成为影响改革效果的重要屏障。一方面，受办案习惯、职业尊荣感等因素的影响，审判团队成员对审判权运行机制改革的态度不一，在被调查的人员中，仍有少数人不赞同构建审判团队。可见，在保障司法公正与提升司法公信力的大背景下，多数成员均认可审判权运行机制改革的可行性，但仍有少部分人持怀疑态度，在一定程度上阻碍了改革的前进速度。另一方面，由于对审判权运行机制改革价值的了解不到位，导致部分干警在改革过程中存在应付、懈怠等现象。调查结果显示：73.8%的人认为审判权运

〔1〕［美］卡多佐：《法律的成长——法律科学的悖论》，中国法制出版社2002年版，第60页。

行机制改革意义非常大，是大势所趋；20.3%的人认为改革确实存在一定的意义，但没有想象中完美；也有5.9%的人对改革不抱过高期望，认为可能带来更多弊端。当前部分干警对改革价值认知的缺失，不仅延缓了审判权运行机制改革的进一步推进，更成为人民法院定分止争的水平与效果提升的阻滞。

4.内部协调与监督指导缺位

落实主审法官办案责任制，既能增强主审法官的办案主体地位，又能解决长期以来备受诟病的"审者不判、判者不审"的审判权运行行政化问题。然而，由于内部协调与监督指导的缺位，导致了审判团队难以充分发挥出应有潜能。一方面，部分主审法官存在的司法能力低下、管理经验缺失、威信不高等问题，导致其难以有效指挥、协调法官助理与书记员工作，易造成审判团队成员之间相互协作不足、审判工作效率不高等弊端。另一方面，改进院、庭长监督指导方式成为法院审判权运行机制改革的重要保障，其基本形式为院、庭长实现由定案到监督指导的角色转变，院、庭长具有事后监督权。而实践中，存在部分院、庭长不会或不当履行监督指导职责的情况。如部分院、庭长在监督指导过程中顾虑较多，对审判团队的案件不敢过问，甚至在主审法官就办案遇到疑难问题求助时，仍不敢表态；也有部分院、庭长没有及时开展案件评查、复查工作，事后监督力度明显不够。

5.审判团队管理制度不健全

一是选任管理制度不健全。在桂林市所有基层法院中只有2个法院出台了选任管理制度，还有15个法院尚未出台。大部分基层法院在试图构建审判团队时，对主审法官、法官助理在法院现有人员基础上自行选任的做法，一般由庭长、副庭长、年长审判员等自然担任主审法官，部分入院不久的在编干警及助理审判员承担法官助理工作。当然，也存在少数法院经"考试+考核"的方式选择主审法官，考核包括了领导考评、工作实绩、任职资历，考核量化在前、考试在后，但总体来讲，部分法院对人员选任管理制度关注度较低，成为审判权运行机制改革面临的重要难题。二是考评与办案追责机制不完善。考评与办案追责可谓是关乎审判权运行机制改革大局的"锁链"，如果部分缺失，则容易导致改革轨迹偏移、改革目标偏离、改革效果偏差等问题。就"是否建立考评与追责机制"的调查来看，选择已经建立考评机制的仅有5个法院，占比29.41%，选择建立办案追责机制的仅3个法院，占比17.65%，其余人员皆选择正在建立或未建立。桂林市大部分基层法院构建审判团队已经有半年多，对审判团队的考评与办案追责机制仍处于探索或回避的状态，极不利于立案登记背景下案件审理效果的提升与法官责任的担当。

四、对桂林市基层法院审判团队构建及运行存在的完善途径

（一）构建上的完善途径

1. 注重延伸改革认知领域

“审判权作为国家司法权的重要组成部分，其运作状态往往代表着国家法治化的程度和水平。”[1]在审判权运行难以满足公众需求且备受诟病时，试点审判权运行机制改革具有重要的意义与价值。因此，强化对法院审判权运行机制改革的认知，一方面应注重对改革相关内容与要求的具体明确，对相匹配的职级、待遇提升等进行释明，在加深对人民法院审判权运行机制改革了解的基础上，更好地激发干警参与改革的积极性。另一方面应加大对改革试点工作的宣传力度，将改革产生的良好效果定期公布，以展现审判权运行机制改革在保证审判权独立行使、促进案件公正审理的优越价值，努力提升社会各界与干警对改革试点工作的认同感。

2. 根据实际情况选择审判团队的类型

域外经验和国内实践证明，审判团队基本模式应为“法官 + 助理 + 书记员”。在法官数量为“1”的前提下，法官助理和书记员的数量则因能力素质高低、案件类型和难易程度而呈现多样性。比如，对于速裁速调案件，事务性工作与专业性判断相比也许权重更大，则可多配备法官助理和书记员，形成“1 + 2 + 2”或者“1 + 3 + 3”等团队组合，可确定更高的办案任务，如300件、500件甚至800件。对于房地产纠纷案件，专业性判断与事务性工作相比则权重更大，则可以“1 + 1 + 1”为基准，确定较低的办案任务，如80件至150件。总之，审判团队的数量配比和成员组合，要因案而异、因人而异，确保审判团队成员间配合顺畅、形成合力。在此基础上，可设立专业化审判组，将新类型、疑难复杂、具有研究价值的案件进行适度归集，使各审判团队相对侧重于审理物权、保险、民间借贷、房地产等相关专业化案件，实现审有所专、审有所精。

3. 精心挑选少数资深法官作为审判团队的核心

资深且业务精良的法官是团队的核心，其素质和能力决定整个团队审判权的良好运行和审判质效的充分保障，必须由法院审判水平相对较高的少数精英法官担任。资深法官的挑选应当采取实用的方式，主要和着重考虑其审判资历、工作业绩（主要包括审判绩效数据和所办重大典型案件）以及法官公认度（主要指同行和公众认同度），切忌以简单、机械、烦琐的入职或职位考试、考核方式挑选团队的核心人物。

---

[1] 蒋惠岭：《审判权运行机制改革的背景与内容》，载《中国法律》2014年第2期。

4. 合理搭配审判团队的其他成员

除了核心的资深法官作为重点挑选外,其他法官和辅助人员的搭配应当科学和合理。要在现行司法资源条件下,根据专业方向、审判规律、案件特点合理配置法官和辅助人员:4 名普通法官和辅助人员的配置可以采取两两组合,即一老一新搭配。这样,一方面可以实现以老带新的业务传承;另一方面有利于资深法官根据普通法官业务熟悉程度分流简繁案件,同时便于与资深法官或陪审员组成结构合理的合议庭。在团队成员搭配上,切忌因资源配置不合理而形成强强联合、弱弱相配,造成办案质效的较大差异,降低法院整体审判水平。司法辅助人员的配置,考虑到法官员额制改革后少数法官不能入额,法官助理与书记员工作的交叉及事务性工作外包等因素,应当配置具有法律专业知识但尚未取得法官资格或暂未入法官员额的人员,在编辅助人员不够时可以考虑采取聘用制办法周期性任用法学院毕业的法律专业人员。同时,还要考虑能够协助法官办案的法官助理和熟悉办案程序的书记员的合理搭配。

(二)运行上的完善途径

1. 设置合理的职责分工

对于审判权而言,其基本属性是判断权和裁量权,只能由法官依法行使。至于审判权外围权限和事务,则可由司法辅助人员分担,让法官从一般性事务中解脱出来,专注于案件事实证据和是非曲直的评判,提高办案的质量与效率。因此,法官应在办案中处于主体、主导地位,具有案件的判断权、裁量权、文书签署权以及团队工作指挥权;法官助理要发挥协助、辅助法官办案的职能作用,在法官的指挥下,承担审查诉讼材料、组织庭前证据交换,协助保全送达、调解协调、草拟文书及法官交办的与审判相关的业务性、程序性工作;书记员承担法庭记录、案件整理归档等事务性工作,从而建立起法官专注于案件审理裁判、法官助理承担业务性与程序性工作、书记员负责事务性工作的以法官工作为中心,以法官助理和书记员为辅助的工作格局,打造定位精准、权责清晰、分工明确、运转高效的符合现代审判规律的审判团队。

2. 构建配套的监督指导机制

按照司法责任制的要求,院庭长不得签发未参与审理案件的裁判文书,保障法官依法独立认定事实、适用法律、主持庭审,确保"谁办案、谁负责",还要落实"两个规定",禁止干预、过问、插手具体案件。但是,放权不能放任,院庭长也要履行好与其职务相适应的审判管理和监督职责。比如,对保全、管辖异议等程序性事项要依法行使审批权,对重点信访老案难案、社会高度关注案件、影响社会稳定案件、发回改判案件或高度存疑案件、久拖未结案件,设立专门台账,加强督促督办。监督指导活动要在工作平台上公开进行，全程留痕、程度适当，不能直接确定或改变裁判结果。要通过法官联席会议、专业法官会议制度，为法官办案提供业务咨询和智力支持，统一裁判尺度。要以法官联席会议、专业法官会议作为审委会讨论的过滤程序，严格限缩审委会讨论案件范围，确保审委会主要职能是总结审判经验、讨论决定审判工作中的重大问题、促进法律适用统一以及对二审发改案件进行质量评查。

3. 制定审判团队的绩效考评制度

绩效考评是审判团队建设的指挥棒和度量衡。对法院或审判庭部门的考评，实质上是将全体法官的业绩“整体打包”进行考评，更侧重于确定法院院长或领导班子的管理水平，体现了法院管理中的行政化倾向。对于审判团队的业绩考评，要依托审判大数据，坚持量化精准的要求。比如，可将结案数量、审判质效作为评价的主要标准，同时将文书上网、电子送达等其他指标纳入业绩评价体系，建立法官业绩档案，全面准确评价法官及团队的综合业绩和工作质量。要改变简单将全体法官“整体打包”的考评做法，突破上级法院考评下级法院、法院考评部门、部门考评法官的科层制管理模式，将考评触角直接延伸到法官和审判团队，实行扁平化管理。探索赋予法官对审判团队中法官助理和书记员的考评权限，发挥法官近距离管理的优势，提高考评精准性。

4. 完善相关的责任追究机制

破解“审者不判、判者不审”的顽症，实现“让审理者裁判，由裁判者负责”是司法责任制的核心要旨。一方面，坚决保护法官依法履行审判职责。法官有权对案件事实认定和法律适用独立发表意见。非因法定事由，非经法定程序，法官依法履职行为不受追究。另一方面，对于法官及其审判团队故意违反法律法规造成错误裁判，或因重大过失导致裁判错误并造成严重后果的，依法承担违法审判责任。对在事实认定、法律适用、诉讼程序、文书制作等方面存在瑕疵的，依法承担瑕疵案件责任。实际执行中，考虑到巨大的办案压力、长期加班加点以及青年法官的成长周期，对于审判责任的追究，原则上案件质量的是非判断应从严，责任追究则可以从宽，或者从宽到严，需要逐步强化和规范，做到既落实司法责任又不挫伤法官积极性。

五、结语

审判权运行机制改革是法官职业化建设的重要组成部分，能够有效地置法官于司法结构和司法职责的关键地位，使法官成为法院的核心。审判团队的构建，是审判权运行机制改革的一项积极探索，既可以实现法院人力资源的优化配置，又使裁判权回归审理者,为司法公正奠定了基础。构建审判团队涉及多方面的制度改革和利益调整。笔者通过在试点工作中的感受对如何组建审判团队及使审判团队有效运行提出了自己的建议,但有关审判团队的组建及运行模式仍然需要在今后的工作中通过调研分析进一步探索。

图书在版编目(CIP)数据

广西审判实务与探索. 2019年. 第4辑 : 总第14辑 / 戴红兵主编. -- 北京 : 法律出版社, 2020
ISBN 978-7-5197-4203-4

Ⅰ. ①广… Ⅱ. ①戴… Ⅲ. ①法院-审判-工作-研究-广西 Ⅳ. ①D926.22

中国版本图书馆CIP数据核字(2020)第021171号

广西审判实务与探索(2019年第4辑)(总第14辑)
GUANGXI SHENPAN SHIWU YU TANSUO
(2019 NIAN DI 4 JI)(ZONG DI 14 JI)

戴红兵 主编

责任编辑 慕雪丹
装帧设计 汪奇峰

出版 法律出版社
总发行 中国法律图书有限公司
经销 新华书店
印刷 固安华明印业有限公司
责任印制 胡晓雅

编辑统筹 法商出版分社
开本 710毫米×1000毫米 1/16
印张 17.5
字数 303千
版本 2020年1月第1版
印次 2020年1月第1次印刷

法律出版社/北京市丰台区莲花池西里7号(100073)
网址/www.lawpress.com.cn
投稿邮箱/info@lawpress.com.cn
举报维权邮箱/jbwq@lawpress.com.cn
销售热线/400-660-8393
咨询电话/010-63939796

中国法律图书有限公司/北京市丰台区莲花池西里7号(100073)
全国各地中法图分、子公司销售电话:
统一销售客服/400-660-8393/6393
第一法律书店/010-83938432/8433　西安分公司/029-85330678　重庆分公司/023-67453036
上海分公司/021-62071010/1636　深圳分公司/0755-83072995

书号: ISBN 978-7-5197-4203-4　**定价:** 48.00元